孔孟人性論與自由之試探

許詠晴——著

五南圖書出版公司 印行

推薦序一

——儒家有關自由的討論

前國立臺灣大學哲學系系主任　傅佩榮

儒家以「君子」為人格典型，肯定兩點：沒有人生下來就是君子，也沒有人不可能成為君子。在修養成為君子的過程中，德行無疑是首要挑戰，此所以孔子長期關心的是「德之不修，學之不講，聞義不能徙，不善不能改，是吾憂也」（《論語・述而》）。這裡提及的「德、義、善」，皆屬修德之事，而「學」則是孔子身為老師的責任，也不離德行範疇。

強調修德自然會聯想到三個問題：一、修德的要求由何而來？二、人有自由，因而才有修德的可能，自由是怎麼回事？三、修德的目的是什麼？這三大問題依序而生，其中第一項與第三項在孔子與孟子的學說中，可以找到相當明確的說法。但第二項涉及自由題材，則仍有待進一步的闡釋。容我先扼要說說這樣的觀點。

首先，修德的要求來自人性本身，否則不足以論斷其普遍性（人人具有）與必然性（無人可免）。人在眞誠時，對別人的處境與言行會有立即而直接的反應，也就是感受到內心的不安或不忍，因而想要採取某種作爲。孟子以「今人乍見孺子將入於井，皆有怵惕惻隱之心」（《孟子‧公孫丑上》）來描述此一狀態，並由此推衍出「心之四端」，再由此四端體現爲四種德行（仁、義、禮、智）。由此回溯孔子，才可明白一句關鍵語：「仁遠乎哉？我欲仁，斯仁至矣。」（《論語‧述而》）仁是我欲則至的，必屬源於人性的要求，我們可以用人性向善來概括此一觀點。

其次，修德的目的是什麼？如果主張人性向善，則修德或擇善固執的目的自然是止於至善。「至善」一詞立意完美，但具體內容如何？參考「止於」一詞，可以聯想到孔子所謂的「殺身成仁」，與孟子所謂的「舍生取義」。以犧牲生命爲代價，則必須推至一無上命令，即不可逃避、不容商量的至高命令，那就是孔子五十歲時所領悟的天命。綜合而言，修德的要求來自向善的人性，而修德的目的是完成人性，而完成人性即是回應天命。孟子說：「盡其心者，知其性也；知其性，則知天矣。存其心，養其性，所以事天也。」（《孟子‧盡心上》）這句話在此得到完整的詮釋。《中庸》開頭所謂「天命之謂性」一語，聯繫了天命與人性，亦是此一思想的合理發展。

現在要面對的是前面所說的第二項議題，人的自由是怎麼回事？一般而言，可以從三個角度談自由，就是行動的、思想的與道德的。首先，行動的自由比較具體，以習俗、法律等規範爲其限制，使一切個人在群體中可以相安無事。其次，思想的自由漫無邊際，其內容因人而異，包括奇妙幻怪的念頭、審美的特殊品味，以及各種信念信仰等，其限制在於不可自相矛盾與糾結不清，以免陷入瘋狂狀態，並且通常不宜訴諸外在的行動。然後，道德的自由才是這裡要談的重點。

無自由則無道德實踐之可能，但是有自由就可以實踐道德嗎？未必如此，它還需要兩個條件：一是對於選項的知識，二是對於後果的責任。爲了認知道德上的選項，不能缺少適當的教育。此所以孟子會說，即使在舜的時代，百姓「飽食煖衣，逸居而無教，則近於禽獸」。而孟子所建議的「教」是指教以人倫，內容是五種人際相處的應然規範：「父子有親、君臣有義、夫婦有別、長幼有序、朋友有信。」（《孟子．滕文公上》）規範確立才有實踐上的要求，順之爲善，逆之爲惡，順逆在於個人的抉擇，隨之出現責任歸屬，亦即賞善罰惡。在此面臨新的難題：一、人如何知道一個行動相關的所有選項？二、人如何爲他的行動後果負完全的責任？這兩個難題是無解的，因此人的自由永遠是個奧祕。譬如前面提過「成仁」與「取義」，試問，如何知道或如何判斷某種選擇合乎仁與義？並且爲仁義而犧牲生命，是爲了完成人性與回應天命，這其中是否涉及個人的信仰。

至此可以暫作結論，孔子自述到了七十歲可以「從心所欲不踰矩」（《論語·爲政》）。從心所欲包括行動與思想的自由，但不踰矩則可理解爲道德的自由。自由必有規範，此規範不只是人間教育所提供的法律與禮儀，還有孔子在五十歲時所覺知的天命，天之所命，必然是無上命令。孔子以「老者安之，朋友信之，少者懷之」爲其志向（《論語·公冶長》），這是完成人性並回應天命的表現。這其中委婉而豐富的道理，是我研習儒家數十年的心得所在，以此爲基礎，進而深入探討人性與自由的關係問題，則有待後之來者。

許君詠晴好學不倦，在理解人性向善論的要旨之後，繼續研究孔、孟的自由理論，廣泛參考各家觀點而頗有新見，實爲可賀之事。我們可以期許她在學術上的表現將會日起有功。

推薦序二

國立臺灣大學哲學系教授兼文學院副院長　李賢中

學術研究，新的視野、觀點與新的研究方法可帶出新的研究成果，雖然在人文領域的研究，所謂的「新」是漸進式，而非斷然之新，這本書已經呈現出「新」的意味。書中將東、西不同理論脈絡中的「命」與決定論、「義」與自由、「心」「志」與自由意志納入同一系統思路進行對話、參照、比較，頗有新意。從「天命」到「命運」，從「命運」到「使命」，從「使命」到「責任」，再突顯人心志的主動性。儒家思想在發展歷程中，對於不同的生命限制，有著深刻的理解與積極的態度，展現出豐富的人生智慧。人雖被「命」所決定，但卻可有價值自覺的自由，進而衍生儒家「義命分立」、「性命對揚」的思想。

這本書的核心概念是「自由」，西方的「自由」基本上是以「個人」為「自」來討論「決定論」與「自由」是否相容，基本上大都是以被固定的個體之「自」為其能否不受限的「由」來思考。孔、孟的思想裡，的確有某種個人性的道德主體，而這個道德的主體有其自由。比如孔子所說：「爲仁『由』己」（《論語．顏淵》）、「我欲仁，斯仁至矣」（《論語．述而》）、孟子所說：「夫義，路也；禮，門也。惟君子能『由』是路，出入是門也。」（《孟子．萬章下》）像這些都代表著個人是有選擇的可能性。但在儒家思想中，所謂的道德主體在不同心境下、不同位置上，可以是個人、家族或整體國家，如商湯所謂：「朕躬有罪，無以萬方；萬方有罪，罪在朕躬。」（《論語．堯曰》）儒家修身、齊家、治國、平天下不同境界的道德主體，其「自」與「由」的範圍也不同；在追究道德責任上，也與他所在之位、分有關。亦即儒家的自由，其「自」是要放在關係中來看的「自」，其「由」不僅可從內在心性、超越價值根源考察，更可從外在倫理關係上探究。

一本書的完成，必須博覽群籍，而且要有整體性構思、深刻的體會與思考，讀者看到的是各章節所構成的文字與思想，這些都蘊含著作者的巧思與心血。詠晴二〇一七年從臺大哲學研究所博士班畢業後，在兩岸及國內外學術機構一直從事學術研究的工作，並且不斷有優秀的研究成果發表，這本書是延續著她原本對於生死問題的終極關懷，特別是儒家生命哲學研究成果的累積，很高興她能集文成書，她參照引用西方哲學相關議題的探究面向，勾勒出孔孟思想中，對於人之心性、意志、行爲圖像，呈現出孔孟思想中所蘊含著自由意志的肯定，有相當深刻的探索與體認，我樂於推薦此書，特爲此序。

序於國立臺灣大學哲學系
二〇二二年三月

目次

上部

003 導論
004 第一節 中西思維方法的相遇
015 第二節 自由的幾種陣營
019 第三節 孔孟哲學中的「被決定者」
027 第四節 其他選擇的可能性、行為者性與責任的問題
035 第一章 西周晚期至春秋時期天人關係的二面性——以孔子哲學為基礎
037 第一節 「知天命」作為統治階層專權
046 第二節 「天命」轉化為「命運」
054 第三節 所有人皆可知的天命
061 第四節 人與天的疏離關係
070 第五節 結語

073 第二章導論
077 第二章　孔子的使命觀與命運觀的相容問題
078 第一節　西周晚期命運觀的成因
086 第二節　《論語》中「命運」的決定力
092 第三節　行動的本質
098 第四節　孔子的使命觀
102 第五節　結語
105 第三章導論
109 第三章　孔子意志理論的當代詮釋
110 第一節　欲求意志與決定
117 第二節　理性意志與迷惑
121 第三節　理性意志與自我譴責
130 第四節　結語

第四章導論 133
第四章　孔子人性論的成立與詮釋 137
第一節　孔子人性論對古代文獻的傳承 138
第二節　後天學習的影響 142
第三節　《四書章句集注》對孔子人性論的詮釋問題 148
第四節　結語 157

下部

第五章導論 161
第五章　孟子哲學中的自我與自由 165
第一節　孟子論生命整體 167
第二節　孟子如何看待自我與自由 171
第三節　孟子對性善的理解 175
第四節　心的作用與選擇的自由 185
第五節　結語 193

第六章導論 195
第六章　孟子人性論中的自由與責任 199
第一節　《孟子》中所見四種人性論 201
第二節　孟子對人類社會既成事實的觀察 206
第三節　性善論中的自我譴責、規範與懲罰 214
第四節　決定論、自發性與責任問題 225
第五節　結語 234
第七章導論 237
第七章　孟子哲學中的自由與修養 243
第一節　不動心與心之主動性 244
第二節　浩然之氣的培養與退步 249
第三節　人心墮落的可能性 254
第四節　自由與德行修養間的拉鋸 263
第五節　結語 267

第八章導論 271
第八章　孟子人性論中的自由與命運 273
第一節　作爲潛能與傾向的人性 275
第二節　自由與使命的建立 280
第三節　使命與命運之間的張力與超越 286
第四節　結語 298
結　論 301
徵引文獻 309
附錄　傅佩榮人性向善論的提出背景分析 323
第一節　會通中國思想與基督宗教時期 326
第二節　對基督宗教中惡的來源問題之理解 334
第三節　人性向善論的提出 342
第四節　餘論：理論的完善 354
參考文獻 358
後　記 363

上部

導論

第一節　中西思維方法的相遇

學術研究頗能反映作者的關懷與風格，筆者參與哲學研究資歷尚淺，沒有特別的學術見地，遊走於儒家哲學的邊陲之地，所言多論及死生之說、鬼神之情狀，卑之無甚高論。過往的研究一方面幽冥難解，不易契合現代生活實踐，另一方面也未能在學術上產生突破性的見解，卻仍然鮮明地反映了筆者當時對於哲學與人生的關懷。死生大事，固然值得留心，但正如孔子訓誡子路所言：「未能事人，焉能事鬼？」「未知生，焉知死？」（《論語．先進》）尚不能和人相處，就急著服事死者，實在是好高鶩遠；未能充分了解生的道理，怎麼會了解死的道理？回顧過往的文章，痛覺以往的思路不夠成熟，因此決定重新審視儒家哲學的幾個傳統核心問題，包括人心、人性，以及命等，並借用當代新學對照，竟還能發現不少趣味，別有洞天。

所援引對照的當代新學，多爲西方近幾十年對於自由意志的討論，雖然不能期待二千五百多年前興起的先秦儒家對於自由意志的議題提出什麼洞見，但筆者認爲借助當代的議題解析中國古代哲學，確實能在其中發掘不少足供借鑑、歷久彌堅的寶貴意見。選用當代西方哲學的研究方法、概念、語彙與議題處理中國哲學問題是否合乎情理，是筆者在寫作本書過程中最擔心的。所幸有前輩學者披荊斬棘，爲筆者的疑慮提供解答與勇氣，曾爲中國哲學寫史的勞思光於《中國哲學史》的〈序言〉中說：

> 中國人不曾建立邏輯解析，因此自己未「發明思想上的顯微鏡」，但不能說，「思想上的顯微鏡」不能用於中國思想的考察；正如，顯微鏡雖非中國的發明，我們也不能據此說，西方發明的顯微鏡看不見中國的細菌。①

歷史學者黃進興似乎也頗能認同勞思光的想法，指出勞思光力圖澄清一種「謬誤的俗見」，並申言：

> 那種俗見認為，談中國哲學不能用外國的方法。倘若真是「不能用外國的方法」，那

① 勞思光，《新編中國哲學史（一）》（臺北市：三民書局，二〇一〇），頁十八。

就等於說，我們根本不能運用邏輯思考來處理中國哲學史的問題了。②

無論這種「思想上的顯微鏡」是否僅限於「邏輯解析」，勞思光與黃進興無疑在中國哲學研究領域中，爲西方哲學方法提供使用空間。如此論點讓筆者充滿信心，或許筆者也能借助西方的顯微鏡看見中國哲學中的一些微生物，只怕自己使用不善。

本書借用當代環繞自由意志所展開的討論重新解析先秦儒家哲學，尤其聚焦於孔子、孟子的人性論，藉以檢查他們的人性論於今日是否仍能站得住腳，同時探索傳統對孔孟人性論之詮釋中，是否有使人難以厭服處。

「自由」一詞於先秦未見明確使用紀錄，較早的紀錄出現在漢代，如東漢應劭《風俗通義．過譽》辨證江夏太守河內趙仲讓得失，按：「何得亂道，進退自由，傲很天常，若無君父？」趙仲讓行事不由舊章，依自身作風進退自由，自由於此應指行止隨心所欲，不受外力限制拘束。東漢荀悅《申鑒．雜言下》論法教得失與治亂的關係，由陰陽升降比配善惡，云：「凡陽性升，陰性降，升難而降易。善，陽也，惡，陰也，故善難而惡易。縱

② 黃進興，《再現傳統中國的思想》（香港：中華書局，二〇二〇），頁四十五—四十六。

民之情，使自由之，則降於下者多矣。」若法教無得無失，縱任民之情，順其自然發展，則流於惡，此處自由亦是取任其伸展，不受約束之義。由以上兩則文例來看，自由在當時未必受時人提倡，反而可能引致負面的結果。稍晚的著名樂府詩《孔雀東南飛》也運用自由一詞：「此婦無禮節，舉動自專由。吾意久懷忿，汝豈得自由。」由自己做主，不受外力約束，這層較爲原始的意義至今依舊保存於中文「自由」一詞中。至於自由是否終將導致逸脫禮教、傾向於招致負面結果，則不在本書探討之列，暫存而不論。

近代中西思想交涉之際，自由（或寫作「自繇」）被用來作爲「Liberty」的翻譯詞③，使自由又多出幾分政治色彩。本書參考西方哲學所論的「Free Will」與

③ 例如嚴復：「但自入群而後，我自繇者人亦自繇。使無限制約束，便入強權世界，而相衝突。故曰人得自繇，而必以他人之自繇為界。此則大學絜矩之道。」（嚴復，〈譯凡例〉，《群己權界論》〔上海市：商務印書館，一九〇三〕，頁二。）中村敬宇：「自由之理，又曰自主之理。」（中村敬宇，《自由之理》，收於明治文化研究會〔編〕《明治文化全集：自由民權篇》〔東京府：日本評論社，一九二七〕，頁六。）陳瑋芬指出嚴復與中村敬宇翻譯的態度差異在於：「中村的意旨是『政府之權當有界限』，嚴復的意旨是『個人自由必須限制在不危害他人自由的前提下』。」（陳瑋芬，〈西學啟蒙：由中村敬宇和嚴復的翻譯事業觀其會通東西的實踐〉，《臺灣東亞文明研究學刊》第五卷一期〔總第九期〕：頁八十七。）

「Freedom」也同樣譯作「自由意志」與「自由」。本書志不在論政治領域中的自由，而是借鑑後者。西方哲學探討自由意志時，依各哲學陣營的觀點差異，還能細分出不少概念，除意志的自由（Freedom of will）還有行動的自由（Freedom of action）等。自由除了可能作爲反省性自我控制能力、實踐理性能力的集合、原創能力等，還牽涉人除了實際上所採取的意志和行動以外，有沒有其他可能性（Alternative possibilities）的爭論。另外，西方哲學對於自由意志的爭論中，還旁及責任、道德實踐等重要哲學課題。若捨棄自由是什麼、人究竟有沒有自由這樣的形上學問題，人的行動、道德、價值，乃至政治上的自由作爲其上層建築，便可能失去憑依。沒有形上學的信念，哲學系統不容易有穩定的基礎，自由作爲底層建築，往往隱伏於哲學論述中，或成爲哲學系統的預設。孔子、孟子當時雖無「自由」一詞，但讀者不宜輕易論斷孔孟的哲學系統中不存在對於自由的某種信念。由現存的文獻中，辨析孔孟採取何種模式的自由，以及立足於何種形上學立場開展其哲學體系，這樣的哲學體系有沒有缺陷，在今日是否還能提供讀者參考，是本書企圖探究的課題。

前輩學者不乏援引「自由」來論述中國哲學者，甚至將自由視爲中國哲學、中國思想的標誌性特色。錢穆《中國歷史精神》：

不朽論和性善論，此兩論題互相配合，纔能發揮出中國道德精神之最高的涵義，這實在是中國思想對整個人類社會的最大貢獻。我們必從此兩理論出發，乃能把握到中國道德精神最深沉的源泉。道德並非由外面給我們的束縛，而是人類自己的內心要求。我們的天性，自要向那裡發展，這是人類最高的自由。④

錢穆由中國傳統的「不朽論」⑤與「性善論」揭示儒家思想之主要精神，名之爲「人心一元論」或「良心一元論」。⑥錢穆以儒家捨棄靈魂而直言心的想法能否符應孔孟思想雖仍

---

④錢穆，《中國歷史精神》（臺北市：東大圖書股份有限公司，二〇〇三），頁一二二。

⑤「不朽論」源自《左傳・襄公二十四年》記載：

二十四年春，穆叔如晉，范宣子逆之，問焉曰：「古人有言曰，『死而不朽』，何謂也？」穆叔未對。宣子曰：「昔匄之祖，自虞以上為陶唐氏，在夏為御龍氏，在商為豕韋氏，在周為唐杜氏，晉主夏盟為范氏，其是之謂乎！」穆叔曰：「以豹所聞，此之謂世祿，非不朽也。魯有先大夫曰臧文仲，既沒，其言立，其是之謂乎！豹聞之：『大上有立德，其次有立功，其次有立言。』雖久不廢，此之謂不朽。若夫保姓受氏，以守宗祊，世不絕祀，無國無之。祿之大者，不可謂不朽。」（楊伯峻，《春秋左傳注》，全二冊（臺北市：紅葉文化，一九九三），下冊，頁一〇八八。）

⑥錢穆，《靈魂與心》（臺北市：聯經出版事業公司，一九七六），頁十二—十三。

有待商榷，儘管如此，錢穆由道德著手，論述中國思想對人類自由之貢獻，大大擴充由自由解析中國哲學的可能性。錢穆於此所說的自由，借用他的話來說，蓋指：「中國人只信仰或主張，人之生性都可以向善的路上跑。」⑦人如果順性發展，自然能夠實踐道德，人類最高的自由即是擺脫環境不好與教育不良，伸展其性以完成道德。⑧儒家肯定良心的作用，相信由良心可以超越諸般限制落實德行，錢穆以「自由」論此，與前舉漢代所用自由的負面印象已大不相同。

牟宗三論中國哲學的特質時，同樣由道德著手，標舉出人的「內在道德性」，緣此，人的主體性可以挺立。牟宗三於《中國哲學的特質》論述中國哲學的型態與特質：

中國既然確有哲學，那麼它的形態與特質怎樣？用一句最具概括性的話來說，就是中

⑦《中國歷史精神》，頁一二一。

⑧據錢穆的研究，環境不好與教育不良是順性發展中的兩種阻礙。「但如孟子說，人性既是共同向善的，社會上為什麼還有很多罪惡呢？據孟子的意見，罪惡的來源，不外兩種原因：一是環境不好，一是教育不良。」（《中國歷史精神》，頁一一八。）

國哲學特重「主體性」（Subjectivity）與「內在道德性」（Inter-morality）。中國思想的三大主流，即儒釋道三教，都重主體性，然而只有儒思想這主流中的主流，把主體性復加以特殊的規定，而成為「內在道德性」，即成為道德的主體性。⑨

牟宗三總括中國哲學所重爲主體性與內在道德性。牟宗三將儒家哲學系統性地描繪爲一套天道向下貫注、人類向上遙契，打通性命與天道的隔閡，天人相互輝映，天道既超越又內在的性命天道相貫通之學。牟宗三認爲中國哲學將天轉化爲「形而上的實體」（Metaphysical reality），「於穆不已」的天命流行、生化創造，眞實的創造之幾流注於人的生命，便形成人性。⑩奠基於這樣的傳統信念，先秦儒家哲學中的天道倚待人的充弘，孔子所言「人能弘道，非道弘人」（《論語・衛靈公》）彰顯了人之主體性。⑪而孟子則即心見性，由「道德的進路」（Moral approach），從具有仁、義、禮、智四端的

⑨ 牟宗三，《中國哲學的特質》（臺北市：臺灣學生書局有限公司，一九六三），頁五。

⑩ 詳參《中國哲學的特質》，頁三十五—三十六。

⑪ 詳參《中國哲學的特質》，頁五十八。

心、仁義內在的道德心，自覺並發揮貫注於人的創造之幾。牟宗三據此匯通西方人所說的「自由意志」，並言：

> 西方人所言的意志自由（Freedom of will）或者自由意志（Free will），正相當於中國人所言的創造性。不過中國人簡單地只說「性」字，字面上不能看清其涵義。其實這「性」的意義一旦落實，其特徵或具體涵義首先是可由西人所言的自由意志去了解的。因此，自由意志也可以說成生化的原理，或者創造的真幾。⑫

牟宗三認為孟子即心言性，視道德心性為人之所以為人者，這種內在道德性是人能夠成聖成賢的先天的超越根據。⑬牟宗三的儒家心性論詮釋深受康德哲學的影響，他所謂意志自由或自由意志，似不僅限於人依其意志且不受限制而行這層意義，牟宗三對孟子心性論的詮釋還引進了道德自我立法的概念，參考近年學者對於牟宗三自由觀念的研究：

⑫《中國哲學的特質》，頁七十六。

⑬詳參牟宗三，《才性與玄理》（臺北市：臺灣學生書局有限公司，一九九三），頁二十九。

牟宗三所認同的自由觀念，承自盧梭（Jean-Jacques Rousseau, 1712-1778）、康德以來的歐陸啟蒙傳統，認為一個人若單單只是被自然的欲望所驅動，那麼他仍然是不自由的。換言之，一個人即使未受到任何外在性的壓迫、強制，而僅憑個人的意願行動，但若此一意願只是遵行自然的生理、心理欲望，那麼他就不是真正自主的、自由的。康德便是根據盧梭發展出了道德自我立法的原理，此一原理認為，一個人只在他服從自己加諸在自己身上的法則而行動時，才是真正自由的。但受到自然法則支配的自然欲望不能顯示人由反思而來的真正的自主性，因此並不是真實的自由。此一具有反思性內涵的自由，柏林稱之為「積極自由」，當代法蘭克福學派哲學家霍耐特（Axel Honneth, 1949-）則稱之為「反思自由」（die reflexive Freiheit）。⑭

牟宗三的心性論詮釋將過往中國傾向於以「消極自由」談論自由意志——亦即任自身意欲驅動而不受阻礙去實踐道德，推擴至另一層次——道德自我立法的原理。這無疑對中國哲

---

⑭ 劉滄龍，〈牟宗三論政治自由和道德自由〉，《師大學報》第六十二卷第一期：頁五十七—五十八。

學研究做出高度貢獻，彰顯了道德主體的反思能力。徐復觀的見解也與此不謀而合，徐復觀論孝道時認爲順著生理作用所發出的自私之愛，缺少了道德性的自覺，不能表現道德價值。⑮反思與自覺能力在先秦儒家哲學中一向占有極重要的地位，如今以西方哲學論自由的觀點解析，可以發現早熟的中國哲學與西方哲學之間不乏可以相互交流處。牟宗三所論的儒家式自由，未止步於道德哲學的探討，還延伸至政治哲學領域，試圖由儒家哲學開出民主論，而政治自由必須預設道德自由。⑯

不無遺憾的是，錢穆、徐復觀、牟宗三等前輩學者熱烈討論中國哲學中的自由、自由意志、主體性等重要概念時，西方哲學世界中的自由意志課題亦取得長足的發展，可惜當時中國哲學領域的前輩學者未能參與討論。近幾十年西方學術界對於自由意志的爭論，論者們涉足的領域可謂無所不包，可供參考的材料不僅來自哲學領域，心理學、腦神經科學、量子力學、宗教等領域也提供豐富的參考資源。以往中國哲學領域對儒家哲學，尤其

⑮ 詳參徐復觀，《中國思想史論集》（臺北市：臺灣學生書局有限公司，一九五九），頁一六〇。

⑯ 牟宗三，《人文講習錄》，收入《牟宗三先生全集》（臺北市：聯經出版事業公司，二〇〇三），第二十八冊，頁十一—十一。

是孔孟哲學中自由議題的探索，幾乎無不以性善論為基礎，不過對於這個基礎的詮釋，以及其合理性與正確性仍待商榷。借用當代西方對於自由意志的新詮，或許可以為孔孟哲學增添若干解讀的可能。

第二節　自由的幾種陣營

藉由引進「自由」的概念，確實可能與孔孟哲學中不少重要概念相互輝映，提供可資參考的材料使孔孟哲學與後人接軌。然而，這些概念是否合乎孔子、孟子的思想，則必須小心檢視。解析孔孟哲學中究竟蘊涵什麼樣的自由，關聯到孔孟哲學對世界的根本認識，不得不謹慎為之。首先，可以參考西方對於自由（自由意志）的討論，粗略區分出幾種與自由相關的陣營，暫且先不預設立場將孔孟哲學所蘊涵的自由歸入其中某類，可以先概覽各陣營之間激起的重要討論，再細加探究如何藉由與自由相關的課題賦予孔孟哲學新的討論空間。

對於決定論與自由、自由意志之關係的歷史根源固難究詰，西方近代哲學史中，霍布斯（Thomas Hobbes, 1588-1679）爲決定論與自由的關係提供了一種典型。霍布斯由機械論式的自然觀說明人的行動與自由，霍布斯認爲自由是在沒有外來強制與束縛的情況下行動。若依霍布斯之見，決定論與自由並不衝突，決定論與自由是相容的，這種立場可以稱爲「相容論」（Compatibilism）。（霍布斯對於自由的看法顯然是牟宗三所不取者，如此的自由行動也不能滿足徐復觀對於道德價值的要求。）與霍布斯相反，另有一陣營認爲自由與決定論不相容，決定論與自由不能兩立，這種立場則稱爲「不相容論」（Incompatibilism）。

不相容論又可以進一步區分爲兩類：肯定決定論、否定決定論。不相容論中肯定決定論而否定自由者，稱爲「硬性決定論」（Hard determinism）。另一方面，不相容論中否定決定論者，又可區分爲兩類：

一、認爲決定論與自由不相容，否定決定論，同時也否定自由存在。

二、認爲決定論與自由不相容，否定決定論，肯定自由存在。

第一類將不相容的兩端皆否定，如何談論「不相容」，實令人存疑。同理，相容論中，如果否定決定論，那麼自由又能和什麼「相容」呢？目前與相容論相對，激起不少論辯的是第二類立場，這種立場被稱爲「自由意志論」（Libertarianism）。對於自由意志與決定論的討論浩如煙海，成爲哲學史中不斷受到討論，也最爲困難的問題之一。

除了探討決定論與自由意志能否相容，自由與決定的關係問題也與道德責任、道德評價密切相關。直觀上可能將自由意志視爲道德責任的基礎，以爲只能對於自由的行動進行道德評價與追究責任。如果將人類僅僅視爲大化流行中的一環，與其他自然現象、物類無異，那麼對人的道德評價與責任或可能產生問題，就好比一般人面對自然災害，如地震、颱風，沒有人會對它們追究道德責任或給予道德評價。值得留意的是，這樣的說法並非全無可疑。近幾十年隨著自然科學的大幅進展，人類得以對自身有更深入的了解，不少實驗企圖說明人類的一切行動，恐怕只是一連串腦神經訊號或大腦與環境相互作用的產物，若果眞如此，決定論爲眞，我們能夠對誰、又爲何要對他們進行道德批判或稱讚呢？

相容論、不相容論多是繫於對決定論的肯定或否定態度設論，有趣的是，對決定論採取某種確定立場並非相容論的唯一形式。一九六二年，斯特勞森（P. F. Strawson, 1919-

2006）發表重要論文〈自由與厭惡〉（Freedom and Resentment）[17]，將決定論與自由的問題切割開來。斯特勞森雖然同意不相容論者（斯特勞森稱他們爲悲觀主義者）對於相容論者（斯特勞森稱他們爲樂觀主義者）的批評，但是斯特勞森認爲不相容論者爲了說明人的自由意志而訴諸一套曖昧的形上學，卻是不必要的。斯特勞森將視野轉向責任與道德實踐，斷言無論決定論爲眞或爲假，人經常會對其他人的言行產生厭惡、憤怒、感激等「反應態度」（Reactive attitude），對他人言行進行道德評價與追究責任，在人類社會中根深蒂固，很難因爲對決定論採取肯定態度而被澈底放棄。斯特勞森的觀點雖然沒有爲自由意志的爭論畫下休止符，仍然能給予重要的提示：道德實踐與決定論無關。如果自由存在，也只能存在於這個人們會對他人的行動產生反應態度、對他人進行道德責難的人類社會中。即便決定論爲眞，「自由與決定在邏輯上似乎無法共存，但是卻眞實地同時存在人類的道德生活中。」[18]

---

[17] P. F. Strawson, "Freedom and Resentment", *Proceedings of the British Academy* 48(1962): 1-25.

[18] 許家馨，〈自由與責任〉，《中央研究院週報》第一五九八期（二〇一七年一月五日）：頁五。

第三節　孔孟哲學中的「被決定者」

西方有關自由的討論與傳統先秦儒家哲學看似風馬牛不相及，事實上卻能為孔孟哲學研究提供一些助力。先秦儒家哲學雖然不曾論及因果決定論，當時也尚未出現精緻的科學主張人類的行為是被決定的，竟也不乏其他對於人類行為可能造成強烈影響或決定的因素，例如：命運、環境、物類相引⑲等。

早在中國哲學史最初的幾頁，「命」便占據極重要的位置，以「天命」或「命」的形式出現。天命的原義是天的命令，但隨著天子失德、自然災害等問題不斷發生，天賞善罰惡的能力受到質疑，天命的意義也自然地發生轉變，「命」也逐漸轉衍生出「命運」的意

⑲《孟子・告子上》：「耳目之官不思，而蔽於物。物交物，則引之而已矣。」

義。⑳由於「命運」不可測度的特性，對人造成限制的壓力，使人產生被決定的感受。爲中國哲學寫史的勞思光注意到命對人帶來的壓力：

在對象界中，人既與其他事物同為一「被決定者」，故「命」之限制或「必然性」之限制，乃不可否認者。然則人生中是否無主宰可說？此即「自由」概念能否成立之問題。為揭明此一「自由」之領域，故孔子有「義」觀念，與「命」觀念對揚。「命」

⑳有關「命」思想的演進有許多不同的討論。如傅斯年《性命古訓辨證》區別先秦五類命論：命定論、命正論、俟命論、命運論、非命論。（詳見傅斯年，《性命古訓辨證》〔臺北市：中央研究院歷史語言研究所，一九九二〕，中卷，頁二十二—二十四。）傅斯年的分法混雜了對天命性質的論述和人對於天命所採取的態度，筆者認為這樣的區分方式仍有令人不能厭服處。此外，唐君毅則區別周初至孔子的天命思想為四：「由周初至孔子，數百年中，天命思想之新發展，就《左傳》、《國語》以觀，蓋有四者可言：（一）直接承周初命隨德定之思想，而加以擴充者。……（二）成命隨德定之思想而發展，又略異其義，而以命涵預定之義者。……（三）引申「命」之義，而為近於所謂「壽命」之義、及當為之「義」之義者。……（四）以命為動作威儀之則者。」（詳見唐君毅，《中國哲學原論・導論篇》〔臺北市：臺灣學生書局有限公司，一九八六〕，頁五二八—五三二。）唐君毅從天命與命的性質本身進行區分，亦可作為參考。筆者則簡單由人的視野出發，將命區分為二：人可能認識、順從、甚至違逆的「使命」，以及人莫可奈何、不可測度的「命運」。

觀念表「必然」，「義」觀念則表「自由」。……所謂「義」即指「正當」而言。倘若只從「命」一面看人生，則人生一切事象，亦不過是宇宙現象中之一部，既皆在必然系列下被決定，便無所謂是非善惡。由此再推一步，則依竊所謂人類之努力，亦在根本上無價值可說。因「努力」本身之出現，以及其結果，皆在最後意義上是已決定者、被決定者，如此，人生亦全無可著力處。但若在「命」以外更立一「義」觀念，則價值、自覺、自由等觀念所運行之領域，即由此顯出，而人生之意義亦由此而顯現。然則孔子如何能在「命」以外立此「義」觀念？簡言之，即由人之「能作價值判斷」一點建立此一大肯定。[21]

面對這種壓力，也許可以簡單地接受斯特勞森的建議，同意人注定置身於自由與被決定之間，同時對彼此進行道德評價並追究責任，樂觀相信人的各種反應態度並不會因爲決定論而被輕易放棄。不同於簡單地接受「被決定者」的角色，値此，孔孟展現出強烈的主動擔當和自我要求。

---

[21] 《新編中國哲學史（一）》，頁一三七。

孔孟哲學固然並未否認人生中存在命運的限制，對人的行動造成不小壓力，人面對命運雖往往束手無策，另一方面又揭開命運的深微寓意：命運對人造成被決定的感受，人卻因爲肯定命運而可能超越它。受命運決定與超越命運決定之間形成的張力，不少學者以義命分立或性命對揚而論。牟宗三指出「命」是個體生命氣化方面相順或不相順的「內在的限制」之虛概念，不是經驗概念，亦不是知識中的概念，而是實踐上的虛概念。因爲不是理性所能掌握，所以顯得渺茫。它既不屬於理性，應屬「氣化」方面的，但又不是氣化本身呈現的變化事實。命運不可經驗、不可用規律來規制，經驗知識不能窮盡。富貴貧賤的際遇爲什麼發生在你身上，而他人身上沒有，不可用理由來陳說，這就是虛意的命。牟宗三將命視爲修行上氣化方面的「內處的限制」之虛意形式概念，雖不能被消除，但可以因著「天理流行」之「如」的境界而被越過被超化。[22]既然「命定」觀念不能由理性窮盡，憂慮毫無益處，避免亦不能有助益，於理方面不能說命定，只能說義理之當然。既然命運無法掌握，於是人只能轉求諸人所掌握者，當代其他研究儒家哲學的學者們，唐君毅、蔡仁厚

[22] 有關牟宗三關於性命的討論，詳見牟宗三，《圓善論》（臺北市：臺灣學生書局有限公司，一九九六），頁一五〇—一五三。

對於命的看法，也採取相似的途徑，大致不出義命分立、性命對揚之途。唐君毅認為：

然在道之廢時，則義在行道，而命在道之廢，命義相違；則此時求行「義」，正宜當非「命」。[23]

孔子之知命，在就人當其所遇之際說；而孟子之立命，則就吾人自身先期之修養上說。……在孔孟之知命立命之教，則有道以處此限極，於是人力雖似有限極，而其道則以承擔此一限極而無限極。[24]

蔡仁厚則指出：

藉「性」與「命」之對揚，以指出人的真性正性，不在自然之性一面，而在仁義禮智天道一面。自然之性為形軀生命所侷限，實已落於「命」的限制網中而不能自主自

㉓《中國哲學原論・導論篇》，頁五三六。

㉔《中國哲學原論・導論篇》，頁五四二—五四三。

足，唯有超越感性欲求而不受形軀生命約制侷限的內在道德性，才是人人性分本具的真性、正性。㉕

過去學者多從「命運」本身的限制範圍切入，認為命運雖然對人造成了某些限制，而人的形軀作為大化流行的一環也遵循某些自然法則，但總是有不可受限定者，既然人無法掌握命運，那麼就從看似能掌握的意志、內在道德、價值自覺去超越命運。

事實上，面對命運與人的自由之衝突問題，儒家哲學展現面對命運決定力的思維轉向：人採取行動不光只是考慮對於結果的預期，同時還會思考這個行動是否具備行動者認可的理由，是否是應行的行動。人不只會思考行動與事件「如何」發生，還會思考它們「為什麼」發生。當然，決定論者可能會說人思考「為什麼」問題這個行動本身也是受決定的。本書會由《論語》、《孟子》的文獻說明，在孔孟哲學中，命運不至於干涉人的想法，如何思考取決於人本身。孔孟哲學中的命運不是密不透風地包羅人類一切行動。

問行動或事件「如何」發生，是有關「原因」的問題。如果從「原因」的角度探究行

㉕ 蔡仁厚，《孔孟荀哲學》（臺北市：臺灣學生書局有限公司，一九八四），頁二二一。

動的關係，部分持意志作用說的學者可能主張由於人的行動是由意志引起，因此與地震、颱風等自然現象有別，我們可以對人的行動追究道德責任、對人的行動進行道德評價。但這必須面對嚴肅的無限後退問題，如果行動因爲是由意志引起，所以被視爲人的行動，其基礎在於意志是人所特有的東西，那麼必須進一步追問：什麼使意志成爲人所特有的東西？[26]面對這樣的困難，西方哲學對於自由意志的探問又分出幾個不同支流，如安斯康姆（G. E. M. Anscombe, 1919-2001）轉向探問「理由」問題，由行動的意義探究人類行動與自然現象的差異，而所謂的理由問題（「爲什麼」的問題）是關於行動主體對於自身行動的意義賦予。[27]安斯康姆將討論的核心由意志扭轉至行動的意圖，人可以思考理由，產生意圖性行動，因而與其他自然現象區別。但是，戴維森（Donald Davidson, 1917-2003）則認爲行動的理由整體也必須視爲引發行動的原因。[28]西方哲學關於原因與理由的

---

[26] 對於意志作用說的批評詳見野矢茂樹，〈序論〉，收錄於《自由と行為の哲學・序論》，門脇俊介、野矢茂樹編（東京都：春秋社，二〇一〇），頁十三—十四。

[27] G. E. M. Anscombe, *Intention* (Cambridge, MA: Harvard University Press, 2000.)

[28] 戴維森的論述如下：

論爭至今懸而未決，爭論的解方蓋非本書之力所能及，也已經遠超出先秦儒家哲學所論的範圍，僅能由方法上求借，朝向思考行動的理由和意義。

孔孟哲學在面對命運，甚至環境、物類相引等決定力量時，所考慮的恰不是「原因」問題，而是訴諸「理由」。人雖寄身自然，受自然規律、環境、命運的影響，但人主觀上仍然能夠考慮什麼樣的行動才是自己最有理由採取的，什麼樣的行動是受到證成的。如果由「被決定者」的角度來觀察人，那麼一切的憂慮與逃避皆無助益；相反地，若思考人爲什麼採取行動時，反而能夠理解人爲自身行動所賦予的意義。

本書上半部將聚焦於孔子哲學，首先說明在孔子哲學中，「命」如何由積極的使命，

行動者給出做某事的理由，經常是指(a)肯定的態度，或者(b)有關行為的信念，或者同時指(a)、(b)兩者。我們就稱這一組為行動者遂行該行動的「基本理由」（primary reason）。現在我們可能藉由敘述以下兩條有關基本理由的論題，重新公式化「合理化即是因果性的說明」（rationalizations are causal explanations）這項主張，同時建構這個論證：

i. 無論它是何種理由，為了使我們理解一個理由如何合理化一個行動，我們理解有關構成基本理由的方法，或至少理解其本質性的概要，是必要並且充分的。

ii. 行為的基本理由即是該行為的原因。

(Donald Davidson, "Actions, Reasons, and Causes", *The Journal of Philosophy*, 60(1963): 686.)

衰變爲對人造成限制的消極的命運，使命如何與命運並存。其次，探問人處於使命與命運的拉鋸張力中，應該如何看待人的行動，並且爲自身的行動提出理由，同時爲它賦予意義。殊堪玩味的是，意圖的產生、理由的提出、信念的揀選、欲望的展現、決定的構成，追本溯源都將回到人的意志構造上，於此猶須論及孔子如何理解人的意志，將孔子對於欲望、意志、決定進行解析與系統性的重構，將是本書的第三項工作。綜合以上所述，將能得到孔子對於人的意志與行動之完整圖像，可與孔子對於人性的理解相互對照，藉此重新審視孔子的人性論，將是本書的第四項工作。

第四節　其他選擇的可能性、行爲者性與責任的問題

前輩學者們對於道德自由的理解，由形上學出發，從天道向下貫注創造之幾於人，

直至人反思自覺其性而能實踐道德。然而，我們不免要問：人在實踐層次爲什麼經常不能實現人性的要求，甚至明明知道人性有所要求還執意與之相違？如果從人之內在道德性之性、道德意識建立性善論，惡該由何而來？人在實踐層次似乎並不總是如此圓滿，若單純如前述方式理解人性與人的行動，似乎太過樂觀。事實上孔子、孟子的哲學體系中提出不少概念說明人在實踐中可能遭逢的阻礙，傅佩榮將人行惡的原因歸類爲五：經濟差、教育偏、形勢強、人心放、邪說出，[29]並且提出另一種對於自由的看法，爲孔子、孟子人性論詮釋別開生面。傅佩榮注意到自由的另一種元素——其他選擇的可能性：

> 人性之「性」當如何理解？人與動物、植物、乃至於萬物的根本差別，在於人有自由選擇的能力，此種自由選擇的能力要預設他能夠認識與分辨，並且能面對他選擇之後所產生的結果，他必須負責任。人的自由選擇能力，使得人的存在成為一種十分特別的現象——他以不斷塑造自己的方式存在，沒有一個人死的時候是他生出來時的狀

㉙ 傅佩榮等著，《人性向善論發微：傅佩榮「人性向善論」之形成、論證與應用》（新北市：立緒文化事業有限公司，二〇二一），頁一〇九。

態，因此，人的本性恰恰表現在他的自由選擇的可能性上。㉚

傅佩榮指出人是自由的，有認知及選擇的能力。㉛依此看來，人的道德自由除了對於人性之反思與自覺——即「認知」，還包括順著人性行動與不順著人性行動的能力——即「選擇」。同時，傅佩榮強調「事實」是與生所具，「價值」則須個人自覺及自由選擇之後才

㉚ 傅佩榮、林安梧，〈「人性向善論」與「人性善向論」——關於先秦儒家人性論的論辯〉，《哲學雜誌》第五期（一九九三年六月），頁七十八—七十九。

㉛ 用力量來界說人性，是否比較合乎事實呢？力量肯定了三點：

i.人是自由的，有認知及選擇的能力，這種自由能力即是力量。

ii.人的生命是連繫內外的，從內在自我去建構與別人（從父母開始）的關係，脫離這種由內而外的力量，無從說明人性。

iii.力量是由自己在決定的，所以行善避惡的要求是由內而發的，而善惡是否有適當報應，則是外在的其他因素在決定。

因此，用「力量」觀點來理解，就可以順利連繫人的生命結構（內）與其發展（外）。（《人性向善論發微：傅佩榮「人性向善論」之形成、論證與應用》，頁五十七。）

可呈現。[32]並且唯其有「自由」，人類世界才有「實然」與「應然」的問題要考慮。[33]由此看來，人既不必然順人性而行，人性也並非本善。傅佩榮藉由投入另一種「自由」的觀點，提出人性向善論，說明了惡的來源問題，同時避免了對事實與價值的混淆。

藉由引進另一種對於自由的看法，顯然能夠對於過往先秦儒家哲學人性論詮釋的不足提供修正，所觸及的範圍更廣及人的意志、行動與責任。可資對照的是，當代西方哲學關於「自由」這個概念的探問，可以大致區分成兩條進路。其一，將自由視爲具有其他可能性（Alternative possibilities），自由意味著「我可以這麼做」而且「我也可以不這麼做」，行動者具備其他選擇的可能性。其二，從「這個行動是我所做的」，行動是根源於我的行動，將行動視爲一種原創性能力，由「行爲者性」構成自由。[34]

由行爲者性的視角來看，若「這個行動是我做的」指的是這個行動因我的欲望被因

---

[32] 傅佩榮，〈存在與價值之關係問題〉，《國立臺灣大學哲學論評》第十五期（一九九二年一月），頁一三四。

[33] 〈存在與價值之關係問題〉，頁一二九。

[34] 詳見野矢茂樹，〈序論〉，收錄於《自由と行為の哲學・序論》，門脇俊介、野矢茂樹編（東京都：春秋社，二〇一〇），頁二十三。

果地引發，那麼又不得不再追問這個欲望由何而起，這樣的說法恐怕不夠完備。值此，可以導入反思的概念，這個引發行動的欲望是不是我所認可的，我對這個欲望能不能採取反思的距離，評估要認可這個欲望成爲自己行動的理由，或是否決它，這種能力將變得十分重要。㉟

複雜之處在於如何評估欲望？面對非法賄賂，對於金錢的欲望與遵守法律的欲望牴觸時，如果單純就欲望的強度而論，不見得哪一方必然會占上風。若果眞如此，人類的行動只是受到欲望的強度決定，也不會有這樣的話出現：「富與貴是人之所欲也，不以其道得之，不處也。」（《論語・里仁》）由此可見，人在評估欲望時，是否存在某種穩定的趨向是值得深思的，否則人類恐將淪爲欲望較爲複雜曲折的高等動物。此外，還需注意的是，如果僅就行爲者性來談論自由，只怕混淆了「自由」（Freedom）與「自發性」

㉟哈里・法蘭克福（Harry Frankfurt）認為只有「一階的欲望」不足以說明人的特色，擁有二階的欲望與意志是人與其他動物的差異所在。人可以思考哪些欲望是自身「應該」擁有的，可以進行反思的自我評價，能夠反思或者改變欲望與目的，而不僅僅只是本能地按照欲望而行。（詳見Harry Frankfurt, "Freedom of the Will and a Concept of a Person", in *Free Will*, ed. Gary Watson (Oxford: Oxford University Press, 2003), pp. 322-336.）

（Voluntariness）兩種不同的概念。自發性表述行動的原因，表示行動是基於欲望或決心而行，但是並未觸及行動者有沒有「不做」這種行動的能力。行爲者性側重於自發性，不包含將「做某行動」與「不做某行動」並列思考，進而從中進行選擇的能力。爲了避免這樣的疑慮，本書所言的自由，主要採取其他選擇的可能性立場。

孔子、孟子的哲學顯然已經察覺到人類欲望、意志與行動交互關係背後的穩定趨向，並且將這種長期而穩定的趨向稱爲人性，它是人類評估欲望、進行選擇、形成決定背後的長期關懷能力，深刻影響人的言行。不過，如果驟然將它視爲道德自我立法的能力，恐怕往往使人失望，因爲人總是可能選擇偏離人性的要求。即便行動者只是漠視人性的要求，對其要求毫不採取行動，「不作爲」本身也是一種有理由的「作爲」。行動者對於人性的要求置之不理，也可以視爲一種消極的行動。其他選擇的可能性與行爲者性兩者剪不斷、理還亂的關係，殆已超出孔孟哲學的範疇，也不易有定論，本書志不在處理這樣的紛爭。孔子、孟子對於人究竟有沒有其他選擇的可能性的問題並沒有提出懷疑，對他們而言，若非行動受到具體阻礙、力所難及，人的意志與行動多半是可能有其他選項的，即便有較爲曖昧的命運爲人設限，天與命運這類難測的範疇，似乎也不曾鉅細靡遺地強制人的思想與意志。

本書下半部分，將先梳理孟子對於身、心的作用說明，心可以思、可以不思，而身體則是「物交物，則引之而已矣」。孟子對於物理世界、因果關係雖未細加探究，也明白身體容易受到外物影響、干擾，於是提出心作爲身體的統帥。㊱身體由心統帥的同時，依然是物理性的身體，物理性的身體難免被視爲自然現象的一環，受到環境的干擾甚至決定。與孟子同時代的其他思想家，在此問題上並未缺席，由環境因素發揮各自見解，激發孟子

㊱杜正勝由歷史的角度質疑孟子這套身心觀的合理性。杜正勝認為：「不過當五臟系統成立後，『心』既然和肺脾同是一種具體的實在物，為什麼唯獨它能思維，而其他四臟不能？它的原動力是什麼？按照殷周古義，心的一切功能是不必證明的，孟子、荀卿也這樣堅持，但在戰國，這種不經論證的先驗命題並不能厭服人的疑惑。孟子說，耳目之官所以不能思考，是因為被物所蔽；同時他也不得不承認，心也有不能思考的時候。『不思則不得』，所以當『一心以為鴻鵠將至』的人，雖聘請通國善弈的弈秋來教棋，也不可能有成效的（《孟子．告子上》）。這是弋射鴻鵠的欲望掩蔽心的緣故。」（杜正勝，《從眉壽到長生：醫療文化與中國古代生命觀》（臺北市：三民書局，二〇〇五），頁九十八。）根據杜正勝的研究，「戰國另一派思想家便在古典信念之外有所補充，提出人體有比心更根本的東西，那就是『氣』」（同書，頁九十八）。並以為：「在氣論已相當普遍的戰國時代，孟子還這麼以心使氣，是有點於『心』不安的，如果這個主宰人的心，單純訴之於『天之所與我者』，也是不足以服人的。」（同書，頁一〇三）然而，杜正勝將「氣」置於相較於「心」更根本的地位，同樣也必須近一步追究「氣」從何而來、由何而生的問題，無非是將問題推向另一種神祕，亦不見得合乎孟子的原意。

對於人性極詳盡的討論。或道「性無善無不善」、「性可以爲善，可以爲不善」、「有性善，有性不善」，這三種人性論能否成爲人逃避責任的遁辭？假若性善性惡天生命定，別無選擇的人是不是能夠不爲善惡負責？於本書下半部第二部分，仿照哈里．法蘭克福主張其他選擇可能性與道德評價及責任無關時所設計的例子，闡明異於孟子的三種人性論，皆無法作爲迴避責任的託辭。至於第三部分，將會把問題反轉過來，由孟子建議的修養理論，窺探其背後預設人可能有何種形式的自由。最後一部分，則是談談孟子如何看待命運與使命，試探孟子如何在命運的限制下勇敢建立使命。

本書雖於方法上汲取不少西方哲學關於自由、決定與責任等相關討論，但是強行將孔子、孟子哲學劃歸某種陣營，甚至扭曲孔子、孟子的做法，絕非筆者所樂見。只期能參照新方法，設法排除孔孟哲學中的一些難解之處，辨析幾個疑難雜症。「自由」這般巨大的問題，實非一人之力足以窮盡，筆者由先秦儒家哲學研究出發，僭用當代哲學對於自由議題的談論處理中國哲學問題，不過權充馬前卒而已。

第一章

西周晚期至春秋時期天人關係的二面性

——以孔子哲學爲基礎

人與超越界的關係是信仰與宗教的核心。由先秦的文獻能了解古人信仰超越界的宗教心態。西周晚期至春秋時期，古人信仰作爲超越界的「天」。《詩經》與《尚書》中只有統治者可以知天命，得天命者爲天子，「天命」自古以來便作爲統治權力的象徵。但隨著天子失德，天子不再實踐天命、照顧百姓，天命遂墮落爲茫茫的命運，天亦轉化爲蒼蒼之天。直至孔子思想出現，孔子自述「五十知天命」，自古以來天命只有天子可以掌握，孔子卻說君子知道天命並且敬畏天命，立志成爲君子者，應覺悟天命。孔子彰顯人人可能覺察的「可知的天命」，同時也承認生命有莫可奈何的「不可知的命運」。孔子的態度是知其不可而爲之，在命運的限制中掌握人人皆可能覺悟的使命。藉由勇於承受命運，同時力行使命的態度，超越了命運的束縛，使人的主體性與意志由此挺立。孔子的洞見不僅是天命的政治內涵之轉變，更涉及天人關係的變革。人不再需要透過天子的中介與天產生關聯，而能夠藉由個人的覺悟知道源於天的使命，顯示出古代信仰的轉化。

第一節　「知天命」作爲統治階層專權

本章研究西周晚期至春秋時期的天人關係流變，解析孔子思想如何上承古代思想，下啟儒家哲學。儒家哲學出現以前，古人已經有長遠的思想沉積。孔子對於古代文化的態度是：「述而不作，信而好古。」（《論語．述而》），並且自認爲不是生來就有知識，而是：「好古，敏以求之者也。」（《論語．述而》）孔子所謂「古」，是當時的人文遺產。一切人文遺產，都是經年累月演變而來。孔子所求，則在這些現實人文中，追求其本原與意義與價値。①孔子自述一生的修養：

子曰：「吾十有五而志於學，三十而立，四十而不惑，五十而知天命，六十而耳順，七十而從心所欲，不踰矩。」（《論語．為政》）

① 錢穆，《孔子與論語》（臺北市：聯經出版事業公司，一九七四），頁九十九。

孔子先立定志向，透過學習改善現狀，至五十歲時可以「知天命」，六十歲時可以「順天命」。②孔子思想登上中國歷史舞臺並非偶然，孔子繼承古代思想的同時，進一步提升「人」的價值，展現古代天人關係變革的成果。該如何評價孔子知天命、順天命的突破性，以及孔子哲學的信仰面向，必須回顧孔子所立足的古代思想。

② 「順天命」的思想多次見於《易傳》。如：《易・大有卦・大象傳》：「君子以遏惡揚善，順天休命」、〈萃卦・象傳〉：「用大牲吉，利有攸往，順天命也。」、〈革卦・彖傳〉：「天地革而四時成，湯武革命，順乎天而應乎人，革之時大矣哉！」、〈兌卦・彖傳〉：「剛中而柔外，說以利貞，是以順乎天，而應乎人。」（〔宋〕朱熹，《周易本義》（臺北市：大安出版社，一九九九），頁八十一、一七三、一八四、二一二。）馮友蘭指出：「『六十而耳順』。據近人的研究，『耳』字就是『而已』。而已兩字的連續，念得快了，就成為『耳』。『六十而耳順』，就是六十而已順。順什麼呢？聯繫上文，順是順天命。上節說過，對於自然有兩種態度，一種是順，一種是逆。前者是對宗教的態度；後者是對科學的態度。孔丘說，他在六十以後就確定對『天命』是『順』的態度。」（馮友蘭，《中國哲學史新編》（北京市：人民出版社，一九九八），頁一一七。）當代學者傅佩榮則指出：「陳鐵凡《敦煌論語校讀記》指出《敦煌論語集解》殘卷（S.4696）作『六十如順』。『如』與『而』自古通用，王引之《經傳釋詞》早已指出。因此，『耳』字有可能為衍文。于省吾《論語新證》、程石泉《論語讀訓解故》均主此說。」（傅佩榮，《儒家哲學新論》（臺北市：聯經出版事業公司，二〇一〇），頁三〇九—三一一。）就文字考據上主張「耳」為衍文者，有陳鐵凡、于省吾、程石泉等，就義理通貫上主張「耳」為衍文者，有馮友蘭、沈有鼎、唐君毅等。（《儒家哲學新論》，頁一四一—一四二。）

周朝以降，天是古人的最高信仰，天的號令稱爲「天命」。天命原作「使命」的意義，其根底自古就存在，指特定的人依據天命成爲天子，天子承受天的使命。③得天命以爲人間的統治者的例子如：

一、《詩經・周頌・清廟之什・昊天有成命》：「昊天有成命，二后受之。」④

二、《詩經・大雅・文王之什・大明》：「有命自天，命此文王。」⑤

三、《尚書・多士》：「惟時天罔念聞，厥惟廢元命，降致罰。乃命爾先祖成湯革夏，俊民甸四方。」⑥

③ 森三樹三郎，《中國思想史》（東京都：第三文明社，一九七八），頁四十五。

④ 〔漢〕毛亨傳；〔漢〕鄭玄箋；〔唐〕孔穎達疏；龔抗雲、李傳書、胡漸逵、肖永明、夏先培整理；劉家和審定，《毛詩正義（十三經注疏）》（北京市：北京大學出版社，二〇〇〇），頁一五二四。

⑤ 《毛詩正義（十三經注疏）》，頁一一四〇。

⑥ 〔漢〕孔安國傳；〔唐〕孔穎達正義；廖名春、陳明整理；呂紹綱審定，《尚書正義（十三經注疏）》（北京市：北京大學出版社，二〇〇〇），頁四九九－五〇〇。

「天」對於人民來說卻是又親近卻又疏離的，《詩經》與《尚書》中只有統治者可以知天命，人民無法獲得天的啟示。⑦當代出土文獻也提供了西周時期人王受天命爲統治者的佐證，如「遂（豩）公盨」銘文：「天命禹敷土，隨山浚川，迺差地設征，降民監德，

⑦ 就更廣義的古代天人關係發展來看，配合《國語・楚語下》「昭王問于觀射父」（〔周〕左丘明撰；鮑思陶點校，《國語》〔濟南市：齊魯書社，二〇〇五〕，頁二七四—二七五。）以及《尚書・呂刑》「乃命重黎，絕地天通，罔有降格」（《尚書正義（十三經注疏）》，頁六三四。）這兩段記載，可知顯示古代人與天、神不同領域之間的沒有絕對的差異，揭示了古代人神關係的發展，既然有所謂「隔絕」，就必定也曾經經歷過「不隔絕」的階段。直到顓頊命令重主管天事來總攝眾神的祭祀，黎主管地事來統攝土地人民的治理，重與黎分別司天、司地，使天人關係恢復舊常，不再使人神互相侵擾，就是所謂「絕地天通」。絕地天通一事意味著神靈的啟示成為稀有品，過去神靈透過巫覡對於人間的啟示，在絕地天通以後由於政治力的介入，神啟很有可能變成對於巫覡以及統治者個人的啟示，使原來可以與人親近溝通的天，成為與人疏離的天。

迺自作配享民……心好德，婚媾亦唯協。天釐用考，神復用祓祿，永御於寧。遂公曰：民唯克用茲德，亡悔。」⑧人間統治者對於天命的壟斷，除了顯示在獨占「祭天」的權

---

⑧據李學勤用通行字與假借字重寫，詳見李學勤，《中國古代文明研究》（上海市：華東師範大學出版社，二〇〇四），頁一二八。遂公盨年代大約在公元前九百年。遂公盨的銘文顯示大禹治水的傳說在西周就已經開始流傳，禹並未被當作開天闢地的神，而是如《論語・泰伯》所說的「致孝乎鬼神」、「盡力乎溝洫」，具備盛德的人王。遂公盨除了證實古代統治者承受天命的說法以外，遂公盨也可能改進近代上古史研究中疑古派諸說。中國疑古派學者顧頡剛提出「層累地造成的中國古史」，由《詩經》未言及堯舜、《論語》也未談論堯舜的具體事蹟，而《尚書・堯典》卻首次對於堯舜的德行和政治大加記載。（詳見顧頡剛，《古史辨自序》（北京市：商務印書館，二〇一一），頁六十四。）顧頡剛認為古代對於禹的觀念可分為四層：「最早是《商頌・長發》的『禹敷下土方，……帝立子生商』，把他看作一個開天闢地的神；其次是《魯頌・閟宮》的『后稷……奄有下土，纘禹之緒』，把他看作一個最早的人王；其次是《論語》上的『禹、稷躬稼』和『禹……盡力乎溝洫』，把他看作一個耕稼的人王；最後乃為《堯典》的『禹拜稽首，讓于稷、契』，把後生的人和纘緒的人都改成了他的同寅。」若遂公盨的定年與銘文可靠，顧氏的說法將面對嚴重質疑。除顧氏以外，十九世紀末至二十世紀初期日本史學界對中國上古史的研究成果也面臨嚴重挑戰，如：

1. 白鳥庫吉（一八六五—一九四二）特別著眼於堯的事蹟全都和天文曆日相關、舜的事蹟和人事、禹的事蹟和治水等與大地有關之處。白鳥氏論述堯、舜、禹的故事是根據古來的天地人三才說所創作。而且道家為了和提倡堯、舜、禹的儒家抗衡，所以稱揚黃帝。

力⑨以外，也反映在帝王說話時的人稱詞上。⑩

《尚書．召誥》：「嗚呼！皇天上帝，改厥元子茲大國殷之命。」⑪《尚書．召誥》

2.內藤湖南（一八六六—一九三四）指出將五帝分別以年代順序檢視的說法，以及配合空間方角的說法，都是從漢代以前就存在，到了東漢時，兩種說法被加以整合，形成今日所見的五帝說。……內藤氏又論斷祖述堯、舜的《論語》思想，是由於面對墨家競爭而產生的。

3.青木正兒（一八八七—一九六四）認為《論語》對堯、舜的稱賞與道家及孟子的思想相近，而且禹雖然在《詩經》中登場，但堯、舜卻未出現於《詩經》，所以堯、舜的傳說是晚於禹之後而被創造出來的。（詳見岡村秀典，《夏王朝》（東京都：講談社文庫，二〇〇七），頁六十九—六十九。）

至少在禹的事蹟部分，由於遂公盨的銘文出土，十九世紀末期至二十世紀初期日本史學界認為堯、舜、禹的事蹟是儒家學者為了與當時其他學者抗衡所創造的說法，應當重新嚴格審視。

⑨《春秋公羊傳．僖公三十一年》：「天子祭天，諸侯祭土。」（〔漢〕公羊壽傳；〔漢〕何休解詁；〔唐〕徐彥疏；浦衛忠整理；楊向奎審定，《春秋公羊傳注疏（十三經注疏）》（北京市：北京大學出版社，二〇〇〇），頁三一一。）

⑩例如「余一人」、「一人」自殷武丁至帝辛時期，已為國王所專用的稱號。（詳見胡厚宣，〈釋「余一人」〉，《歷史研究》第一期（一九五七）：頁七十五—七十八。）

⑪《尚書正義（十三經注疏）》，頁四六五。

爲召公誥成王之詞，是古人視人王爲皇天上帝之子的典型。人王雖爲天之子，若無道，天亦可改之，告誡統治者不可不愼。除此之外，天也可以授權（佑命）某人，罷黜原來統治者所承擔的天命，如《尙書．泰誓》：「天乃佑命成湯，降黜夏命。」[12]這亦爲天命的展現方式。受命於天的反面，則言「墜厥命」（《尙書．召誥》、《尙書．酒誥》），指統治者或以統治者爲代表的政權喪失天命。[13]天命是可能改易的，只有明智的統治者能知天命，因此《尙書．大誥》：「弗造哲，迪民康，矧曰其有能格知天命？」[14]、「爽邦由哲，亦惟十人，迪知上帝命。」[15]根據《尙書》中「命」的用法可知，「命」是天與統治者或極少數明智者之間的關係，天可以主動地授與少數人天命，對少數人發出號令；相反地，極少數明智者亦可能「知天命」或「知上帝命」。有關主動「知天命」或「知上帝

⑫《尚書正義（十三經注疏）》，頁三二七。

⑬〈召誥〉：頁四六七（「墜厥命」）、四七一（「墜厥命」）；〈酒誥〉：頁四四九（「墜厥命」）；〈君奭〉：頁五一八（「墜厥命」）、五一九（「墜命」）。（數字為《尚書正義（十三經注疏）》頁碼。）

⑭《尚書正義（十三經注疏）》，頁四〇五。

⑮《尚書正義（十三經注疏）》，頁四一五。

命」的記載見於《尚書・大誥》，得知天命、上帝命的方法是藉由龜卜：「寧王遺我大寶龜，紹天明。」⑯

商朝末年，周人顛覆殷人政權之初，古人存在天意反映民意的思想，天意與民意是相通的，君主不得不謹慎。

一、《尚書・皋陶謨》：天聰明，自我民聰明。天明畏，自我民明威。達于上下，敬哉有土！⑰

二、《尚書・泰誓》：天矜于民，民之所欲，天必從之。⑱

三、《尚書・泰誓》：天視自我民視，天聽自我民聽。⑲

⑯《尚書正義（十三經注疏）》，頁四〇五。
⑰《尚書正義（十三經注疏）》，頁一三一。
⑱《尚書正義（十三經注疏）》，頁三二五。
⑲《尚書正義（十三經注疏）》，頁三二九。

四、《尚書・大誥》：天棐忱辭，其考我民。⑳

五、《尚書・多方》：天惟時求民主，乃大降顯休命于成湯，刑殄有夏。㉑

商末周初時人相信天的意志順從民意，天是矜憐百姓、能夠主持人間公正的主宰。統治者得天命而為天子，是天在人間的代言者。奈何，隨著政權轉移，周代以後古人對於「天」與「天命」的態度發生重大改變。《詩經》中「天」與「天命」的用例極多，除有關政權授與、政權合理性的用法外，《詩經》中「天」出現與商末周初截然不同的形象。《詩經》突顯天不從人願、不聽君民禱求的面貌。

⑳《尚書正義（十三經注疏）》，頁四一二。

㉑《尚書正義（十三經注疏）》，頁五四〇—五四一。

第二節　「天命」轉化爲「命運」

《詩經》對於「天」的描寫，由商末周初仁愛、公正的形象，轉變爲冷漠、無法與人間溝通的「蒼天」、「昊天」。[22]無論由形體稱其爲「蒼天」，或因其廣大而稱「昊天」，古人對於天的描述由過去靈活生動的主宰，轉向強調對於人間缺乏關心、物質性的自然之天。[23]「天命」則淪爲不可測度的「命運」。茲整理《詩經》中不從人意、缺乏仁

㉒《毛詩正義（十三經注疏）》傳曰：「蒼天，以體言之。尊而君之，則稱皇天；元氣廣大，則稱昊天；仁覆閔下，則稱旻天；自上降鑒，則稱上天；據遠視之蒼蒼然，則稱蒼天。」（《毛詩正義（十三經注疏）》，頁二九八。）

㉓馮友蘭據《詩經》、《尚書》、《左傳》、《國語》等古籍學說，歸納「天」有五義：物質之天、主宰之天、命運之天、自然之天、義理之天。（詳見馮友蘭，《中國哲學史》上冊（臺北市：臺灣商務印書館，一九九三），頁五十五。）根據項退結的見解，馮友蘭的五義中，部分義旨不夠深思熟慮，主要是因為第三與第五義無法獨立，可以歸約於第二與第四義。（詳見項退結，《中國哲學之路》（臺北市：東大圖書股份有限公司，一九九一），頁五。）陳來也提出觀點，認為春秋時代有三種「天道」觀念：宗教的命運式理解，視天道作為一種上天的安排；第二種是繼

愛與公正性格的「天」如下：

一、《詩經・王風・黍離》：知我者，謂我心憂，不知我者，謂我何求。悠悠蒼天，

承〈周書〉中道德之天，即具有道德意義的天；第三種就是對天道的自然主義的理解，天道就是宇宙的常道。（詳見陳來，《古代思想的文化世界：春秋時代的宗教、倫理與社會思想》（臺北市：允晨文化事業有限公司，二〇〇六），頁八十二—八十六。）陳來對於天道觀念的區分，第一種命運式的理解所涉及的是天與人的關係問題，著重於天對人的具體影響，是人所理解的天道，並且存在個人差異；第二種道德之天與第三種天道就是宇宙的常道的觀念，則針對天道本身為何而談，乃是人類企圖求索天道其本身的狀態。陳來所區分的三種天道觀念實際上是來自於對天道的兩種不同認識方法。至於第二種天道觀念論及道德意義的天，這種理解可能引致實然與應然如何過渡的問題，筆者認為存在邏輯上的疑慮。另外，根據傅佩榮的研究，周朝文獻中天的意涵清楚顯示為五種：統治之天、造生之天、載行之天、啟示之天、審判之天。（詳見傅佩榮，《儒道天論發微》（臺北市：聯經出版事業公司，二〇一〇）。）五種天認識方法上皆由天與人之間的關係性而言，其後因天子失德、禮壞樂崩，造生、載行之天淪為自然之天，啟示、審判之天淪為命運，顯示天人關係的轉變，同時彰顯天意的不可測度。以上幾種對於「天」的區分方法，筆者認為傅氏的區分方法最為完整周全。本章為梳理西周晚期至春秋時期孔子在天人關係議題上所扮演的轉折性角色，圍繞孔子「五十而知天命」的發言立論，因此由人的理解出發，將天的意義區分為對人而言可知與否的兩面，而不朝向天本身是什麼的問題展開。

此何人哉！[24]

二、《詩經・唐風・鴇羽》：悠悠蒼天！曷其有所？……悠悠蒼天！曷其有極？……悠悠蒼天！曷其有常？[25]

三、《詩經・秦風・黃鳥》：彼蒼者天，殲我良人！[26]

四、《詩經・小雅・祈父之什・節南山》：昊天不傭，降此鞠訩。昊天不惠，降此大戾。[27]

五、《詩經・小雅・祈父之什・正月》：民今方殆，視天夢夢。[28]

六、《詩經・小雅・祈父之什・雨無正》：浩浩昊天，不駿其德。降喪飢饉，斬伐四國。昊天疾威，弗慮弗圖。……如何昊天！辟言不信。……胡不相畏，不畏于天？[29]

㉔《毛詩正義（十三經注疏）》，頁二九八。

㉕《毛詩正義（十三經注疏）》，頁四六三—四六四。

㉖《毛詩正義（十三經注疏）》，頁五〇一—五〇二。

㉗《毛詩正義（十三經注疏）》，頁八二三。

㉘《毛詩正義（十三經注疏）》，頁八三一。

㉙《毛詩正義（十三經注疏）》，頁八五四—八五七。

七、《詩經・小雅・小旻之什・小旻》：旻天疾威，敷于下土。㉚

八、《詩經・小雅・小旻之什・巧言》：悠悠昊天，曰父母且。無罪無辜，亂如此憮。昊天已威，予慎無罪。昊天泰憮，予慎無辜。㉛

九、《詩經・小雅・小旻之什・巷伯》：蒼天蒼天！視彼驕人，矜此勞人！㉜

十、《詩經・大雅・生民之什・板》：天之方難，無然憲憲。天之方蹶，無然泄泄。……天之方虐，無然謔謔。……天之方懠，無為夸毗。㉝

十一、《詩經・大雅・蕩之什・抑》：昊天孔昭，我生靡樂。視爾夢夢，我心慘慘。㉞

十二、《詩經・大雅・蕩之什・桑柔》：倬彼昊天，寧不我矜！……國步蔑資，天不我將。……我生不辰，逢天僤怒。……天降喪亂，滅我立王。㉟

㉚《毛詩正義（十三經注疏）》，頁八六二。
㉛《毛詩正義（十三經注疏）》，頁八八二—八八三。
㉜《毛詩正義（十三經注疏）》，頁九〇一。
㉝《毛詩正義（十三經注疏）》，頁一三四五—一三四九。
㉞《毛詩正義（十三經注疏）》，頁一三八一。
㉟《毛詩正義（十三經注疏）》，頁一三八四—一三九一。

十三、《詩經・大雅・蕩之什・雲漢》：倬彼雲漢，昭回于天。王曰於乎，何辜今之人！天降喪亂，饑饉薦臻。靡神不舉，靡愛斯牲。圭璧既卒，寧莫我聽！……瞻卬昊天，有嘒其星。大夫君子，昭假無贏。大命近止，無棄爾成！何求為我，以戾庶正。瞻卬昊天，曷惠其寧！㊱

十四、《詩經・大雅・蕩之什・瞻卬》：瞻卬昊天，則不我惠。……亂匪降自天，生自婦人。㊲

十五、《詩經・大雅・蕩之什・召旻》：旻天疾威，天篤降喪。……天降罪罟，蟊賊內訌。昏椓靡共，潰潰回遹，實靖夷我邦。㊳

上列引文多因天子失德，古人作詩諷刺統治者的同時，亦顯現對天的抱怨。古人怨天的原因除天子失德外，另一方面則是由於自然災害，例如《詩經・雲漢》。《詩經・雲漢》爲

㊱《毛詩正義（十三經注疏）》，頁一四〇二—一四〇三。
㊲《毛詩正義（十三經注疏）》，頁一四七七。
㊳《毛詩正義（十三經注疏）》，頁一四八六—一四八七。

君王祈禱求雨之詩，由禱詞可知：為祈禱免去災禍，君王不惜進獻犧牲、祭品，天卻不肯聽從禱告。遍祭諸神，后稷卻不理會、上帝也不光臨。祖先群臣的神靈對君王的禱求亦不聞問。君王雖奮勉祭禱，恭敬事奉神靈，可惜昊天上帝不體諒君王的誠意，顯示君臣、百姓崇信昊天卻得不到賜福的失落與憂怨。《詩經．雲漢》對天的仁愛感到失落的原因，並非來自天子失德，而是由於自然災難。《詩經．雲漢》中，天雖不回應人的祈禱，但由人的願望顯示：古人相信可以透過祭祀祈禱與天互動。

古人面對生命的偶然與荒誕，一方面相信生命過程受一超人力量所指導與控制，另一方面又認為這種超人力量是可以被撫慰的。由古人試圖取悅皇天上帝的行為，明確顯示古人對於超越界的信仰，但是缺乏理論、教義等宗教應具備的條件。㊴雖不能由先秦的文

㊴ 弗雷澤說：「我說的宗教指的是：相信自然與人類生命的過程乃為一超人的力量所指導與控制的，並且這種超人的力量是可被邀寵或撫慰的。這樣說來，宗教包含理論和實踐兩大部分，就是：對超人力量的信仰，以及討其歡心、使其息怒的種種企圖。這兩者中，顯然信仰在先，因為必須相信神的存在才會想要取悅於神。但這種信仰如不導致相應的行動，那它仍然不是宗教而只是神學。」（〔英〕弗雷澤著，汪培基、徐育新、張澤石譯，《金枝：巫術與宗教之研究》上冊〔北京市：商務印書館，二〇一二〕，頁八十八。）

獻找到古代的宗教，卻能了解古人信仰超越界的信仰心態。上列引文中對天的種種質疑與抱怨，恰可證明周人期待天命賞善罰惡的力量，但由於周天子失德，以及自然災害，天賞善罰惡的兌現能力落空，人自然懷疑天的判斷與賞罰能力。甚至出現「昊天不惠，降此大戾」、「昊天不弔」、「天之方虐」等語，顯示天不僅未能照顧生民，甚至降下災禍。隨著天的仁愛、主持正義的能力失墜，伴隨而來的是天人關係與信仰的變質。⑩如果「天」對於人間缺乏關心、僅是自然之天，人無法透過任何方式與之建立關係，那麼天所主宰的命令自然淪於茫茫的命運或自然規律，《詩經》便保留了天命的變質痕跡。傅斯年指出《詩經》中以下兩處「命」的意義乃自天命之義引申而出，為「命定」之義：⑪

一、《詩經・召南・小星》：肅肅宵征，夙夜在公。寔命不同！……肅肅宵征，抱衾與裯。寔命不猶！⑫

⑩ 王治心認為「昊天不惠，降此大戾」、「昊天不弔」、「天之方虐」等語可見當時在宗教思想上有顯明的改變了。（詳見王治心，《中國宗教思想史大綱》（北京市：商務印書館，二〇一五），頁三十三。）

⑪ 傅斯年，《性命古訓辨證》上卷（臺北市：中央研究院歷史語言研究所，一九九二），頁二十九。

⑫ 《毛詩正義（十三經注疏）》，頁一一一—一一三。

二、《詩經・鄘風・蝃蝀》：大無信也，不知命也。㊸

因舊有天命失墜，不隨人對公平正義的追求而改變的「命」躍上歷史舞臺。「命」的意義流變與發號命令的「天」之性格密不可分。《詩經》除了反映古人相信可以藉政權交替、占卜觀察的「可知的天命」以外，更突顯人的意志無法改變、莫可奈何的「不可知的天命」。

綜觀前文論述可知，作爲古人主要信仰對象的「天」有其「可知」與「不可知」的二面性。《尚書》中「天命」主要代表天與統治者或少數明智者之間的關係，天藉由發號命令展現其意志，少數明智者則可藉由占卜等方法測知天意。統治者雖然可以獲知天命，但天命依天的賞罰功能可能發生改變。至西周末期、春秋初期，由《詩經》的記載可知，隨著天子失德與自然災害，舊有天命逐漸式微，不可測度的命運開始在古代思想中展現影響力。在孔子以前的時代，「天命」已經清楚顯示爲「可知的天命」與「不可知的天命」二類，而「可知的天命」主要見於天與統治者或少數明智者之間。

㊸《毛詩正義（十三經注疏）》，頁二四二。

第三節 所有人皆可知的天命

《尚書》與《詩經》對於天人關係的表述，並非只為統治階層預備，天作為人與萬物的來源，使人的本性有一定的規則，順著人性的規則發展，就會喜好美好的德行。人性總是有個美好的開始，但實際上人很少能堅持喜好美德，人民需要君王的領導，才能夠堅持走上正途。

一、《尚書・泰誓》：天佑下民，作之君，作之師，惟其克相上帝，寵綏四方。㊹

二、《詩經・大雅・烝民》：天生烝民，有物有則。民之秉彝，好是懿德。㊺

㊹《尚書正義（十三經注疏）》，頁三二三。

㊺《毛詩正義（十三經注疏）》，頁一四三二。

三、《詩經・大雅・蕩》：天生烝民，其命匪諶。靡不有初，鮮克有終。㊻

古人相信統治者承擔天的號令，並且被賦予道德要求，必須領導民眾謀求幸福。同時，所有人的人生方向也被確定，只有追求天生秉彝的實現，才是生活的最重要目的。雖然古人不樂觀認爲人民能輕易地獨自發展德行、走上人生正途，而需要藉由君與師的領導，但是天既賦予百姓喜好美德的本性，人若能順著本性，自然能夠完成天賦予人的「要求」。實踐天賦予人性的規律之可能性存在於所有人，並非只是天與統治者間的關係。由此可見，中國古代天與萬物之間的關係不止於創造，天還賦予萬物繼續存在和發展的條件與規則，天與萬物的關係，以及天人關係，兼顧創造和存續。孔子作爲先秦儒家的代表人物，便掌握了古代天人關係中的這一層次，發展出向超越界開放的人性論立場，將「天命」發展爲所有人都可以「知」與「順」的目標。

《孟子・告子上》：「《詩》曰：『天生烝民，有物有則。民之秉彝，好是懿德。』孔子曰：『爲此詩者，其知道乎！故有物必有則，民之秉彝也，故好是懿德。』」由孟子

㊻《毛詩正義（十三經注疏）》，頁一三五六。

引用孔子對於《詩經．烝民》的評論，可知孔子肯定天不僅是所有人自然生命的來源，更是人性喜好美好德性的根源。孔子直言：「五十而知天命，六十而耳順。」（《論語．為政》）、「君子有三畏：畏天命，畏大人，畏聖人之言。小人不知天命而不畏也，狎大人，侮聖人之言。」（《論語．季氏》）孔子表示自己能夠知天命、順天命，㊼要成為君子必須「畏天命」，顯示孔子認為個人的生命與超越界有獨立而直接的關聯。㊽依據《史記．孔子世家》的考察，孔子五十歲以後曾由中都宰為司空，由司空為大司寇。至魯定公十四年（孔子五十六歲），「齊人歸女樂，季桓子受之，三日不朝，孔子行。」（《論語．微子》）孔子辭去司寇官職，開始周遊列國。孔子五十歲至六十歲期間，曾經遭遇兩次危難：

㊼「順天命」的思想多次見於《易傳》。（詳見本章注②）

㊽筆者同意余英時指出軸心突破以後「天命」的性質發生了根本的變化，從集體本位擴展到個人本位，孔子自稱「五十而知天命」又說：「知我者其天乎！」明白表示他曾經以個人的身分與「天」有過交往，孔子「五十而知」的也是他個人所獨得的天命。（詳見余英時，《論天人之際：中國古代思想起源試探》〔臺北市：聯經出版事業公司，二〇一四〕，頁四十二。）

一、《論語・子罕》：子畏於匡，曰：「文王既沒，文不在茲乎？天之將喪斯文也，後死者不得與於斯文也；天之未喪斯文也，匡人其如予何？」

二、《論語・述而》：子曰：「天生德於予，桓魋其如予何？」

天命是相應於孔子自覺使命而言的。[49]孔子一方面相信天是自己德行的來源，又相信自己承擔將「文」傳於後世的天命。綜合兩者，孔子五十而知天命，孔子所知的「天命」至少包含個人的德行修養以及實踐與個人身分能力相符的職分。孔子相信天會將「命」賦予人，即便不是統治者也可能「知天命」。

「命」是聯繫天人關係的紐帶。孔子的行爲完全與信仰配合，在行爲中實踐與超越界的理想關係，就如眞正的宗教人所說：「信德也是這樣：若沒有行爲，自身便是死的。」[50]但我們千萬不能忽略孔子對天人關係的另一層表述。

---

[49]《儒道天論發微》，頁一三三。

[50]《聖經・雅各伯書》第二十章第十七節。

一、《論語・為政》：子曰：「五十而知天命」

二、《論語・季氏》：君子有三畏：畏天命，畏大人，畏聖人之言。小人不知天命而不畏也，狎大人，侮聖人之言。

三、《論語・堯曰》：子曰：「不知命，無以為君子也。」

人雖可藉個人體悟而知道個人的使命，並追求天生秉彝的實現，努力修養德行。但人若是有選擇行動的自由，便隨時可能犯錯。因此人必須謹愼戒懼，順應天賦予我的喜好美德、修德行善的基礎。此外，天命雖有可知的一面，但面對「不可知的天命」則不得不感到敬畏而戒愼恐懼。如果天要消滅人，人又能如何？天是人與萬物的來源，天給人如此的人性，若順著本性發展便能喜好美德，人只能設法了解這種人性而自得其樂，人生的各種遭遇人無法控制。在生死之間，人能主動實踐的事情才是關鍵，而眞誠則是唯一的憑藉。人只能對當下負責，因此子曰：「人之生也直，罔之生也幸而免。」（《論語・雍也》）如果不眞誠順著人性發展走上人生的正途，活著完全是靠僥倖免於災禍。談人性必以眞誠爲前提，唯有人類才有眞誠或不眞誠的選擇。君子畏天命，小人不知天命而不畏，人人都可能立志成爲君子，人人都可能知天命。知天命的可能性既然是普遍的，必是源於先天的，

「天生烝民，有物有則。民之秉彝，好是懿德」實現人性就是所有人的天命。但不能否認即便努力修德，也不見得能夠避免不可預期的禍患。孔子與弟子體認生命中有不可抗的「限定」存在，因此發出感嘆：

一、《論語・雍也》：伯牛有疾，子問之，自牖執其手，曰：「亡之，命矣夫，斯人也而有斯疾也！斯人也而有斯疾也！」

二、《論語・顏淵》：子夏曰：「商聞之矣：『死生有命，富貴在天。君子敬而無失，與人恭而有禮。四海之內皆兄弟也。』君子何患乎無兄弟也？」

三、《論語・憲問》：子曰：「道之將行也與，命也；道之將廢也與，命也。公伯寮其如命何！」

冉伯牛是孔門弟子中德行優異者。[51]孔子感嘆這樣的人竟然得了這樣的病，可知伯牛雖德行優異，仍然遭遇重病，命運與個人德行沒有必然關聯，德行優異不必然導致幸運或賞

---

[51]〈先進〉德行：顏淵，閔子騫，冉伯牛，仲弓。

賜。對人力無法改變又無從說明的遭遇，孔子稱之爲「命」。天作爲萬物的來源，世間的各種限定亦皆可溯源於天，視爲天的命令或號令的內容。孔子雖然肯定所有人都可能以個人的身分知天命、自覺使命，[52]但是由這種對於人而言不可測度、無力扭轉的「命」來看，天人關係除了「知天命」、「順天命」這一層人可主動參與的層面之外，還存在著另一層與人類的理性及理解能力完全疏離的、令人又敬又畏的層面。命運固然重要，但人生最難的地方在於確立自己的使命。天使人有其本性，其中就包含對人的要求，因此孔子順從天命。順著天所要求的人性發展，方爲人生的正途。功業則屬外在成就，個人修養才是切身的首要任務。「知天命」、「順天命」積極實踐「可知的天命」的同時，不忘敬畏

---

[52] 根據余英時的研究指出，在孔子以前的傳統中國，天人之間必須藉助「巫」的媒介方能進行溝通，而所知的天命是與國運或政治相關的集體本位的天命。直到孔子出現以後，他直接以「個人」的身分與「天」打交道，不給巫師的中介留下任何空間，至於孔子和「天」之間的交往主要是透過內心「知」的活動。余英時認為這標誌著內向超越的發端。（詳見《論天人之際：中國古代思想起源試探》，頁五十八－六十。）余氏的研究側重於孔子對於可知天命的掌握，可是，若由《論語》中的命運來看，孔子仍然保留了與人疏離、不可測度的天意。甚至前文所引述的〈子罕〉子畏於匡，曰：「文王既沒，文不在茲乎？天之將喪斯文也，後死者不得與於斯文也；天之未喪斯文也，匡人其如予何？」周文存亡的最後裁決者是天，孔子雖能承擔並力行使命，但結果的成功與否則有賴天的裁斷，非人所能掌握。

「不可知的天命」，便是儒家的使命觀。功業的成就往往配合大勢所趨。人活在世界上，如果修養自身德行、努力改善社會卻沒有碰到適當時機與趨勢，則對自己負責。

第四節　人與天的疏離關係

發覺天命的可知與不可知的二面性以後，回頭探討「天」的性格，可以發現《論語》中的天，不僅賦予人使命，也可以知道人的行爲對錯，對人的行爲展現喜怒，還可藉厭棄等反應展現意志。孔子一生修德的原因，正是由於體認到天所賦予的人性，將自己的人性澈底發揮，亦即順從天命、完成天命。人可得知來自天的使命，天也能夠對於人的行爲有所反應：

一、《論語・八佾》：獲罪於天，無所禱也。

二、《論語・子罕》：曰：「久矣哉，由之行詐也！無臣而為有臣。吾誰欺？欺天乎！」

三、《論語・雍也》：子見南子，子路不說。夫子矢之曰：「予所否者，天厭之！天厭之！」

孔子尊敬鬼神，與之保持適當距離，以「天」爲最終的祈禱與獲罪對象。天能夠明鑒人的行爲，即使人可以欺騙他人，也無法逃避天的檢驗。若得罪天，對任何存在禱告都沒有用。任何人如果有罪過，天自然厭棄他。向天禱告，代表相信天可以予人禍福；人可以獲罪於天，顯示人相對的可以使天感到愉悅。孔子透過自我覺醒、敬畏天命，將墮落成命運的天意轉化爲使命。儘管如此，不可忽視《論語》中也論及使人莫可奈何的命運。如果天意需要靠人的善惡報應來驗證，而其賞善罰惡與人類有一樣的性格，且天的賞善罰惡能力屢試不爽，那麼人便可能預測禍福掌握天意，並能由結果論定人行爲的好壞。殊甚玩味的是，人固然可對天的賜福降禍有所期待，但現實中天予人的禍福和人類對善惡報應的期待往往不能相合，「不可知的天」可以給人種種限制與遭遇。《論語》未曾捨棄與人類完全不同、超越的、有無限權威的天。[53]

孔子對超越人類、具無限權威的天之敬畏態度，也得見於當代出土簡文。例如上海博物館藏竹書〈魯邦大旱〉：[54]

【第一簡】魯邦大旱，哀公謂孔子：「子不為我圖之？」孔子答曰：「邦大旱，毋乃失諸刑與德乎？唯

---

[53] 本論點明顯與當代許多學者的研究相異。例如張灝指出原始儒家裡出現了一個超越內化的趨勢，也意謂以天子為代表的政治秩序之外，還有每一個人直接通天的心靈所引生的獨立的權威與秩序。張灝說：「《論語》所反映的孔子思想裡面，天與天道所代表的超越意識已是很重要的發展……《論語》以後的儒家思想裡，特別是在子思與孟子這一條思想傳承裡，天道與心性這兩路的觀念逐漸聯繫在一起。」（張灝，《時代的探索》〔臺北市：中央研究院．聯經出版事業公司，二〇〇四〕，頁十五。）孔子知天命、順天命固然是奠基於個人的內在體悟與生活經驗，由此建立天與每一個個人之間獨特的聯繫。然而，孔子更不忘提到不可測度又令人莫可奈何的命運。可知的天命與不可知的天命之間的張力，才造成孔子凡事謹慎，對天與天命既順從又敬畏。

[54] 主要依據馬承源主編《上海博物館藏戰國楚竹書（二）》的隸定版本。（馬承源主編，《上海博物館藏戰國楚竹書（二）》〔上海市：上海古籍出版社，二〇〇二〕，頁二〇一－二一〇。）

【第二簡】之何在？孔子曰：「庶民知説之事，視也，不知刑與德，如毋薆珪璧幣帛於山川，政刑與

【第三簡】出遇子贛曰：「賜，尔聞巷路之言，毋乃謂丘之答非歟？」子贛曰：「否也，吾子若重命（名）其歟？如夫政刑與德，以事上天，此是哉。若夫毋薆珪璧

【第四簡】璧帛於山川，毋乃不可。夫山，石以為膚，木以為民，如天不雨，石將焦，木將死，其欲雨或甚於我，何必恃乎名乎？夫川，水以為膚，魚以

【第五簡】為民，如天不雨，水將涸，魚將死，其欲雨，或甚於我，何必恃乎名乎？孔子曰：「於呼……」

【第六簡】公豈不飽粱飤肉哉也，無如庶民何

本篇簡文記錄魯國遭逢旱災，魯哀公向孔子請教因應措施的對答。孔子認爲旱災的起因是「失諸刑與德」，可見孔子認爲天災與人間社會規範以及德行有關。刑與德在孔子思想中，本是君子所關心的兩個項目，《論語．里仁》：「君子懷德，小人懷土；君子懷刑，小人懷惠。」君子關心德行與規範，小人關心產業與利益。計較利害便容易不擇手段，必

須依靠規範與德行加以導正。由第二簡簡文來看，雖有脫字，但可以得知一般百姓面臨自然災害，只知道靠祭祀禱求，(55)卻不知道遵守規範與修養德行才是根本之道。孔子離開魯哀公處，出遇子貢。孔子詢問子貢對自己向哀公諫言的看法，子貢認爲孔子還是重視命，既然重視命，(56)理應用適當的方法事奉上天。谷中信一的研究指出：「孔子認同魯國的旱

---

(55)「説」祭是古代求雨的祭祀活動，依鄭玄的解釋，大概是由祝向祭祀對象陳述人間災厄，責求天神降福。《周禮・春官宗伯》：「大祝：掌六祝之辭，以事鬼神示，祈福祥，求永貞。一曰順祝，二曰年祝，三曰吉祝，四曰化祝，五曰瑞祝，六曰筴祝。掌六祈以同鬼神示，一曰類，二曰造，三曰禬，四曰禜，五曰攻，六曰説。」鄭司農云：「類、造、禬、禜、攻、説，皆祭名也。」鄭玄注云：「祈，嘄也，謂為有災變，號呼告神以求福。天神、人鬼、地祇不和，則六癘作見，故以祈禮同之……攻説，則以言辭責之……類、造、禬、禜皆有牲，攻説用幣而已。」（〔漢〕鄭玄注；〔唐〕賈公彥疏；趙伯雄整理；王文錦審定，《周禮注疏（十三經注疏）》（北京市：北京大學出版社，二〇〇〇），頁七七四—七七五。）參考趙容俊的研究：「《廣雅・釋詁》云：『説，論也。』謂陳論其事以責之，其禮尤殺也。《淮南子・泰族訓》云：『雩兑而請雨。』宋本許注云：『兑，説也。』則請雨亦有説矣。」（趙容俊，《殷商甲骨卜辭所見之巫術（增訂本）》（北京市：中華書局，二〇一一），頁一六一。）説祭的祭品雖然相對比較簡略，但由鄭玄注可知，仍備有幣以為祭。

(56)馬承源認為第三簡中「吾子若重命其歟」一文中的「命」字應該根據第四、五簡改為「名」字，但原簡中兩字形不同，又同出一篇，若指的是同一事物，應該不需要刻意使用兩個不同的字彙來表述。林義正認為「命」指的是説祭的

災是因天命而起。一方面尊重天命，另一方面現實中如何克服旱災則是孔子與子貢共有的問題意識。」(57)子貢認爲導正規範與德行才是事奉上天的正確方法，(58)而不吝惜祭品實行祭禮則是不需要的，山川以木石、魚水爲膚民，山川對於雨水的渴求更勝於人類，因此「何必恃乎名乎？」恃當解爲「待」，而名則指說祭，山川何必等待人類舉行說祭祈雨，若山川眞有神靈，早該設法降雨而不必等待祭祀。古人相信天神、地祇、人鬼等可以作爲

禱詞，若據林義正的考據：「《周禮》所言之祝、祈、說、辭、號、命、祭皆可歸指祭祀鬼神示活動中的內容，或總說，或分說，或指其一部分活動之名而已。」（詳見林義正，《孔學鉤沈》（臺北市：國立編譯館，二〇〇七），頁二五一。）但是根據《黃氏後案》：「命者，聘會之書，圖於使者未行之前。」（〔清〕黃式三，《論語後案》引自程樹德著；程俊英、蔣見元點校，《論語集釋》（北京市：中華書局，一九九〇），頁九六〇。）「命」特指「聘會之書」，若依林氏的見解用於指說祭的禱詞並不恰當。「命」也不當解釋為《周禮・春官・大祝》中九祭的「命祭」。鄭玄注：「命祭者，〈玉藻〉曰：『君若賜之食，而君客之，則命之祭，然後祭』是也。」（《周禮注疏（十三經注疏）》，頁七八二。）由此可知，命祭屬於食祭，祭食、主客相關的禮儀可以參閱《儀禮・公食大夫禮》、《禮記・曲禮》等。）

(57) 谷中信一，〈上海博楚簡「魯邦大旱」譯註〉，《出土文獻と秦楚文化》，創刊號（二〇〇四）：頁八五—二八。

(58) 由第一簡中孔子將旱災歸咎於「失諸刑與德」可知，通篇所見「政刑與德」中的「政」字，應當解釋為「正」，即導正、改正的意思。

天人關係的中介，不過子貢卻認爲既然孔子重視命，命是天對於人所發出的號令，只要人主動導正刑與德，不用透過神祇的中介，就可以逕自事奉上天。但是，孔子不僅相信天可以藉由觀察人間的刑與德而做出反應、施予人類各種限制及遭遇，所以人應該主動遵守社會規範、導正德行修養；除此之外，人還應該尊重傳統，以適當的祭祀活動安撫神祇。孔子認爲人間災禍（如旱災）是上天對於人類失刑、失德的反應，顯示出孔子對於天具有對人間主宰權威的肯定。人除了積極自我修正、順從可知的天命以外，還需要敬畏天的權勢，同時，透過正當的祭祀活動事奉神祇，等待天的回應，至於天的反應，則往往是人所難測的。即便天的意志難測，人仍應謹慎事奉天，並且按照適當的禮儀規範，眞誠地安撫神祇，[59]不當任意放棄禮儀規範。無奈當時的統治者魯哀公只知飽粱飫肉，而百姓只知道

---

[59] 祭如在。祭神如神在。子曰：「吾不與祭如不祭。」（《論語．八佾》）「吾不與祭如不祭」句讀，歷代主要有兩種，朱熹從舊讀將這一句斷句為「吾不與祭，如不祭」，勞思光從朱熹，並認為孔子不以為客觀上真有一「神」享祭。（勞思光，《新編中國哲學史（一）》〔臺北市：三民書局，二〇一〇〕，頁一三五。）若如此斷句，「吾不與祭，如不祭」可能有兩種意義，一為「我不參加祭祀（或使人攝祭），不如不要祭祀」，二為「我不參加祭祀（或使人攝祭），就好像沒有祭一樣」，這兩句解說上都甚不通順，雖然可以說明孔子強調祭祀應該親力親為，但若不能親力親為就不如不要祭祀，這樣的高姿態是否合乎孔子性格，則令人懷疑。筆者認為應採取其他的斷句方式。另一種

舉行祭祀活動，卻不知道順天命與敬畏天命這兩種消極與積極的態度是可以同時實踐的。

由「可知的天命」與「不可知的天命」二方面來看，「天」與人的關係有「參與」和「疏離」兩種向度。天將人性賦予人，人透過實現人性了解天命，自覺地修德行善，即是主動參與了天人關係。值此，天雖然能夠以賦予使命、厭棄等方式將意志展現於人，但天人關係中若缺乏了「疏離」的成分，則天人關係轉變爲人可能完全理解或擁有的一個確定知識，人便不再需要「信仰」。由孔子對於「天」的理解來看，人確實可以對天的作用與命令有所認識，但天的意志不是人可以完全理解的。天意有超出理性能夠領會的部分，就理性不能知的一面來看，天似乎是「完全的他者」[60]。但既然是「他者」，就不是與「我」無關的，而是與我相對的他者。如果天與人類未曾相遇、人與天之間全無「參與」

斷句方式如是「吾不與，祭如不祭」，《經讀考異》採之；韓愈亦於〈讀墨子〉中云：「孔子祭如在，譏祭如不祭者。」洪氏注言：「祭如不祭，吾所不與。與，許也。」（韓愈，〈讀墨子〉，引自《論語集釋》，頁一七五。）筆者認為應以第二種斷句較為通順合理，顯示孔子不贊同「參加祭祀卻有如不祭祀的態度」，祭祀應合乎禮儀規範，並以虔敬為主。

[60] 借奧托（Rudolf Otto, 1869-1937）描述超越者的語詞。Rudolf Otto. *The Idea of the Holy : An Inquiry into the Non-rational Factor in the Idea of the Divine and Its Relation to the Rational*, trans. John W. Harvey（London : Oxford University Press, 1958), pp.26.

的成分，天不將自身或其命令與功能展現給人，那麼人對天的信仰便不能存在。孔子談超越界時，特別著眼於關係性而論，強調人在事件中與天的作用相遇。在《論語》所觸及的天人關係中，「天」始終佇立在與我的相互作用中。

子貢曾經說：「夫子之文章，可得而聞也。夫子之言性與天道，不可得而聞也。」（《論語・公冶長》）「天道」一詞在《論語》中僅出現在此，成爲孤證。參考儒家相關文獻，《周易・謙卦・彖傳》：「天道虧盈而益謙，地道變盈而流謙，鬼神害盈而福謙，人道惡盈而好謙。」[61]可知天道指向天的運行法則，側重天的規律，如賞善罰惡之類，但在《論語》中孔子並未強調作爲固定律則的天道。馬丁・布伯（Martin Buber, 1878-1965），將上帝喻爲「永恆之你」，永恆之你本質上不可轉化爲「它」，但是把上帝變成「它」、上帝的物化貫穿宗教及宗教制度的歷程。[62]只有當事物由「你」轉成「它」時，它們方可被排列組合，「你」不知何謂刻板有序的系統。孔子所見的天人關係不是建立於經驗與使用的關係上，孔子雖「知天命」，但《論語》中未見孔子將「天」或「天

---

61 〔宋〕朱熹，《周易本義》（臺北市：大安出版社，一九九九），頁八十四。

62 Martin Buber，《我與你》，陳維剛譯（苗栗縣：桂冠圖書，一九九一），頁八十八。

命」有序化爲一種規律或秩序，天與天命始終不是藉人類經驗積累而能爲人掌握的。孔子是否同時藉著敬畏與信仰接受天的權威，並且同時知道天的全貌？由「知天命」與「畏天命」之間的張力而論，似乎是不可能的。若人能根據祈禱、行善等方式改變天意，或藉由經驗觀察知道天本身的一切意涵與性質，那人便不需要再「畏天命」，這樣的天人關係顯然已超出孔子的認知。不可知的天命確實能給人各種壓力與威脅，但是一旦人認識到這份壓力，同時勇於承受命運的壓力與挑戰，在接受命運的過程中便超越了命運的束縛。

第五節　結語

古代只有一人自我覺醒，就是天子。天子自稱「余一人」，得天命者爲天子，顯示天子介於天與人之間，承擔天的號令，代替天照顧百姓。但是到了西周末期、春秋初期，由

《詩經》記載可知，隨著天子失德與自然災害，天命逐漸式微，不可測度的命運開始展現影響力。孔子以前的時代，「天命」已顯示出「可知」與「不可知」兩面。

自古以來，天命只有天子可以掌握，孔子卻說自己知天命，而君子知道天命並且敬畏天命。立志成爲君子者，應覺悟古代只保留給天子一人的天命，而人人皆能立志成爲君子。由此看來，每個人都可能覺悟其天命，這是孔子革命性的思想。同時，人間一切限定皆可認爲是天命的結果。孔子雖承認人力莫可奈何的、不可知的命運，但由孔子的言行可知，遭遇與逆境究竟由誰造成，並非孔子探究的焦點。孔子一生雖遭遇各種限制，但孔子並不糾結於命運的不可抵抗，而是努力實現理想，因此得到「是知其不可而爲之者」（《論語．憲問》）的評價，孔子藉由勇於承受命運的態度而超越了命運的束縛，人的主體性由此挺立。就算知道行不通，還是有使命必須完成，這是孔子身體力行的處世態度。孔子雖相信有命運限制人，但並未接受所有事件都是「宿命」的觀點。[63]「三軍可奪帥

[63] 宿命的觀點無法指導積極的行為，因為如果一切是命定的，那麼提出宿命不僅不能對生命造成任何改變，也不能對未來產生任何積極的指引。「如果所有發生的事情被說成受到上帝的眷顧和控制，實際上等於什麼也沒說。」（Alan W. Watts著，馬勵譯，《不安的智慧——憂鬱年代裡身心解放的秘密》（臺北市：橡樹林文化出版社，二〇一七），頁二十八。）

也，匹夫不可奪志也」（《論語・子罕》）、「譬如為山，未成一簣，止，吾止也。譬如平地，雖覆一簣，進，吾往也」（《論語・子罕》）就算是一般百姓，打定的主意也沒有人可以奪走，每一個人都可以下定決心走上人生的正路。一生要成就什麼，決定性操之在己。所有立志成為君子者，都要知道天命。孔子所論的天人關係綜合了「可知」與「不可知」的天命，孔子未曾捨棄與人類完全不同、超越的、有無限權威的天，在不可知的天命籠罩下，設法順從可知的天命並且努力實踐，對於古人隨天子失德而墮落的天命信仰與宗教心態予以轉化。

第二章導論

孔子出現以前，中國古代「個人」的概念經常隱藏於群體背後，而群體的統治者作爲人群的代表，才是人類世界的主角。古人信仰生活中最重要的天人關係，主要展顯場所在於天對人王言行的檢查，只有統治者與少數明智者可以得知天命，承天之命養育眾人。天對於人間的賞罰矜憐反映了統治者的作爲，一般百姓與天的直接溝通則受到限制。一旦天子失德、天下大亂，天又不能即時展現對人間惡行的懲罰，人民似乎只能被動且毫無尊嚴地承受災禍。矜憐下民的天命也變質爲不因人的意志轉移的命運。

孔子出現以後，他將天人關係的舞臺由「天與統治者」或「天與人群」，轉向「天與每一個人」之間立論。每一個個人，無論其身分才智，都可能直接體悟天的命令，並且順應天命積極作爲。個人的角色與尊嚴在孔子哲學中獲得高度重視，個人的尊嚴得以由蒙昧的群體中透過自覺使命而挺立，同時主動地爲自己的言行負責。這無疑是古代中國哲學史上的轉捩點。必須強調的是，孔子並未企圖通盤改造古代思想，孔子自認爲傳述古代思想但不創作，承續了古代認爲天可以賦予人類使命與命運的思想。孔子一方面承認每個人都可以自覺天命、積極實踐天命，並且透過行動對於個人的品德與生活造成改變，同時又接受人類必須面對不可測度的天命及命運。命運作爲一種盲目的決定力，可以作用於人類的生死、遭遇，甚至影響世道趨向，在人類無法確知的情況下封閉某些未來的可能性。孔子既相信天能賦予人們使命，又不否認難測的命運，孔子對使命與命運的確信，難道不存在信念上的衝突嗎？使命與命運之間的相容性值得深思。

第二章

孔子的使命觀與命運觀的相容問題

孔子承認命運的存在，命運意味著人實際的遭遇是人唯一可能的情況，同時未來也受到命運決定，不受人的行動改變，別無可能性。命運使人質疑行動與修養的必要。縱然如此，行動者最需要考慮的是什麼樣的行動才是自己最有理由採取的，什麼樣的行動是受到證成的，這才是行動的本質。做一件經過審思以後認為應該做的事，即使結果受命運決定，也不減損行動本身的價值。藉由對行動本質的重估，孔子的使命觀與命運觀之間看似可能發生的矛盾得以化解。

第一節　西周晚期命運觀的成因

子曰：「吾十有五而志於學，三十而立，四十而不惑，五十而知天命，六十而耳順，七十而從心所欲，不踰矩。」（《論語・為政》）

孔子表示自己能夠知天命、順天命，成爲君子必須「畏天命」，顯示孔子認爲個人的生命與天有獨立而直接的關聯。「天命」在孔子出現以前，已經至少具備兩種意義。天命的原義是天的號令，但是隨著人格性削弱，天逐漸非人格化的同時，天命的意義也發生轉變，由原來天的號令轉化爲茫茫難測的「命運」。①「使命」是針對人的理解與掌握而言，人能夠主動順應並且實踐；「命運」對人而言則展現爲不可知與造成限制的壓力，進而使人產生被決定的感受。被決定的感受意味著人在面對命運時，未來的可能性雖然看似對人開放，但人實際上的遭遇與經歷，或可能是人「唯一」的可能性。孔子自覺使命，認爲人可以修養德行或選擇行動，但是這麼做若不能對未來造成改變，那麼人爲何需要修養或採取行動呢？甚至必須面對這樣的質疑：《論語》同時記載天命的雙重意涵，孔子承認人受命運限制的同時，試圖於其中展望使命，此間是否存在信念的不一致？在檢視孔子的使命觀與命運觀之間能否相容的問題以前，須先審視天命如何質變爲命運，以及命運對人的威脅究竟如何產生。

命運的觀念不僅存在於古代中國，也困擾著西方哲學家們。命運可用以泛指人

① 森三樹三郎，《中國思想史》上冊（東京都：第三文明社，一九七八），頁四十三。

生中不受自由意志控制的一切事件總和，西方對於命定論（Fatalism）、神學定命論（Theological Fatalism）、宇宙定命論（Cosmic Fatalism）與自由意志之間的爭論有複雜的討論。由於中國古代「天」概念具有意志的側面，恐怕使人將中國古代命運觀與神學定命論混淆。不過必須澄清，中國古代命運觀對於人類限制與決定的威脅，與一神論神學（特別是基督宗教神學）可能導致的神學定命論風險，來源與成因截然不同。參考徐向東的研究：

> 傳統的一神論神學包含了兩個重要學說，它們都有可能導致宿命論。一個學說關係到上帝具有不可錯的預先知識這一思想，另一個學說關係到「天意」的概念。在第一個學說中，宿命論危險的根源在於上帝的知性或智力，在第二個學說中，那種威脅在於上帝的意志。預先知識有可能導致宿命論，因為如果上帝以一種不可錯的方式知道未來的一切，那麼看來就沒有什麼東西能夠以一種與它實際上發生的方式不同的方式發生。②

② 徐向東，《理解自由意志》（北京市：北京大學出版社，二〇〇八），頁三十七。

神學定命論的成因，主要來自上帝的屬性，上帝的知性及其預先知識可能導致所謂神學定命論，對人的自由造成威脅。預先知識關係到時間的問題，波伊提烏（Boethius, c. 477-524 AD）試圖提出解決方案，他認爲上帝的知識是永恆呈現於祂自己的當下的知識，不會使得人的行動變成是決定的與必然的。③中國傳統對於天的理解與傳統一神論神學中具有不可錯的預先知識的上帝迥異其趣，古代中國人對於天的理解，似乎並未脫離時間性，而天的知性也在時間中展現。

一、《尚書・康誥》：惟乃丕顯考文王，克明德慎罰，不敢侮鰥寡，庸庸，祗祗，威威，顯民。用肇造我區夏，越我一二邦以修我西土。惟時怙，冒聞于上帝，帝休。天乃大命文王……④

---

③ 詳見Frederick Copleston, *A History of Philosophy Vol.2* (New York: Image Books-Doubleday, 1993), pp. 103-104.

④ 〔漢〕孔安國傳；〔唐〕孔穎達正義；廖名春、陳明整理；呂紹綱審定，《尚書正義（十三經注疏）》（北京市：北京大學出版社，二〇〇〇），頁四二五。屈萬里引用于省吾註解：「于省吾讀怙為故；謂冒聞為上聞；今從之。」部分句讀依此修改。（詳見屈萬里，《尚書今註今譯》（臺北市：臺灣商務印書館，一九六九），頁九十七。）

二、《尚書・泰誓》：惟天惠民，惟辟奉天。有夏桀，弗克若天，流毒下國。天乃佑命成湯，降黜夏命。⑤

三、《尚書・召誥》：皇天上帝，改厥元子，茲大國殷之命。惟王受命，無疆惟休，亦無疆惟恤。⑥

四、《尚書・召誥》：我不可不監于有夏，亦不可不監于有殷。我不敢知曰，有夏服天命，惟有歷年。我不敢知曰，不其延，惟不敬厥德，乃早墜厥命。⑦

五、《尚書・君奭》：周公若曰：「君奭，弗弔，天降喪于殷，殷既墜厥命，我有周既受。……天命不易，天難諶，乃其墜命，弗克經歷。」⑧

商末周初時人相信天的意志順從民意，天是矜憐百姓、能夠主持人間公正的主宰。商周之際，古人認爲天不僅能夠立定一位英明的君主，賦予他照顧百姓、治國安邦的使命，在君

⑤《尚書正義（十三經注疏）》，頁三二七。
⑥《尚書正義（十三經注疏）》，頁四六五。
⑦《尚書正義（十三經注疏）》，頁四七一。
⑧《尚書正義（十三經注疏）》，頁五一八—五一九。

主或後世德行衰敗時，天亦可以發揮其洞察能力與知性，取消原來降下的使命。天依據君主實際的行爲進行選擇，人君雖然可以透過祭祀禱求的方式以祖宗爲中介敬事上天，但上天揀選的標準並非祭品的豐殺，而是以德行爲依據，[9]故《尙書．君陳》云：「黍稷非馨，明德惟馨爾。」[10]觀乎夏商、殷周之際，一有失德，天命即轉向他人，於是而有「天命靡常」的觀念。[11]但是，至今依然沒有文獻證據顯示古人相信「改命」是天對人間計畫的一部分，或者包含於天的預先知識當中。這似乎暗示著天雖然能夠即時明察人間事故，但未必能夠在「事前」預見人間事故的發展。傳統對於天的理解，更傾向於著重天的洞察能力以及天能夠對於人間事物一一介入的主宰力。雖然傳統中國對於天的認識不同於西方一神論中的上帝，但天命的觀念卻也衍生出命運的意涵，甚至導致命定論的憂慮。

⑨ 傅斯年將這類對於「命」的觀點稱為「命正論」，謂天眷無常，依人之行事以降禍福。（傅斯年，《性命古訓辨證》中卷〔臺北市：中央研究院歷史語言研究所，一九九二〕，頁二十三。）

⑩ 《尚書正義（十三經注疏）》，頁五七九。

⑪ 徐復觀指出這與過去認為天命無條件支持一個統治者的看法大異其趣，使天命逐漸擺脱神祕的氣氛，成為人們可以透過自身行動理解與把握，並作為人類合理行為的最後保障。由此產生對於原始宗教的轉化。（詳見徐復觀，《中國人性論史——先秦篇》〔臺北市：臺灣商務印書館，一九六九〕，頁二十四—二十五。）

時至西周晚期，由於人君失德與自然界的災害，時人對於天仁愛、公正的主宰力產生懷疑，導致對於天的描述發生變質。《詩經》開始出現冷漠、無法與人間溝通的「蒼天」、「昊天」。⑫無論由形體稱其爲「蒼天」，或因其廣大而稱「昊天」，古人對於天的描述由過去靈活生動的主宰，轉向強調對於人間缺乏關心、物質性的自然之天，同時「天命」則淪爲不可測度的「命運」。於是，由「天命」的意義中開始引申出「命定」的意義，傅斯年以《詩經》中的兩段記載佐證：⑬

一、《詩經・召南・小星》肅肅宵征，夙夜在公。寔命不同！……肅肅宵征，抱衾與裯。寔命不猶！⑭

⑫傳曰：「蒼天，以體言之。尊而君之，則稱皇天；元氣廣大，則稱昊天；仁覆閔下，則稱旻天；自上降鑒，則稱上天；據遠視之蒼蒼然，則稱蒼天。」（〔漢〕毛亨傳；〔漢〕鄭玄箋；〔唐〕孔穎達疏；鞏抗雲、李傳書、胡漸逵、肖永明、夏先培整理；劉家和審定，《毛詩正義（十三經注疏）》〔北京市：北京大學出版社，二〇〇〇〕，頁二九八。）

⑬傅斯年，《性命古訓辨證》上卷（臺北市：中央研究院歷史語言研究所，一九九二），頁二十九。

⑭《毛詩正義（十三經注疏）》，頁一一一—一一三。

二、《詩經・鄘風・蝃蝀》大無信也，不知命也。⑮

人君本是承擔天賦使命引導百姓走上幸福人生的領導，但伴隨人君失德，不隨人對公平正義的追求而改變的「命運」也躍上歷史舞臺。傳統中國命運觀的成因，主要是源於人間政治的得失，引起時人無能為力的感受。人有永遠不能完全理解、解決的問題，西周末年由於公正、仁愛的天的性格崩解，於是過去託付於天，盼能由天發出號令給予人君照顧人民的使命，自然轉變為不隨人的意志轉變的命運。⑯天命淪於命運的情況，如《左傳・宣公三年》：「成王定鼎于郟鄏，卜世三十，卜年七百，天所命也。周德雖衰，天命未改。鼎之輕重，未可問也。」⑰天命已經與統治者的德行無關，在孔子以前，傳統中國對於天命

⑮《毛詩正義（十三經注疏）》，頁二四二。

⑯ 徐復觀藉此主張春秋時代以前宗教的人文化。（《中國人性論史——先秦篇》，頁三十九—四十。）但筆者認為春秋時期的天概念並未完全失去人格性的意涵，否則孔子無法說出：「予所否者，天厭之！天厭之！」（〈雍也〉）、「吾誰欺？欺天乎！」（〈子罕〉）

⑰〔周〕左丘明傳；〔晉〕杜預注；〔唐〕孔穎達正義；蒲衛忠、龔抗雲、胡遂、于振波、陳咏明整理；楊向奎審定，《春秋左傳正義（十三經注疏）》（北京市：北京大學出版社，二〇〇〇），頁六九四—六九五。

的理解，已然區分出兩種不同的：人能夠理解、掌握，並且主動順應實踐的「使命」；不可測度、造成限制，決定人類遭遇與經歷的「命運」。

第二節 《論語》中「命運」的決定力

命運對於人類的威脅在於：命運決定了人的遭遇與經歷，封閉可能的未來，而人對於命運莫可奈何，也無法造成任何改變。命運的決定力對人的行動造成壓力的現象確實存在於古代中國，稍晚於孔子的墨家便駁斥命運的存在，並且直指儒家為命運的提倡者，《墨子．非儒》：「儒者以為道教，是賊天下之人者也。」《墨子．非命》則指明命運的決定力，以及若承認命運存在可能造成的危機：

執有命者之言曰：「命富則富，命貧則貧；命眾則眾，命寡則寡；命治則治，命亂則亂；命壽則壽，命夭則夭；命雖強勁，何益哉？」……執有命者之言曰：「上之所賞，命固且賞，非賢故賞也。上之所罰，命固且罰，不暴故罰也。」是故入則不慈孝於親戚，出則不弟長於鄉里，坐處不度，出入無節，男女無辨。是故治官府則盜竊，守城則崩叛，君有難則不死，出亡則不送。此上之所罰，百姓之所非毀也。執有命者言曰：「上之所罰，命固且罰，不暴故罰也。上之所賞，命固且賞，非賢故賞也。」以此為君則不義，為臣則不忠，為父則不慈，為子則不孝，為兄則不良，為弟則不弟，而強執此者，此特凶言之所自生，而暴人之道也……今用執有命者之言，則上不聽治，下不從事。

若主張有命運的存在，那麼富貧、眾寡、治亂、壽夭都可以歸之於命運的決定，人間的賞罰、禮儀規範、祭祀活動、德行修養都不能對於命運的決定造成改變，那麼人何必需要努力修德行善？因此《墨子・非儒》以執有命可能導致懶惰和社會混亂，對於命定論嚴加拒斥。[18]更甚地，如果相信命運的存在，不僅人的遭遇與經歷，甚至性格都可以歸咎於命運的決定，彌爾（John Stuart Mill, 1806-1873）：

> 命定論者相信……不僅即將發生的一切都是先前原因不可錯的結果，除此之外，對於即將發生的一切所做的對抗都是沒有用處的，即使我們努力阻止，它仍舊會發生……（因此，命定論者相信一個人的）性格乃是「為他」而設的，而不是「由他」所塑造的，所以一個人希望其性格被塑造成不一樣的樣子是沒有用處的，人沒有能力可以改變它。[19]

由墨家與彌爾的說明可以推想，如果相信命運的存在，相信人的行動皆不能對其遭遇與即

---

⑱ 《墨子・非儒》有強執有命以說議曰：「壽夭貧富，安危治亂，固有天命，不可損益。窮達賞罰幸否有極，人之知力，不能為焉。」群吏信之，則怠於分職；庶人信之，則怠於從事。吏不治則亂，農事緩則貧，貧且亂政之本，而儒者以為道教，是賊天下之人者也。

⑲ 筆者譯文。John Stuart Mill, *A System of Logic* (New York: Harper & Row, 1874), p.254.引自Robert Kane, *A Contemporary Introduction to Free Will* (New York: Oxford University Press, 2005), pp.19-20.

將發生的一切造成任何改變，可能會導致人們質疑努力的必要性，因而淪於懶惰。⑳如果承認命運存在，該如何說服人們修德行善，又如何要求人順從天命而行動，命運與孔子思想是否相容，是理解孔子思想時需要面對的問題。

孔子「述而不作，信而好古」（《論語・述而》）繼承過去天命所包括的使命與命運的雙重意涵，未曾否認不可測度的命運。天作爲萬物與人類的終極根源，人類一生中的各種限制、經歷與遭遇，如死生富貴，皆可以溯源自天的功能或意志。因此，「天」與「命」可以並舉，用以指不隨人的意志轉變的一切限制與遭遇，茲列舉《論語》中論及命運的段落如下：

一、《論語・子罕》：子罕言利與命與仁。㉑

---

⑳ 這樣的人被稱為「Lazy sophism」，指相信命定論而放棄一切努力的人。

㉑ 〔清〕劉寶楠《論語正義》：「利、命、仁三者，皆子所罕言，而言『仁』稍多，言『命』次之，言『利』最少。」（〔清〕劉寶楠著；高流水點校，《論語正義》〔北京市：中華書局，一九九〇〕，頁三二〇。）程樹德：「蓋言者，自言也。記者旁窺已久，知夫子於此三者皆罕自言，非謂以此立教也。……大抵言仁稍多，言命次之，言利最

二、《論語・雍也》：伯牛有疾，子問之，自牖執其手，曰：「亡之，命矣夫，斯人也而有斯疾也！斯人也而有斯疾也！」

三、《論語・顏淵》：司馬牛憂曰：「人皆有兄弟，我獨亡。」子夏曰：「商聞之矣：『死生有命，富貴在天。君子敬而無失，與人恭而有禮。四海之內皆兄弟也。』君子何患乎無兄弟也？」

四、《論語・憲問》：公伯寮愬子路於季孫。子服景伯以告，曰：「夫子固有惑志於

少，故以利承罕言之文，而於命於仁則以兩『與』字次第之。」（程樹德著；程俊英、蔣見元點校，《論語集釋》〔北京市：中華書局，一九九〇〕，頁五六八。）孔子很少主動談起有關利益、命運與行仁的問題。除了由於「見小利則大事不成」（〈子路〉），只見到眼前小利辦不成大事之外，因為利益有個人性與差異性，人與人之間的利益往往相互衝突，難以談人們共同的利益；而且利益有排他性，世界資源有限，容易引發人心起伏；甚至有人生來就掌握較多資源。其次，命運是每個人各不相同的遭遇與經歷，不因人的意志而轉變，不具有普遍性，無法一概而論，並且如墨家對於持有命論者的駁斥，若過於強調命運，可能導致懶惰與各種社會亂象。最後，孔子也很少主動談到仁。仁是個人的正路，不能普遍地說。弟子多向孔子請教仁，即個人的人生正路為何，孔子針對每個弟子的性格與處境因材施教，即使同一個學生向孔子請教仁，也因為時空條件的差異，得到不同的答案。例如樊遲三次問仁，孔子三次的回答各不相同。

公伯寮，吾力猶能肆諸市朝。」子曰：「道之將行也與，命也；道之將廢也與，命也。公伯寮其如命何！」

孔子雖然很少主動談起命運，但不曾否認命運存在。第二段引文中，冉伯牛名列孔門德行科，㉒雖然德行修養突出，仍不免於疾病與死亡，就如同樣德行表現優異的顏淵，也難免早夭的命運，顯示人面臨命運的決定往往有莫可奈何的感受，無法藉由德行或行動扭轉命運。第三段引文中，子夏對於命運的觀點應是聞諸孔子。死生各有命運，富貴有天安排，命運與天並舉，顯示這些遭遇並非人能夠主動選擇，有賴天意與命運的決定，成爲對人類而言無法測度、無法掌握的力量。除富貴壽夭以外，人間政治理想的實現與幻滅，也是由命運決定，這呼應了西周末年命運出現的原因，統治者本應承擔照顧百姓的天命，但由於上位者失德，天命也轉化爲不隨民意、缺乏公正標準的盲目的命運。即使孔子努力追求實現政治理想，但也承認成功與否與人的努力沒有必然的關聯，而是由命運決定。

如果承認作爲一種盲目決定力的命運存在，那麼個人遭遇乃至眾人共同的未來受到命

㉒德行：顏淵、閔子騫、冉伯牛、仲弓。（《論語・先進》）

運決定，未來的可能性雖然看似開放，但人實際上可能只有「唯一」一種由命運所決定的未來，人類無法完全理解與預測。既然如此，孔子爲何又說自己知天命，並且努力順天命呢？如果根本沒有開放的未來，努力也未必能造成改變，那麼又何必行動呢？命運與使命間的對峙難以避免，而且二者的根源是相同的，同樣源自孔子對於天的確信。孔子的命運觀與天命觀是否存在信念上的不一致，若要理解孔子對於二者的看法，必須進一步釐清孔子對於天命與行動的理解。

第三節　行動的本質

命運的威脅在於對未來的封閉。人以爲自己能夠操縱或改變未來，但實際上由命運論的觀點來看，一切客觀限制、遭遇與經歷都是由命運決定的，並且不受人的行動影響。傳統中國的命運觀與西方有所不同，至少在《論語》的記載中，未說明命運是事先決定的，或者是在發生的當下決定的。可見《論語》中的命運觀並未涉及天具有不可錯的預先知識的問題，即便承認人的行動可能受到環境限制，孔子並未質疑過人有意志的自由，人能將「做某事」與「不做某事」並列思考並且進行選擇。

孔子對於行動與意志的理解，包括：

一、天不至於干涉人的想法，如何思考取決於人本身。因此人可能有些想法是天所厭棄的。

二、行動的根源在行動者自身，而不在於命運的指示、天意、前因或者自然規律。

所以孔子能夠說出：「仁遠乎哉？我欲仁，斯仁至矣。」（《論語．述而》）「三軍可奪帥也，匹夫不可奪志也。」（《論語．子罕》）在沒有外在的力量阻撓的情況下，只要行動者願意行仁，就可以馬上採取行動，欲望無疑可以推動人的行動。此外，即便行動受到限制，就算是平凡人，一旦堅定某種意志，就不能輕易改變。但是，孔子發現人在欲望以外，還有更深層的反思能力，組成特殊的人類行爲模式。人類特殊的行爲模式可以參見

《論語・里仁》的這段記載：

子曰：「富與貴，是人之所欲也；不以其道得之，不處也；貧與賤，是人之所惡也；不以其道得之，不去也。君子去仁，惡乎成名？君子無終食之間違仁，造次必於是，顛沛必於是。」

富貴是人都想要的，貧賤是人所討厭的，但是人的行動除了受到欲望影響以外，還必須考慮行動的途徑是否正當。人有欲望，除了意識到欲望的對象以外，人還能夠意識到這種欲望不屬於其他人，而正是「我」的欲望，能夠意識到欲望作爲一股力量作用在自己身上的效果，推動著自己採取行動。人可以意識到是這股力量正在推動著自己去做某個行動，一旦意識到如此，人便可以對正在發生在自身的這股力量保持距離。正是基於這種高階的自我意識，人類才有「反思」與「規範」的問題。人意識到發生在自身的種種狀況，能夠對於這種力量保持反思的距離，評估要認可這種力量成爲自己行動的理由，或是否決它。㉓

㉓ 哈里・法蘭克福（Harry Frankfurt）認為擁有高階的欲望與意志是人與其他動物不同的地方。人類可以思考哪些欲望

經審思認可某種力量作爲行動的理由後加以實踐，便構成一個行動。檢視理由，並且對理由進行認可，然後依據理由做出具體的行動，如此一來，這個行動就是有理由、受到證成的行動。一個「眞正的行動」，也就是經過審思、意圖的行動，其中必須具備某些目的。使行動成爲眞正行動的要件，是這個行動可以被理解爲是我們爲了達成某些目的或結果，經過深思熟慮而行。㉔由《論語．里仁》這段引文來看，一個眞正的行動除了對於可能結果的預期以外，行動產生的過程更是孔子所強調的。

由命運論的觀點來看，究竟行動的目的能否達成，是由命運所決定。然而，人並不能預先知曉命運的決定。如果只是盲目地相信一切都由命運所決定，那麼確實會陷入放棄採

以及目的是我們「應該」擁有的。人類（可以稱之為理性的動物）可以進行反思的自我評價，能夠反思或者改變欲望與目的，而不僅僅只是本能地按照欲望而行。（詳見Harry Frankfurt, "*Freedom of the Will and a Concept of a Person*", in Gary Watson. ed., *Free Will* (Oxford: Oxford University Press, 2003), pp. 322-336.）

㉔ 詳見Thomas Pink 2004:17。此外，「人」最核心的部分在於人能夠進行審思（Deliberation）與推理（Reasoning）。在審思中，我們考慮、權衡理由來支持或反對不同的行動方針。我們為了「明白做什麼才是最好的」而尋索，並按照這種判斷行動。（詳見John Martin Fischer, "*Free Will and Moral Responsibility*", in David Copp ed., *The Oxford Handbook of Ethical Theory* (New York: Oxford University Press, 2006), p. 324.）這種審思的過程也就是實踐理性的運用。

取行動的窘境。此外，如果一方面相信命運，另一方面卻還認爲自己可以斟酌考慮要創造怎樣的結果，似乎就產生信念上的不一致。因爲命定論指出人實際上只有「唯一」一種由命運所決定的未來，但人對於未來結果的算計卻是基於人可能操縱行動的結果、並且掌握兩種以上可能未來的信念。㉕不過值得深思的是，人之所以採取某種行動不光只是因爲對於結果的預期，由孔子的觀點來看，更重要的是這個行動是否具備行動者認可的理由，是否是應該做的行動，才是行動者採取行動的根本原因。

㉕參考因維根（Peter van Inwagen）在說明自由意志與因果決定論不相容時所舉的例子：想像一個人被關在一間房間裡，這間房間有兩扇門，其中一道門上鎖，一道門沒有上鎖；但這個人並不知道哪一扇門是上鎖，哪一扇門沒上鎖。因維根用這個例子說明如果這個人仍然認真考慮要從哪一扇門走出去的話，這樣的審思是無謂的。（詳見Peter van Inwagen, *An Essay on Free Will* (Oxford: Clarendon Press, 1983), p.154.）但是，由費歇爾（John Martin Fischer）的觀點來看，審思的目的不在於清楚自己被決定要做什麼，而是設法搞清楚什麼是自己最有理由做的事情。費歇爾同意在因維根的例子中，認真考慮實際上將打開哪一扇門、哪一扇門將成功打開是無謂的（因為早已被決定），但我們仍然可以認真思考要「選擇打開」哪一扇門。我們可以權衡理由，並產生關於我們最有理由嘗試去打開哪一扇門的判斷，而且我們能夠形成一種選擇的意向，以按照我們的判斷行動。（John Martin Fischer, "*Free Will and Moral Responsibility*", in David Copp ed., *The Oxford Handbook of Ethical Theory* (New York: Oxford University Press, 2006), p. 326.）

一、《論語・憲問》子路宿於石門。晨門曰：「奚自？」子路曰：「自孔氏。」曰：「是知其不可而為之者與？」

二、《論語・微子》子路曰：「……君子之仕也，行其義也。道之不行，已知之矣。」

由第一段引文可知，即使孔子明知道行動無法達成想要的結果，但只要認爲是正當、應行的行動，就努力去做，因此得到「知其不可而爲之者」的評價。子路學習孔子，明白君子從政目的在於做自己應該做的事，就算知道政治理想無法實現，依然選擇努力實踐最有理由去做的行動。如果做一件經過審思以後認爲是最有理由、應該做的行動，即便結果事與願違，至少我們採取經過審思認爲最有理由去做的行動時，似乎是暢行無阻的。反之，做一件經過審思以後認爲是最有理由、應該做的行動，最後成功達成目的，即使成功是命運所決定的又何妨，這樣的決定並不可怕，命運的決定也不會減損行動的價值。由於行動所考慮的並不只在於結果的預期，所以與承認命運的存在並不矛盾。從理由與目的的觀點來解析行動，便不至於與命定論產生衝突，也不至於陷入放棄行動的窘境。孔子基於自己所應行而行的行動，藉由觀點的轉變，能夠與命運論相容、共存。

第四節　孔子的使命觀

孔子由少年時立志向學，青年時立於禮樂行事，壯年時各種情緒達至平衡協調，至中年知天命以後順天命。又說：「君子有三畏：畏天命、畏大人、畏聖人之言。」（《論語・季氏》）孔子認爲自己領悟了過去專爲天子而設、只有天子能夠掌握的天命，而且立志修養成爲君子的人也應該敬畏天命，顯然孔子所說的天命並非過去天與統治者之間的統治權力傳授，而是具有不同身分才識的所有人都可能理解的使命。這無疑說明人的內在心靈可以因爲直契超越界，而形成獨立的意義與權威的中心，與天產生獨立而直接的關聯。㉖子曰：「不怨天，不尤人，下學而上達，知我者其天乎！」（《論語．憲問》）孔子從少年時立志學習世間知識，進而領悟深奧的道理並努力實踐，雖然眾人都不了解孔子，但孔子卻肯定天可以了解他。

通觀孔子五十多歲至六十多歲的經歷，時值孔子周遊列國期間，幾次經歷險境或受到質疑時，都舉出天作為其行事的見證。

一、《論語．子罕》子畏於匡，曰：「文王既沒，文不在茲乎？天之將喪斯文也，後死者不得與於斯文也；天之未喪斯文也，匡人其如予何？」

二、《論語．雍也》子見南子，子路不說。夫子矢之曰：「予所否者，天厭之！天厭之！」

三、《論語．述而》子曰：「天生德於予，桓魋其如予何？」

㉖張灝進一步指出：「天命與心靈這兩個觀念在逐漸地結合，形成一個在天子的政治權威之外有一個獨立的心靈秩序，由之而產生二元權威的思想契機。」（詳見張灝，《時代的探索》〔臺北市：中央研究院．聯經出版事業公司，二〇〇四〕，頁二十一。）

由第一段、第三段引文可知，孔子對於天有獨特的辨識與全盤的付託，天不僅是自身德行的來源，同時也是生命遭遇重大危險時唯一提出的信仰對象。第二段引文則說明孔子不僅相信天是唯一理解自己的，同時也深信自己若有過失將受到天的檢驗。這樣的強烈信念如何產生，可能源自極爲私密的個人體驗，這種強烈的信念展現出孔子思想的信仰向度，「每個眞有誠懇深切的宗教經驗的人，都知道宗教情緒最強烈的場合乃在孤獨的時候，乃在離開世界而專心致志不爲名利所擾的時候，而不在眾目睽睽之下。」㉗孔子在不受眾人理解又身處危難時，明言「文不在茲乎」，顯示孔子意識到自己生命的重要使命，在於傳承文化傳統，文化傳統是否得以延續則由天來決定。此外，孔子又曾說：「志士仁人，無求生以害仁，有殺身以成仁。」（《論語・衛靈公》）、「君子去仁，惡乎成名？君子無終食之間違仁，造次必於是，顚沛必於是。」（《論語・里仁》）孔子相信天是自己生命與本性的來源，一生德行修養的根源可以溯源至天，立志修養行仁的人，願意犧牲生命來完成德行修養，這種犧牲不僅是生命的結束，同時也是生命目的的滿全。

㉗ 布羅尼斯拉夫・馬林諾夫斯基（Bronislaw Kasper Malinowski）著，李安宅譯，《巫術科學宗教與神話》（上海市：上海社會科學院出版社，二〇一六），頁五十四。

由此可證，孔子對於天命的理解包括兩個重要向度：文化傳統的承續以及個人德行修養的滿全。在實踐使命的同時，不可不知最終的成否乃是由天所決定，因此子曰：「不知命，無以爲君子也；不知禮，無以立也，不知言，無以知人也。」（《論語・堯曰》）雖然人無法掌握行事的結果，但是人卻能夠審思自己最有理由做的、應該採取的行動，即便不能完全預測結果，但仍然可以形成選擇行動的意向，按照自己的判斷，配合禮樂等具體社會規範來行動。若從理由的觀點來看，孔子所謂的使命與命運是可能相容的，人雖然不能預知命運，但卻能夠在自己所能掌握的範圍，順著自己內心的要求行事，因此心安理得、自得其樂。孔子不忘提醒君子必須知禮、知言，顯示人生活在社會中，除了按照個人選擇以外，還必須遵守社會規範，同時也應參考周圍的想法及期許，以避免個人按照自己的判斷行事時流於主觀地一意孤行。

第五節　結語

古人對於天命的看法，最早認爲天可以賦予統治者號令，號令天子照顧百姓，領悟天命是統治者及少數明智者的特權。天也能夠觀察統治者的德行以及百姓的意願，改變原先降下的號令，這意味著人的未來並非固定不變，而可能隨著統治者的品德與民意轉變。可嘆的是，至西周晚期統治者失德，百姓生活困苦，卻不見天出面主持正義，人們對天的功能以及天命的意義產生質疑，天命遂流於不可測度的命運。人們開始懷疑：未來早已被命運決定，命運不隨人的意願改變。這種懷疑使人產生被決定的感受。被決定的感受意味著人在面對命運時，未來的可能性雖然看似對人開放，但其實人實際上的遭遇與經歷，才是人唯一的可能性。既然未來已然受到決定，人們便要進一步質疑行動與修養的必要性，這種命運觀使人流於懶惰與悲觀。孔子雖承認命運的存在，卻疾呼「不知命，無以爲君子也」（《論語・堯曰》），又自稱：「五十而知天命，六十而耳順。」（《論語・爲政》），並且努力踐行理想，孔子的信念看似自相矛盾。事實上孔子對於命運與天命的信念是可以相容的。孔子在受到命運的限制時，仍努力實踐自己的天命。化解命運與行動之間的衝突的方法是：重新思考行動的本質，不只思考原因的問題，同時思考理由的問題。如果只思考自己的未來被決定爲何，終究只能裹足不前、再三躊躇，最後放棄行動。行動主體最需要關心的是：什麼樣的行動是最有理由採取的行動？什麼樣的行動是受到證成的？做一件經過審思以後認爲是自己應該做的行動，就算最後結果不是我們希望的，但我們仍然確確實實地落實了最有理由做的行動。反之，做一件經過審思以後認爲自己應該做的行動，最後成功了，即使成功是命運所決定的，這樣的決定力量既沒有威脅性，似乎也不會減損行動的價值。考量行動的價值，誠如斯特勞森（P. F. Strawson）剖析道德評價與責任追究時，指出兩者在人類社會根深蒂固，很難因爲肯定決定論而被澈底放棄。人的道德實踐、責任及其價值判斷與決定論可能根本沒有多大關聯，自由就存在於如此微妙的人類社會網路中。將自由與決定兩者分割而論，它們甚至可能相容，雖然自由與決定邏輯上看似無法共存，卻又實實在在地存在於人的日常生活之中。㉘

㉘ 自由與決定之間的（無）關係，詳見P. F. Strawson, "Freedom and Resentment", *Proceedings of the British Academy* 48(1962): 1-25.

第三章導論

固執於命運的存在，往往對人類行動造成壓力。《墨子》就曾斥責那些主張命運存在的人，這些人由於相信一切遭遇都由命運所決定，所以流於懶惰，使社會陷入混亂。如果相信命運的存在，既然由命運所決定的未來不隨人的意志、努力與行動而改變，那麼人類又何必行動呢？就算採取任何行動，其中難道不可能存在命運決定力介入的空間嗎？命運的決定力的確使部分相信命運的人裹足不前，孔子雖然承認命運的存在，但是藉由分析行動的本質，根本地化解了命運與行動之間可能存在的衝突。

當人類思考「為什麼」做某行動時，我們並不總是思考自己的未來與行動被命運決定為什麼樣子，更重要的是我們在尋思自己做這個行動的理由。人類可以反思自身的各種欲望與動機，評估哪一項可以成為自身行動的理由。當我們詢問自己為什麼做某行動時，這種自問自答的過程就是行動者對所作所為進行的意義賦予。對理由的尋思是站在第一人稱的觀點上對行動進行審思，與由第三人稱觀察行動如何被決定相異。即使這一切過程早已由命運決定，人對自身行動的意義賦予似乎也未受到妨礙。孔子認為人可以反省自己應該採取何種行動，思考何種行動是最有理由採取的，讓我們面對命運的決定力時可以擁有其他視角，就算命運決定了人的未來，我們仍然可以說自己的行動與未來雖然被決定，但同時也是我認為最有理由的、我所應該做的，命運不能從人身上剝奪行動的意義與價值。當我們觸及行動的理由以後，進一步可以思考行動的理由如何做成。面對各種欲望或衝動等基礎意志，人如何產生決定是我們接下來必須思考的。

第三章

孔子意志理論的當代詮釋

孔子對於欲望、選擇與決定等心的活動有詳盡論述，並與行動指導相關，由當代哲學的觀點來看，這些活動皆可歸屬於意志的範疇。礙於《論語》多爲零散的對話與短語，過去哲學界不容易形成對孔子意志理論的系統性論述，本章梳理孔子對於意志、選擇與決定的關鍵論述，重新詮釋孔子如何解釋決定與理性意志的生成過程，最後分析孔子意志理論中自我譴責與責任追究之合理性。

第一節　欲求意志與決定

考察孔子生平各階段修養成就，根據孔子自述「七十而從心所欲不踰矩」，可知孔子晚年的成就涉及兩個方面：欲望與行爲。孔子七十歲時隨心所欲地行動都不踰越規矩，意味著隨順欲望自然而然所採取的行動都是應該做的，臻至自然就符合應然的境界。由孔子自述「七十而從心所欲不踰矩」所示，「欲」的起源在於心。「欲」當屬於心理動詞，[1]「欲」在《論語》中散見於三十三個段落，以目前通行的語彙來理解，相當於「想要」、「希望」的意思，屬於由心所發出的意志之一。心可以產生各種意志（Will），包含欲望（Want、Desire、Prefer）、決定（Choose、Decide、Intend），或者是一種努力（Try、Endeavor），當代哲學家羅伯特・凱恩（Robert Kane）分析「意志」有三種意思，欲望、決定、努力分別屬於三種不同意義的意志：欲求意志（Appetitive will）、理性意志（Rational will）、努力意志（Striving will）。三種意志的共通處在於：皆指出朝著某目的的定向或傾向，亦即意志本質上是目的論的，而不同意義的意志則代表了行動者被指導著以不同的方式朝向其目的。[2]三者主要的差異在於：欲望經常是未經過理性

---

① 何永清指出：「『心理動詞』是與心理行為或動作相關的動詞。」根據何永清整理，《論語》的心理動詞有：憚、病、尤、怨、愛、好、以、與、患等。（何永清，《論語語法通論》〔臺北市：臺灣商務印書館，二〇一六〕，頁四十八。）何永清雖未將「欲」列入，但筆者認為「欲」應當列入其中。

② 三種意志的區分與異同，詳見Robert Kane, *The Significance of Free Will* (New York: Oxford University Press, 1996), pp.26-27。

審思的，而決定與努力則往往是出於理性審思的產物。

「從心所欲」的「欲」，屬於欲求意志。既然孔子修養至七十歲才能從心所欲不踰矩，由反方向思考，在七十歲以前，從心所欲恐怕經常違背規範或不合乎正途。因此，使心所發出的欲求意志接受理性審思的指導，並且能夠達至自然而然合乎規範的境界，是孔子修養的重要成就。以當代哲學思維來看，可以詮釋爲對於意志的控制與調節，才是孔子自我修養的根本問題，本章將深入探討孔子的意志理論。另一方面，既然從心所欲可能踰矩，伴隨踰越規範而來的是對於行動者的究責問題。當代倫理學認爲對於行動者進行懲罰、獎賞或進行道德評價時，必須滿足某些條件，才能將行動的責任歸責於行動者。孔子的意志理論如何面對當今意志理論與倫理學針對責任與譴責所提出的難題，維持理論的有效性，是本章所關心的另一個問題。在當代中國哲學研究中，勞思光更直言意志的理性化是儒學成德之學的根本主張，強調道德判斷的可理解性必須預設自覺行爲及責任概念，由此開展儒家哲學「功夫論」，並指出儒學學說的主幹便在這裡。[3]本章的討論將聚焦於行

③ 勞思光著，《虛境與希望——論當代哲學與文化》，劉國英編（香港：中文大學出版社，二〇〇三），頁一五三—一五五。

動以前欲求意志、決定與理性意志的形成過程，以及責任議題，所謂「功夫論」中由意志形成行動的可能性問題，則不在本章論述範圍。

一般來說，只能針對具體行動加以裁斷是否合乎規範，反觀作爲行動理由的各種心理活動與意志卻難以用客觀規範裁量。④既然意志可以作爲行動的理由，那麼由意志的調整著手，可視爲改變行動的根本方法。⑤孔子晚年修養成就在於能夠使欲望及隨之而起的行動合乎規範，根源地則指向對於心的意志活動之修養。

---

④ 宗教戒律等對於意念的追究不在本章論述範圍之內。

⑤ 日本學者小坂井敏晶指出：在認知科學與心理學領域中，意志與意識並非行為的出發點是廣為人知的事實。在心理學領域中，支持意志引導行為的自律理論幾乎不被提出。精神分析和行動主義從二十世紀起在心理學領域興起，這些學說皆否定人類的主體性。對精神分析學而言，根本地規定人類行動的是無意識；在行動主義中，則是條件反射。小坂井敏晶甚至依據班傑明・利貝特（Benjamin Libet）的實驗指出，意志一定是由無意識過程引起，而進行行動的腦內信號比意志先行的構圖，是人類所有行動所共通的。（小坂井敏晶，《責任という虚構》〔東京都：東京大學出版會，二〇〇八〕，頁十五—二十四。）現代心理學與認知科學提出大量與古代人直覺相違背的論點，並對於哲學產生強烈衝擊。雖然，基於同情的理解，筆者並不希望孔子對於這類議題與實驗有所認識，而是希望藉由分析古人的論述，重建當時對於意志與行動的理解。因此，本章將不涉入當代心理學與認知科學對於意識、意志與行動之間先後關係的討論，僅就《論語》的記載，對其意志理論進行重構。

心的活動除了「欲」——即欲求意志以外，更廣泛地包含憚、病、尤、怨、愛、好、以、與、患等各種表現，情緒亦屬心的活動之列。孔子自述：「吾十有五而志於學，三十而立，四十而不惑，五十而知天命，六十而耳順，七十而從心所欲不踰矩。」（《論語．爲政》）其中「志」與「惑」顯然也可歸屬於心理動詞。

借助當代對於意志的分類來看，孔子「十有五而志於學」中的「志」是人類理性的產物，屬於理性意志的範疇，也展現人類特有的計畫能力。志向是透過理性審思所產生的決定——即理性意志。審思的作用在於評估哪件事情是我最有理由做的事，審思的著重點在於理由，考量是否有充足的理由推動行動。決定可能（但不必然）產生行動，相反而論，人類的行動可能（但不必然）出於先行的決定。⑥《論語》中志的對象未必是道德上善或者值得所有人追求的，⑦每個人的理性意志與生活計畫雖各有不同，但孔子特別強調志的特色在於：一旦立定某種志向，外物或旁人便無法輕易改變，因此子曰：「三軍可奪帥

⑥不排除某些行動可能出於未經審思的衝動、習慣等。

⑦例如：子曰：「父在觀其志，父沒觀其行，三年無改於父之道，可謂孝矣。」（〈學而〉）、子曰：「盍各言爾志？」（〈公冶長〉）、子曰：「何傷乎？亦各言其志也。」（〈先進〉）、「隱居以求其志，行義以達其道。」（〈季氏〉）在這幾段中，志顯示了不同的生活態度，存在個別差異，難有固定的評價標準。

也，匹夫不可奪志也。」（《論語．子罕》）

既然人的志向或決定存在個人差異，而且一旦產生決定以後便難以動搖，那麼在立志與下決定的過程中不得不謹慎爲之。分析立志或決定的過程，志向與決定通常（但不必然）是理性審思的產物，它們未透過理性審思以前，來自更初階的意志——也就是欲求意志。孔子察覺反省與審思可以對欲望進行篩選，例如：「富與貴，是人之所欲也；不以其道得之，不處也。」（《論語．里仁》）一般人容易受到外物吸引而產生欲望，未經省思的欲望發爲行動往往不符合規範。其他動物依其本能也會產生這種初階的欲望，但是人與其他動物的差異在於：人能夠在欲望產生以後，反省地意識到欲望正作爲一種推動行動的力量，此時便可以與這種欲望採取距離，審思是否接受這種欲望作爲推動行動的力量，這就是理性意志的運作，同時欲望可能被審思否決而不必然促成行動。⑧

---

⑧ 哈里．法蘭克福（Harry Frankfurt）認為擁有高階的欲望與意志是人與其他動物不同的地方。人可以思考哪些欲望以及目的是我們「應該」擁有的。人類（可以稱之為理性的動物）可以進行反思的自我評價，能夠反思或者改變欲望與目的，而不僅僅只是本能地按照欲望而行。（詳見Harry Frankfurt, "Freedom of the Will and a Concept of a Person," in *Free Will*, ed. Gary Watson (Oxford: Oxford University Press, 2003), pp.322-336.）孔子雖然並未對於「意識」提出系統性論述，但已經善用這種理性的反思能力，這種能力在《論語》中以「省」、「自省」或「內省」的型態出現。

理性意志能否促成行動，還涉及阻礙與限制的問題。以立志求學爲例，這種意志是否能夠促成行動，還必須排除受到阻礙與限制的情況，社會階層、經濟條件不能入學，學校關閉、甚至立志者本身癱瘓等，都屬於阻礙與限制的範疇，都可能遏止理性意志促成行動。⑨由「匹夫不可奪志」來看，孔子相信這些不必然會對意志造成阻礙，即便行動可能受阻，人依舊能夠產生相關的意志。⑩由決定或理性意志所指導的行動受到阻礙，但人仍然堅持其意志時，意志的第三種意思就被彰顯出來。我們努力克服各種誘惑，或者在追求

⑨ 哲學家們之所以將行動的自由與意志的自由區別開來，是由於我們能否實現自己的目的，部分地依賴於那些完全在我們控制之外的因素。（詳見Timothy O'Connor, "Free Will." In *The Stanford Encyclopedia of Philosophy* (Spring 2013 Edition, 2005), available from https://plato.stanford.edu/archives/spr2013/entries/freewill/。查閱日期：二〇二〇年二月五日。）

⑩ 當代對於自由意志的討論中，選擇經常與決定論一起被討論。在進行選擇的時候，如果決定論為真，那麼選擇者就是「誤以為」自己能夠執行這些複數的選項，但其實實際上人會如何進行選擇、人實際上會做什麼是被決定的。如果相信決定論為真，又認真進行審思，就存在信念上的不一致。抱持這種觀點的學者如因維根。（詳見Peter van Inwagen, *An Essay on Free Will* (Oxford: Clarendon Press, 1983).）因維根在自由意志與決定論的論爭中被歸類於不相容論者（Incompatibilist）。

目標時面臨阻礙，於這些情況中，努力意志與理性意志這兩種心理活動就共同扮演重要角色，例如《論語・里仁》：「君子去仁，惡乎成名？君子無終食之間違仁，造次必於是，顛沛必於是。」《論語・衛靈公》：「志士仁人，無求生以害仁，有殺身以成仁。」君子決定行仁並付諸實踐時，往往遇到誘惑與客觀情勢等阻礙，但是仍然堅持理想，這即是努力意志的展現。

第二節　理性意志與迷惑

理性意志的形成在孔子的修養中占有重要的地位，除了與建立志向、進行決定相關，孔子四十歲時的修養成就也與實踐理性的善用密切相關。在立定志向與做決定時，進入理性審思的欲望往往不是單一的。決定的過程通常是：

一、面對單一的欲望，我們審思接受或否定它，然後產生決定。

二、面對複數相衝突的欲望，我們透過審思從中進行選擇，然後產生決定。

對於欲求意志的篩選與平衡並非易事，在相衝突的欲望之間進行平衡、取捨與分辨，正是孔子四十歲的修養成果。孔子自述：「四十而不惑」，「惑」在《論語》中不僅有在知識、理解方面迷亂的意思，惑更重要的意思是指：對於相衝突的欲望不能分辨權衡，因而產生迷亂。如何排除由欲望衝突所產生的迷惑，遂成自我修養過程中的難題，弟子們便曾向孔子請教如何辨別迷惑：

一、《論語・顏淵》：子張問崇德辨惑。子曰：「主忠信，徙義，崇德也。愛之欲其生，惡之欲其死，既欲其生又欲其死，是惑也。」

二、《論語・顏淵》：樊遲從遊於舞雩之下，曰：「敢問崇德，修慝，辨惑。」子曰：「善哉問！先事後得，非崇德與？攻其惡，無攻人之惡，非修慝與？一朝之忿，忘其身以及其親，非惑與？」

值得注意的是，對於學生的提問，孔子的回答聚焦於何謂「惑」的問題本身，但未直接說明如何去除迷惑。由孔子對於惑的描述推斷，揀選欲望時，必須考慮不同的欲望之間是否相容，因爲信念的不一致是導致迷惑的原因之一，例如：既欲其生又欲其死。除此之外，還要考慮欲望可能造成怎樣的後果，某些欲望可能引起傷害，因欲望而忘記自身處境與父母安危，這種可能帶來傷害的欲望導致迷惑，也應加以排除。

殊堪玩味的是，評估信念的一致原則，並且排除可能造成傷害的後果，藉此對欲望進行揀選以後，孔子仍然拒絕某些欲望成爲行動的理由，拒絕認可某些欲望形成決定甚至推動行動。前文論及對欲望的篩選時曾經引用《論語．里仁》：

> 子曰：「富與貴，是人之所欲也；不以其道得之，不處也。貧與賤，是人之所惡也；不以其道得之，不去也。」

孔子這段描述便對於人在藉由審思排除迷惑的同時，可以配合怎樣的標準形成決定提出建議。朱熹：「不以其道得之，謂不當得而得之。」⑪孔子強調，雖然人對於富貴自然產生

⑪〔宋〕朱熹，《四書章句集注》（臺北市：大安出版社，一九九九），頁九十三。

欲望，如果不依循正當途徑，便不應該決定接受它。換而言之，孔子不贊成讓「不當得利」的欲望成爲推動行動的力量。即便人心能產生可能促成不當行動的欲求意志，依然可以拒絕它成爲行動的理由。這種判斷便與行爲規範相關。對欲望進行審思時，同時也正在對於欲望可能引致的行動進行預期和想像。當欲望可能促成違反規範的行動時，就拒絕落實這種欲求意志。實際上，違反規範的行動也可能被歸類於造成傷害性後果者，因爲與違規相伴而來的，經常是具傷害性的懲罰。按照促成不當行動的欲望而行，因此違反社會規範，或許也可以算是一種因思慮不周導致迷惑的表現。

即便我們能夠產生許多將可能促成違規行動的意志，孔子仍舊認爲我們有能力消極地拒絕按照這種意志行動，於是孔子才會說：「非禮勿視，非禮勿聽，非禮勿言，非禮勿動。」（《論語・顏淵》）當人下決定的時候，運用實踐理性對於欲望進行審思，就包含對於欲望可能促成的行動之預期。我們運用理性審思做選擇與決定時，不只要考量審思的眾多欲望之間是否相容，還要預測這樣的欲望可能帶來怎樣的結果，結果如果可能違反社會規範甚至產生傷害，就消極地拒絕這種欲望形成決定甚至促成我們的行動。

第三節　理性意志與自我譴責

人的理性意志與行動除了配合既成的社會規範運作以外，《論語》更提出內在於人的要求與自我譴責機制，用來說明人類理性意志與行動的產生原因，以及行動的內在動力。孔子甚至將這種內在的要求與自我譴責機制，視爲倫理規範的根源。參見《論語・陽貨》：

> 宰我問：「三年之喪，期已久矣。君子三年不為禮，禮必壞；三年不為樂，樂必崩。舊穀既沒，新穀既升，鑽燧改火，期可已矣。」子曰：「食夫稻，衣夫錦，於女安乎？」曰：「安。」「女安，則為之！夫君子之居喪，食旨不甘，聞樂不樂，居處不安，故不為也。今女安，則為之！」宰我出。子曰：「予之不仁也！子生三年，然後免於父母之懷。夫三年之喪，天下之通喪也，予也有三年之愛於其父母乎！」

這段對話是孔子與弟子宰我論「三年之喪」的記載，彰顯了自我譴責機制在人類形成理性意志、執行行動之際的重要性。禮是社會規範的一環，孔子將三年之喪視爲「天下之通喪」，但宰我卻對它提出質疑。宰我的質疑包括兩個層面：自然世界與人文世界。宰我的觀點顯示了一般人面對突發事件時如何進行決定的過程。⑫面對父母亡故事件，除了產生根據社會規範爲父母善理後事的欲求意志以外，同時也可能將參與人文生活的欲求，以及因應自然世界變化的欲求納入考量。但是宰我認爲，在審思按照哪一種欲求意志形成決定時，後兩者可能壓倒合乎規範行事的意志。由宰我的論述來看，一般人面對父母親亡故時，可能產生各種意志，當我們審思應該依據哪一個意志形成決定時，一般人並非總是按照社會規範進行決定，有時還會對規範提出質疑。

由孔子對宰我的回覆可知，宰我忽略了人在諸多欲望中進行選擇時，存在某種指導選

⑫ 本章對於決定、選擇、審思與實踐理性的理解與用法，主要參照羅伯特・凱恩的研究。選擇或決定通常終止了審思或者實踐理性的運作過程，但它們不必然總是如此，不需要排除衝動、心血來潮、一時惱火的可能性。決定也可能僅只是憑著最小限度，或不需要先行的理性，便解決猶豫不決的情況。（詳見Robert Kane, *The Significance of Free Will* (New York: Oxford University Press, 1996), pp.23.）依據這樣對「決定」的說明，有些決定可能來自衝動或思慮不周，也不排除「決定」作為「妄下決定」的意義。

擇與決定的力量，這種力量並非具體規範，而是由內而發的要求趨向，甚至社會、倫理規範本身，也是依據這種內在要求而設。孔子指出君子守喪期間，吃美食也不覺得美味，聽到音樂也不感到快樂，住在家中也不感到舒適，所以不這麼做。孔子的說明顯示：人的選擇與決定除了參考客觀規範的指導以外，人的內在也存在指導力量，如果不按照這種指導力量篩選欲求意志產生決定，就會以「不安」的形式，對行動者進行譴責，⑬孔子認爲這是人類的正常表現。這種選擇、決定與行爲的模式究竟如何成立，孔子說：「子生三年，然後免於父母之懷。夫三年之喪，天下之通喪也，予也有三年之愛於其父母乎！」人類幼兒時依賴父母的身體照護成長，於是產生親子間的親親之情，面對父母亡故時，若根據好逸惡勞或計較利害的欲望行動，就會湧現指導性的要求趨向，它將抵抗好惡或利害的欲求意志形成決定甚至推動行動，內在的自我譴責與外在的倫理規範皆是這種心理要求的產物。

　但是，如果基於生理照顧產生心理依賴，自然而然形成自我要求，使人在進行決定時完全聽令於它，那麼又何來自我譴責的需要？換言之，如果人類的決定（Decision）全受到生理、心理所決定（Determine）的話，那麼人如何又何必違反這種決定

⑬《論語》中也提到其他的自我譴責形式，如「疚」、「恥」、「自訟」等。

（Determine）然後再迂迴地自我譴責呢？人可能感到「不安」的自我譴責機制似乎暗示：人並不總是按照這套由生理照顧促成心理依賴因而產生的要求進行決定和採取行動。孔子詢問宰我：「於女安乎？」宰我對孔子回覆：「安」，宰我已經長大成人，想必已經過幼年的照顧與親子情感的培養階段，卻不受自我譴責機制的影響，只能設想宰我被其他更強烈的欲望影響，或者宰我根本忽略、拒絕面對這種譴責的力量。參考石里克（Moritz Schlick, 1882-1936）的研究：

> 如果因為這種感覺（能夠承擔責任的感覺〔The feeling of responsibility〕），我自願因我的行為遭受責備或責怪我自己，並因而承認我本來可以按照其他方式行動，這就意味著那個其他的行為與意志的法則是相容的——當然，要有其他的動機。⑭

石里克主要針對具體行動的責難而論，而《論語》的自我譴責機制則更深入地作用於具體

⑭ 莫里茨・石里克著（Moritz Schlick），〈人何時應該負責任〉，譚安奎譯，徐向東編，《自由意志與道德責任》（南京市：江蘇人民出版社，二〇〇六），頁六十一。

行動還未產生以前，某些可能促成行動的決定也在自我譴責的對象之列。如此便意味著即使經歷「子生三年，然後免於父母之懷」的生理歷程並產生心理依賴，人還是可以產生服喪三年以外的欲求意志與決定。人的決定固然可能不受這套生理、心理的養成結構決定，但這並不表示選擇與決定是隨機的。如果將決定視爲是隨機的，那麼將會陷入關於譴責與責任的另一個難題，休謨（David Hume, 1711-1776）指出：

> 行為本身也許是可以責備的，它可能是違反道德和宗教的一切規則的，不過那個人對它並不負責；行為既然不是發生於他的性格中任何持久的或恆常的性質，並且在事後也不留下這一種性質的痕跡，所以他就不可能因此成為懲罰或報復的對象。⑮

參考休謨的看法，若將決定視爲一種「行動」（Action）或心理活動，而決定與他的性格、生理、心理的養成完全無關，只是隨機地產生，那麼懲罰或譴責的適用性將成爲問題，就如石里克所指出的：

---

⑮ 休謨著，《人性論》，關文運譯（北京市：商務印書館，二〇一六），頁四四五。

我們並不指責一個精神病患應負有責任，原因正在於此，他並沒有為動機的適用提供統一的位點。試圖以允諾或威脅的手段去影響他是徒勞無益的，此時他混亂的心靈因為其正常機理的失序而不能回應這樣的影響。我們並不試圖給予他某些動機，但是努力救治他。⑯

孔子對於人類決定與行動的說明，便爲追究責任提供了動機適用的正確位點，理由的產生與行動的動機賦予都是建立在一連串完整的人格養成過程之上。相反於孔子的觀點，還有另一個值得探討的問題：在同樣的成長背景與環境條件之下，人究竟有沒有可能產出不同的選擇或決定？⑰若答案是肯定的，這種可能性招致學者的批評，梅勒（Alfred Mele）

---

⑯ 莫里茨・石里克著（Moritz Schlick），〈人何時應該負責任〉，譚安奎譯，徐向東編，《自由意志與道德責任》（南京市：江蘇人民出版社，二〇〇六），頁六十。

⑰ 約翰・希爾勒（John Searle）發現這樣的現象：希爾勒認為事前的考慮不會成為其後的想法和行動的「因果的充分條件」，並且提出「跳躍」（gap）的問題。基於信念和欲求的審思到產生事前的意圖之間存在著第一個跳躍，而事前的意圖到行動內意圖之間又發生第二次跳躍。希爾勒為了解釋這種跳躍如何被進行，圍繞著人如何決定自己的行動方式，於是引進不能被還原的「自我」的概念。（有關於希爾勒的論述詳見John R. Searle, *Rationality in Action* (Cambridge, Mass.: MIT Press, 2001), pp.61-75.）

認爲如果基於相同過去歷程進行的決定或選擇可能有所不同，決定或選擇的行動中就包含運氣的因素，那麼對這樣造成的行動究責可能不公平。⑱

由另一方面來思考，如果決定只是在不同的欲求意志之間進行評估，單純由欲求意志的強度或自然養成的要求趨向來決定（Determine）如何進行選擇與決定的話，那何不簡單地承認人類的決定是被欲求意志或自然養成的要求趨向所決定（Determine）呢？事實上，由前文分析《論語》的論述可知，人接受自然養成的要求影響，不過決定的形成最終是由我（更精確地說，是我的「心」）進行裁斷，是我自己認可了某個欲求意志，使它形成決定。在一些情況中，就算某個欲求意志的強度更強，或者自覺某種內在的要求趨向，我最終仍然可能忽略它，或者認可其他較弱的欲求，所以才有眞誠與否、胡亂盲目決定，甚至明知故犯（明知道這個欲求意志不是最強的、不是對自己最有利）的可能，孔子並未忽視這種可能性，子曰：「人之生也直，罔之生也幸而免。」（《論語．雍也》）人可以眞誠地生活，也可能不眞誠地依靠僥倖免於災難。這種無視內在要求與種種評估條件，乃

⑱ Alfred Mele, "Review of Kane's *The Significance of Free Will*", *Journal of Philosophy* 95(1998): 581-584.

至於被質疑是「沒有理由的自我決定」⑲或許會被視爲獨斷的、非理性的，但是可以忽略理性的運作或者違背內在要求而行的事實，反而還是退一步突顯了行動者對於自身決定與行動的控制能力，眞誠與否或明知故犯完全在行動者的掌控之中，對行動者而言「這個決定終究是我做的」，因此還是可以將責任歸屬於他，即便行動者的決定看似與他平常的心理狀態、各種品味、行爲模式、性格可能如此不同。相反地，由控制力的觀點來看，即使

⑲採取這種立場的學者如日本學者高山守，高山守所說的「沒有理由的自我決定」與希爾勒「跳躍」（gap）理論有相通之處，亦即「我們對於自己如何行動，就算再怎麼熟慮，自己的行動也不會因此被決定」、「事實上，我們自身行動的最終選擇（『沒有理由的自我決定』）正因為它沒有理由（根據），才正是不能歸咎於自身以外任何東西（理由）的、沒有藉口的、完全依據自己本身的決定。」高山守更極端地指出：「我們的自由論不朝理由論展開，我們自由的行動正是在『理由』的空白中進行。」（高山守，《自由論の構築——自分自身を生きるために》（東京都：東京大學出版會，二〇一三），頁一七五、三十九、一九〇。）高山守的論述普遍針對人的所有決定與行動而言，由高山守的立場來看，就算我們為了決定或行動找了充分的理由，但實際上我們如何進行決定與行動也不會因此被決定，而是在理由的空白中發生。基於對《論語》的分析，可知孔子並不採取這樣極端「跳躍」的立場，孔子對三年之喪的論述就是企圖說明決定與行動的理由與根據。如果孔子肯定每個決定都是沒有理由的自我決定，那麼對於人格培養、教育、倫理規範等影響力的重視便顯得無謂。

人單純依據最高強度的欲求意志或自然養成的要求產生決定，行動者仍舊具備以意志的強度或內在要求引導自身採取決定的「引導性控制」（Guidance control）[20]，由此來看決定論與責任的相容論爭，還是可能對人追究責任問題（詳見第六章第四節）。而孔子主張人應該自覺內在要求，並且配合實踐理性對欲望進行審思，也是奠基於穩定的自我控制上進行。

追究責任、自我譴責的合理性仰賴我們對行動的控制。行動者可以眞誠順從內在要求進行決定，或者拒絕面對它，並且這種決定不是隨機發生，而是在行動者的控制之下出現。由孔子與宰我論三年之喪的對話可知，人的決定雖然與生理、心理的養成結構有關，但不必然受制於此，人可能被其他更強烈的欲望影響，或者根本不眞誠、拒絕面對內在要求，因此爲犯錯與譴責留下餘地。必須強調的是，若從孔子對於內在道德要求與自我譴責的重視看來，孔子無非是希望人的決定是透過理性對欲求意志進行認可或否決，使得這個透過審思篩選的欲望形成理性意志，以作爲行動的理由，而不樂見毫無理由的自我決定。

⑳ J. M. Fischer and M. Ravizza, *Responsibility and Control: A Theory of Moral Responsibility* (New York: Cambridge University Press, 1998.)

第四節 結語

孔子洞見生理、心理的養成結構對於人類的意志與行動造成影響，並且形成道德要求與倫理規範的根源。但是，必須承認這種人性結構只是缺乏必然性的傾向，㉑一旦拒絕面對這種人性結構產生的內在要求，這種要求對行動者而言就彷彿不存在。行動者的意志在這種缺乏必然性傾向的指導之餘，還受到其他因素影響。除了生理、心理因素之外，孔

㉑ 萊布尼茲（Leibniz）提出了充分理由原則。（G. W. F. Leibniz, *Selections* (New York: Scribner's, 1951), p. 435.）生理、心理的養成結構非必然地使人傾向（Incline without necessitating）進行某種決定，但是並不滿足充分理由原則，不能使人必然選擇依據內心對於倫理規範的要求而進行決定與行動。

子也注意到認知能力㉒與身體本能㉓對意志與行動的影響，並且相應地以教育㉔與戒惕作爲主動介入的手段。由孔子提醒宰我自覺人的內在要求，同時設法排除身體本能與迷惑來看，孔子意志理論奠基於對人類實際生長發展歷程的詳查，發覺到人類在正常育成之下自然會產生具有特定趨向的內在要求與自我譴責機制，當人對欲求意志進行審思時，這些要求與機制就會發揮影響力，協助決定與理性意志的產生。此外，孔子還認爲倫理、社會規範就是基於這種內在要求而生，由此可以推知，「七十而從心所欲不踰矩」修養的根源就是自覺內在對於倫理規範的要求，藉以控制意志與行動的生成。每當欲求意志出現時，就對它進行評估，審思它是否能夠成爲我行動的理由，配合自我譴責的機制，使我們不僅只是被欲望推著前進，而可以主動認可或否決它。久而久之，便能熟悉哪些欲求意志是不恰

㉒ 孔子曰：「生而知之者上也，學而知之者次也；困而學之，又其次也；困而不學，民斯為下矣。」（《論語・季氏》）孔子將人的認知能力區分為四種等級。由「生而知之」可知，所知的內容並不是一般所謂的經驗知識或對於具體規範的認識，而是針對內心的要求或心理活動而言。

㉓ 孔子曰：「君子有三戒：少之時，血氣未定，戒之在色；及其壯也，血氣方剛，戒之在鬭；及其老也，血氣既衰，戒之在得。」（《論語・季氏》）

㉔ 子曰：「性相近也，習相遠也。」（《論語・陽貨》）

當的，哪些欲求意志是無法通過自身評判機制的，於是可能在意志的根源對其進行調節，使得意志乃至行動都在自己的引導性控制之下完成，又能夠不踰越倫理、社會規範。然而人性結構只是缺乏必然性的要求趨向，是否眞誠面對內在對於倫理規範的要求，或者受其他欲望推動，最終仍然不脫行動者自身進行的裁斷。審思自己究竟應該將哪一種欲求意志當成決定與行動的理由，又或者根本放棄思考，這種能力的使用與否依然在於行動者的控制之內，於是行動者可以爲這樣的決定與行動負責。

第四章導論

當代哲學家羅伯特・凱恩（Robert Kane）分析意志有三層意思：欲求意志、理性意志、努力意志。借助這種區分，回顧《論語》中孔子有關意志的言論，可以發覺孔子的意志理論與其修養理論密切相關。孔子自述「七十而從心所欲不踰矩」，便涉及欲求意志如何轉化為理性意志的問題。人有各種欲望與情緒，影響選擇、決定與志向的產生。進行決定的過程可以簡單公式化為：「面對欲望（即欲求意志）↓審思是否接受它成為行動的理由↓產生決定（即理性意志）」。理性意志是否能夠促成行動，還必須考量環境的阻礙與身體能力限制等問題。然而，在面對與阻礙與限制時，如果依舊堅持理性意志，則產生意志的另一層意思，亦即努力意志。

孔子立足於經驗，發覺人在進行決定時，人的內在經常湧現指導選擇與決定的力量，而人類社會的倫理規範，便是因應這種指導力量而設。同時，人若不聽從這股指導力量行動，就會遭受自我譴責。孔子認為這種指導與譴責機制，是人類在正常的生理、心理與人格養成之下形成，它們雖然對於人的理性意志形成影響，但是這些機制並不會決定人的理性意志。人實際上如何進行選擇與決定，最終仍是取決於行動者的裁斷。可以推測，正是由於這種開放性，所以孔子才提出安與不安的自我譴責空間。

孔子對於人類意志的理論建構，奠基於對人類生活的觀察，從而覓得人類生活的法則，孔子對於人性的理解於焉產生。孔子認爲自己「述而不作，信而好古」，其人性論除了與經驗符應以外，也反映他對於古代文獻的傳述。接下來，筆者將重新梳理《尚書》和《詩經》中與這套人性論相通的幾段關鍵論述，考察孔子人性論對於古代文獻的傳承，並且重新詮釋孔子的人性論。

第四章

孔子人性論的成立與詮釋

孔子對於人性的見解並非完全出自發明，孔子對於人性的觀點反映中國古代文獻對於人類常性的理解。孔子與古代文獻的共識，在於肯定人類秉持常性，自然愛好美德，但由於人有欲望，若不能自覺常性，就容易受到環境影響，於是可能爲惡。人對於行善避惡的要求強度與自覺，因天生資質而有所不同，必須配合君主與師長的引導，透過學習協助自覺及發展。人有共同的愛好與要求，但是強度與自覺能力有別；要求強度與自覺能力雖有等差，但是透過環境與學習的影響，仍可能削減或提升，因此孔子說：「性相近也，習相遠也。」

第一節　孔子人性論對古代文獻的傳承

孔子注意到人的意志與行動受到生理與心理因素的影響，並認爲一般人歷經正常的生理與心理養成，會顯示出特定的要求趨向，而倫理規範正是基於人類的生理與心理要求而設。然而，這樣的要求是否能夠得到實現，則沒有必然性。孔子對於人類的現實情況並非完全樂觀，並且顯示在他對於人性的看法中，《論語・陽貨》子曰：「性相近也，習相遠也。」孔子對於人性的看法並不完全來自其發明，《論語・述而》子曰：「述而不作，信而好古。」他對於人性的觀察除了來自經驗以外，也與古代經典所記相符，對照《尚書》與《詩經》中的描述：

一、《尚書・仲虺之誥》：「嗚呼！惟天生民有欲，無主乃亂。」①

二、《尚書・君奭》：「嗚呼！君惟乃知民德，亦罔不能厥初，惟其終。」②

三、《詩經・大雅・蕩》：「天生烝民，其命匪諶。靡不有初，鮮克有終。」③

---

①〔漢〕孔安國傳；〔唐〕孔穎達正義；廖名春、陳明整理；呂紹綱審定，《尚書正義（十三經注疏）》（北京市：北京大學出版社，二〇〇〇），頁二三四。

②《尚書正義（十三經注疏）》，頁五三一。

③〔漢〕毛亨傳；〔漢〕鄭玄箋；〔唐〕孔穎達疏；鞏抗雲、李傳書、胡漸逵、肖永明、夏先培整理；劉家和審定，《毛詩正義（十三經注疏）》（北京市：北京大學出版社，二〇〇〇），頁一三五六。

人民有欲望，缺乏君主的引導，便容易放縱情欲，導致禍亂。人民的性情行爲雖然有好的開始，但很少有好的結果，因此《尙書・君奭》中周公以此告誡召公施行善政，使人民行善不懈怠。《詩經・大雅・蕩》也採取相同的觀點，《毛亨傳》：「諶，誠也。」鄭玄箋云：「天之生此衆民，其教道之，非當以誠信使之忠厚乎？今則不然，民始皆庶幾於善道，後更化於惡俗。」孔穎達疏云：「無不有其初心，欲庶幾慕善道，少能有其終行，今皆化從惡俗，是違天生民立教之意，故所以傷之也。」④古人原來相信上天幫助百姓，爲人民揀選君主與師長，希望由君主與師長輔弼上帝愛護安定四方百姓。⑤由於天子失德，導致天命的誠信遭受質疑。人民起初大多能愛慕善行，但是因爲缺乏君主與師長的循循善誘，最後很少能夠堅持行善。

整合以上引文，與孔子對人性的基本立場並無二致。孔子一方面指出人在正常的生

---

④《毛詩正義（十三經注疏）》，頁一三五六―一三五七。

⑤《尙書・泰誓》：「天佑下民，作之君，作之師，惟其克相上帝，寵綏四方。」《尙書正義（十三經注疏）》，頁三二三。

理、心理和人格養成之下展現特定的要求趨向，⑥同時也不忘強調人類自身也能夠發出與這種要求相對立的力量，「血氣」便是一個典型的例子。《論語・季氏》孔子曰：「君子有三戒：少之時，血氣未定，戒之在色；及其壯也，血氣方剛，戒之在鬭；及其老也，血氣既衰，戒之在得。」血氣是指人類的身體而言，楊儒賓的研究指出：

「氣」是先秦諸子思想的共法，在孔、老興起之前，「君子時代」的中土君子對這個概念已非常熟悉。兩周時期，氣被視為盈滿天地之間的物質性材料，其時有「元氣之說」；但氣也是構成人身的基本東西，它與「血」並稱，合稱為「血氣」。⑦

孔子雖然肯定兒童幼年在生理方面受到父母照顧，於是產生心理依賴，以及對於倫理規範

⑥《孟子・告子上》：「《詩》曰：『天生烝民，有物有則。民之秉彝，好是懿德。』孔子曰：『為此詩者，其知道乎！故有物必有則，民之秉彝也，故好是懿德。』」孟子所引用的這段文字，恰可總結孔子與古代文獻對於人性的觀察：人民保持常性，就會愛好美德。

⑦楊儒賓，《儒家身體觀》（臺北市：中央研究院中國文哲研究所，一九九六），頁十二。

的要求，但是身體（生理）的影響不總是正面的。人只要有身體，就難免受到身體的本能、欲望與衝動的影響，因此孔子告誡立志成為君子的人，在人生的任何階段都可以立志修養成為君子，但是必須戒惕血氣所帶來的各種本能、欲望與衝動。當人類面對它們的時候，可以對這些欲望進行審思，考慮自己是否同意它們成為自己行動的理由。雖然人在正常的生理、心理和人格養成之下，會形塑特定的要求，但是要求的力量強度可能不同，而且環境與人文生活對於人具有一定的影響力，仍然可以使人與人之間的實際行動有極大的不同，讓人在面對欲望進行審思時的反應各有差異。

第二節　後天學習的影響

孔子除了告誡人戒惕血氣，並且真誠面對自身的道德要求，也非常重視教育和學習的作用。學習的內容與成效不僅侷限於對客觀知識的認識，學習和德行修養也高度相關，《論語・雍也》：

哀公問：「弟子孰為好學？」孔子對曰：「有顏回者好學，不遷怒，不貳過。不幸短命死矣。今也則亡，未聞好學者也。」

當魯哀公詢問孔子弟子中誰最好學時，孔子以顏淵為好學的代表。顏淵的特色在於「不遷怒，不貳過」，孔子用這兩種德行的表現說明好學，同時強調德行修養相對於文獻知識的優先性，後學也延續了這樣的作法。參考下列引文：

一、《論語・學而》：子曰：「君子食無求飽，居無求安，敏於事而慎於言，就有道而正焉。可謂好學也已。」

二、《論語・學而》：子曰：「弟子入則孝，出則弟，謹而信，汎愛眾而親仁。行有餘力，則以學文。」

三、《論語．學而》：子夏曰：「賢賢易色，事父母能竭其力，事君能致其身，與朋友交言而有信。雖曰未學，吾必謂之學矣。」

學習的目的在於修養德行與人相處，但是若無理論的根據和基礎，實際採取行動時則容易出錯，也不易了解別人和形勢。孔子雖然強調德行修養，卻也未曾否認學習文獻知識與客觀規範的重要性，文獻知識與規範對於人的言行有約束、修飾之功：

一、《論語．八佾》：子夏問曰：「『巧笑倩兮，美目盼兮，素以為絢兮。』何謂也？」子曰：「繪事後素。」曰：「禮後乎？」子曰：「起予者商也。始可與言詩已矣。」

二、《論語．雍也》、《論語．顏淵》：子曰：「君子博學於文，約之以禮，亦可以弗畔矣夫！」

據上可知，學習的內容可以區分爲客觀知識與道德知識，二者相輔相成。人的常性愛好美德，自然展現對於德行的要求，但是人的具體行爲若沒有適當規範的引導與修飾，就容易陷於極端。⑧

孔子論學習的內容包含客觀知識與道德知識，而就理解道德知識的能力與意願而論，則與天生資質與後天選擇有關，並且造成人與人之間層級的差異，參見《論語・季氏》：

孔子曰：「生而知之者上也；學而知之者次也；困而學之，又其次也；困而不學，民斯為下矣。」

本段引文除了說明學習的能力和意願以外，也可以佐證孔子承認有不需要經過學習便能明白的知識存在。「生而知之」顯示這種知識並非經驗知識，至於這種知識的具體內容爲何，《中庸》提出的解釋具有高度參考價值，《中庸・第二十章》：

天下之達道五，所以行之者三。曰：君臣也、父子也、夫婦也、昆弟也、朋友之交

---

⑧《論語・泰伯》子曰：「恭而無禮則勞，慎而無禮則葸，勇而無禮則亂，直而無禮則絞。君子篤於親，則民興於仁；故舊不遺，則民不偷。」

也，五者，天下之達道也；知、仁、勇，三者，天下之達德也；所以行之者，一也。或生而知之，或學而知之，或困而知之，及其知之，一也。或安而行之，或利而行之，或勉強而行之，及其成功，一也。

《中庸・第二十章》直接引用《論語・季氏》孔子的言論，⑨《中庸》說明人類共同的正途與走上正途的方法。人生的正途在於實現適當的人倫關係，走上正途的方法則是修養三種德行。知、仁、勇三種走上正途的方法都基於同一個原則，有些人生來就能自覺知道，有些人透過學習而知道，有些人經歷困難才知道。知、仁、勇三種德行，由古代文獻與孔子的觀察，人在正常發展狀態下自然愛好美德，但是人這種對於自我的要求強度與自覺有

⑨《中庸・第二十五章》對於《論語・季氏》的引用中，少了「困而不學，民斯為下矣」一句，並且將「困而學之」改為「困而知之」。《中庸・第二十五章》指出天下人共同的正途，以及走上正途的方法。走上正途的方法都基於同一個原則，《中庸》這段記載中要論述的是人們不論天生資質的高下，只要願意學習，待學成以後，所知並無高下之別。因此，《中庸》的引述排除掉不願意學習這一類的人，是合情合理的。既然論旨在於鼓勵讀者，天生資質雖有不同，只要具備學習的意願，成功以後成果無高低之別，不願意學習者自然不必列入。

程度差異。同時，人在現實生活中難免受到欲望與衝動的干擾，因此，雖然有些人可以順其自然實踐美德，有些人明白這對於實現人性有利而實踐美德，還有些人則是受到勉強才能實踐美德。人類的正途與走上正途的方法，都與人與人之間的關係相關，無論天生資質如何，或者透過哪一種方法，最終的目的都朝向實現人與人之間適當的關係。以《中庸》對於《論語・季氏》引文的應用來看，「生而知之者」所知的內容就是道德知識，並且道德知識不能止於認知的階段，還需要「行」的實踐配合，在人與人之間落實。

孔子相信人在正常的生理、心理和人格養成中展現特定的要求趨向，自然愛慕善行、追求與別人保持適當的關係，但是維持適當關係不能只依賴自身對於適當關係的要求，還需要相應的方法配合。而落實人與人之間適當關係的方法，雖然都是基於人本身對於美德的要求，但是由於天生資質人各有強弱之別，因此需要配合君主與師長的引導，使所有人都有機會能夠自覺。有些人雖然不能生來便自覺這種道德要求，或者要求的力量較弱，但是透過學習仍然可以獲得提升；有些人雖然遭遇困難還是不願意學習，所以成為層級最下位者。人保持常性，自然展現對於美德的追求，這是古代文獻與孔子對於人類表現的共識。顯示人類在正常狀態下所呈現出特定的法則，基於這種對於人類現象的觀察，孔子推知人類現象背後所存在的本體，而歸結為：「性相近也，習相遠也。」

第三節　《四書章句集注》對孔子人性論的詮釋問題

《論語・陽貨》：子曰：「性相近也，習相遠也。」對於這一章的詮釋，受到詮釋者自身的參照系影響。⑩中國古人對於人類生命組成的意見，隨時代演進產生各種不同的說法。於孔子哲學中所見，人類生命的組成元素至少包含心與血氣，但是孔子論述人的行動、修養與意志的形成時，未曾設想一種可以完全脫離血氣獨立地被認識的部分。因此，詮釋本章時，應該如何理解人類生命的組成元素，遂成為關鍵問題。此外，在詮釋方法方

⑩ 李賢中認為：「所謂『參照系』是指詮釋者的前理解狀態，這種前理解狀態有其自身的一致性，是一種隱涵的系統，來自詮釋者的文化背景、教育背景、生活經驗、以及個人性向等相關因素。此一參照系就是詮釋者的對比根據，此根據決定了理解的角度、廣度、深度以及態度，更決定了理解者的視野。」（李賢中，〈從《公孫龍子》的詮釋比較看經典詮釋之方法問題〉，收入洪漢鼎、傅永軍主編，《中國詮釋學第八輯》，（濟南市：山東人民出版社，二〇一一），頁一六七—一八一。）

面，也應該盡可能避免對於原文進行改異，以防止原文文意的流失或扭曲。⑪對於「性相近也，習相遠也」一章歷來的詮釋中，朱熹（一一三〇—一二〇〇）《四書章句集注》援引宋代通行的概念進行詮釋，在其時代的參照系，人類生命的組成元素可以區分為二：「氣質」與「理」。《四書章句集注》：

此所謂性，兼氣質而言者也。氣質之性，固有美惡之不同矣。然以其初而言，則皆不甚相遠也。但習於善則善，習於惡則惡，於是始相遠耳。程子曰：「此言氣質之性。非言性之本也。若言其本，則性即是理，理無不善，孟子之言性善是也。何相近之有哉？」⑫

⑪ 沈清松提出文本詮釋的四項原則：文意內在原則、融貫一致原則、最小修改原則、最大閱讀原則。（沈清松：〈從「方法」到「路」——項退結與中國哲學的方法論問題〉，《哲學與文化》第三十二卷第九期〔二〇〇五年九月〕頁六十九—七十。）詮釋者應該尊重原著，盡可能在原作中尋找解釋的可能性。如果原文的論述與詮釋者對於的相關議題的理解不一致時，作為詮釋者，應該修改自身對於原文的想像，而不是文本本身。

⑫ 〔宋〕朱熹，《四書章句集注》（臺北市：大安出版社，一九九九），頁二四六。

朱熹受其前理解狀態的影響，引進氣質與理兩個概念，對應到人類的形體與性（性之本）。朱熹認爲孔子所說的相近之性是人類在賦形以後，人性展現在氣質之中有美惡的差異，並引用程頤（一〇三三—一一〇七）對於孟子的評論，認爲究其本而言，性就是理，理沒有不善的。換句話說，依據朱熹的解釋，根據現實人類具有形體、會採取行動來看，人類實際上雖然可以爲善或爲惡，但是若將性與氣質分開來看，性本是善的。依朱熹之見，孔子說「性相近」是誤由人類實際所行推斷人性，應該「以其初而言」。但是，朱熹的詮釋不免使人心生疑慮：我們如何脫離人類的形體或具體行爲尋找人性？此外，若以「初」或「本」作爲時間上在先者，人類生命歷程在時間上最先的狀態若以嬰幼兒爲代表，嬰幼兒如果沒有產生行動，如何判斷其善惡？況且，嬰幼兒並不是承擔道德責任的適當人選，能否對嬰幼兒進行道德評價恐有爭議。⑬朱熹的詮釋中還有一個致命的問題，在

⑬ 斯特勞森（P. F. Strawson）認為嚴重精神異常者，或是認知能力、人格養成上不健全的幼兒，被排除在正常成人人際關係的適用範圍之外，人們對精神異常者與嬰幼兒傾向於採取對客觀的態度（objective attitude），將他們視為應該接受治療、訓練、監督、矯正的對象，而不是對他們採取反應的態度（reactive attitude）。要言之，斯特勞森強調當我們在進行道德譴責，或者要求某個對象承擔道德責任並對他採取反應態度時，必須考慮這個對象是不是值得這種譴

於他引用程頤之言「何相近之有哉」駁斥孔子「性相近也」，對於《論語》的原文進行批評，雖然朱熹的人性論自成體系，但用於經典詮釋時，難免有違最小修改原則。

若參考稍早於程頤、朱熹詮釋，在《論語注疏》中，邢昺（九三二—一〇一〇）疏云：

> 性，謂人所稟受，以生而靜者也，未為外物所感，則人皆相似，是近也。既為外物所感，則習以性成。若習於善則為君子，若習於惡則為小人，是相遠也，故君子慎所習。⑭

邢昺直接將性視爲人所稟受，在人未與外物接觸以前，皆是相似的，並說明這就是孔子所

責、是不是譴責的恰當對象。由斯特勞森的論述顯示，他並不認為嬰幼兒是道德譴責的恰當對象，因此傾向於對嬰幼兒的行動採取對客觀的態度。（詳見P. F. Strawson. *Freedom and resentment, and other essays* (London: Methuen & Co. Ltd., 1974).）

⑭〔魏〕何晏注；〔宋〕邢昺疏；朱漢民整理；張豈之審定，《論語注疏（十三經注疏）》（北京市：北京大學出版社，二〇〇〇），頁二六五。

謂的「近」；到了接觸外物以後，隨著後天環境與所習的差異，人可能成爲君子或小人，這就是孔子所謂「遠」。邢昺的詮釋中並未區分人的形體與人性，而是將人視爲一個完整的整體，並且就這個整體的生來稟受與感於外物，對性與習加以界說。進一步向前回溯，皇侃（四八八—五四五）《論語義疏》：⑮

> 然情性之義，說者不同。且依一家之舊釋云：性者生也，情者成也。性是生而有之，故曰生也；情是起欲動彰叓，故曰成也。⑯然性無善惡，而有濃薄；情是有欲之心，

---

⑮ 根據京都大學圖書館藏清家文庫《論語義疏》，十卷九冊（卷第四缺），室町鈔，清原宣條舊藏，第九卷。（https://rmda.kulib.kyoto-u.ac.jp/item/rb00008676。查閱日期：二〇二〇年三月二十一日）。並參考懷德堂本《論語義疏》（https://dl.ndl.go.jp/info:ndljp/pid/1182236。查閱日期：二〇二〇年三月二十一日）、國會圖書館公開的江户後期寫本《論語義疏》（https://dl.ndl.go.jp/info:ndljp/pid/2546272?tocOpened=1。查閱日期：二〇二〇年三月二十一日）。懷德堂本是武內義雄以文明九年鈔本為底本整理而成，其中許多古字已改用通行字改寫。京都大學圖書館藏清家文庫《論語義疏》鈔本與國會圖書館公開的江户後期寫本為古鈔本書影，文字一致，筆者以京都大學館藏本字形為據。唯文中「熱」字，於鈔本上作「埶」。

⑯ 京都大學館藏清家文庫《論語義疏》及懷德堂本均斷句為「性既是全生，而有未涉乎用」，應改為「性既是全生而

而有邪正。性既是全生而有，未涉乎用，非唯不可名為惡，亦不可目為善，故性無善惡也。所以知然者，夫善惡之名，恆就叓而顯，故《老子》云：「天下以知美之為美，斯惡已；以知善之為善，斯不善已。」此皆據叓而談。情有邪正者，情既是叓，若逐欲流遷，其叓則邪；若欲當於理，其叓則正。故情不得不有邪正也。故《易》曰：「利貞者性情也」，王弼云：「不性其情，焉能久行其正。」此是情之正也。若心好流蕩失真，此是情之邪也。若以情近性，故云「性其情」。情近性者，何妨是有欲。若逐欲迁，故云遠也；若欲而不迁，故曰近。但近性者正，而即性非正；雖即性非正，而能使之正。譬如近火者熱，而即火非熱；雖即火非熱，而能使之熱。能使之熱者何？氣也，熱也。能使之正者何？儀也，靜也。又知其有濃薄者。孔子曰：性相近也。若全同也，相近之辭不生；若全異也，相近之辭亦不得立。今云近者，有同有

有，未涉乎用」，如此才能與皇侃疏解〈公冶長〉：「夫子之言性與天道，不可得而聞也已矣」一章的立場融貫，皇侃疏云：「夫子之言即文章之所言也，性孔子所稟以生者也。」皇侃明言性是生來稟具，如果依據清家文庫本或懷德堂本的斷句，則在生以外，又多出一個「有」的概念，而在本章的疏解中並未針對「有」立說，清家文庫本或懷德堂本的斷句恐造成誤解，故改。

異。取其共是無善無惡，則同也；有濃有薄，則異也。雖相異而未相遠，故曰近也。

皇侃雖然引進「情」字，分別以性、情二字說明天生稟受和人類實際的行動，但是《論語義疏》的詮釋也未割離人性與形體。値得注意的是，皇侃疏解「性相近也，習相遠也」一章時，以生言性，強調性未涉乎用，並否定未涉乎用之性有善惡。皇侃的注解認爲尚未落實於行爲實用的性，不能判斷其善惡，「善惡之名，恆就叓而顯」⑰，善惡總是藉由具體事件呈現。皇侃的詮釋明顯區分了潛能與實現，⑱皇侃所說的性當屬人的潛能，而人的實

⑰「叓」，《篆隸萬象名義》：「叓，古事字。」（釋空海編，《篆隸萬象名義》〔北京市：中華書局，一九九五〕，頁二八六。）

⑱董仲舒也提及了潛能與實現的差異。《春秋繁露・深察名號》：「天生民有《六經》，言性者不當異。然其或曰性也善，或曰性未善，則所謂善者，各異意也。性有善端，動之愛父母，善於禽獸，則謂之善。此孟子之善。循三綱五紀，通八端之理，忠信而博愛，敦厚而好禮，乃可謂善。」《春秋繁露・實性》：「善如米，性如禾。禾雖出米，而禾未可謂米也。性雖出善，而性未可謂善也。米與善，人之繼天而成於外也，非在天所為之內也。」董仲舒認為「性也善」與「性未善」兩種觀點的根本差異在於對「善」的定義不同。他認為孟子所謂的善，是將善定義為「行善的開端」；依循三綱五紀，忠誠信實而親愛廣博，誠樸寬厚而愛好禮儀，需要持續實踐的「善行」，則是聖人所謂的善。

際行爲則另以情來說。皇侃說性「無善無惡」，提醒了讀者一個重要的問題，亦即不能在人生來本具的自然條件（經驗語詞）上加上一種道德屬性的描述（倫理語詞），用現代哲學的角度來看，這是犯了一種自然主義的謬誤。⑲另外，《論語義疏》詳細辨析既然說

這樣的理解未必符合孟子的原意，孟子不僅說人有善端，也勉人行善不倦，《孟子・告子上》：「仁義忠信，樂善不倦，此天爵也。」董仲舒的見解雖然不能完全切合孟子思想，但是對於善端與善行的區分頗具啟發性。

⑲ 摩爾（1873-1958, G. E. Moore）指出自然主義式的探討倫理學的方法，就是用某種自然對象的屬性，或者用某些自然對象集合的屬性來替代「善」，因而用某一科學來代替倫理學。摩爾還認為無法想像善自身，而不僅僅作為某種自然對象的一個屬性而在時間中存在。（詳見摩爾著，《倫理學原理》，陳德中譯〔北京市：商務印書館，二〇一七〕，頁四十二—四十九。）當代學者對於儒家人性論的詮釋，存在兩種不同的意見，亦即「人性向善論」與「人性本善論」。其中，人性本善論者或以人性自身即是善的，或以人性的特定趨向之「向」本身即是善的（如林安梧便如此主張），這種做法都犯了自然主義的謬誤。（有關這兩種詮釋立場的爭論，詳見傅佩榮、林安梧，〈「人性向善論」與「人性善向論」——關於先秦儒家人性論的論辯〉，《哲學雜誌》第五期〔一九九三年六月〕，頁七十八—一〇七。）劉述先認為現代西方倫理學自摩爾以來熱烈爭辯善是否可以定義的問題，並指出「自然主義的謬誤」充斥於西方倫理學說之內，人們急於將善約簡為某一種自然性質。但是劉述先檢查傳統儒家倫理學，認為任何化約主義根本毫無地位，「善能否定義」這一理論問題根本就未受到重視，由此可反顯出傳統儒家根本就未曾企圖界定「善」。孔子的態度可以代表典型儒家的態度。（劉述先，《生命情調的抉擇》〔臺北市：臺灣學生書局有限公司，一九九二〕，

「相近」，代表不完全相同；倘若完全不同，「相近」一詞也無法確立，明確地肯定所謂「相近」，指的是「雖相異而未相遠」。[20]

頁四十五—四十六。）筆者認為，傳統儒家固然未曾對善進行化約，但是儒家是否曾經界定「善」這個問題，則有待商榷。孔子、孟子都曾經使用「善」概念，雖然未曾對「善」做出本質式的定義，或者將它化約為某種自然性質，但是除了自然主義式的定義以外，還有許多可能用來理解「善」的方法，例如將善視為一種附加性質（supervenient property），林火旺指出：「當我們稱自然物為『善的』或『好的』時，是因為這些自然物有其他的性質，而我們對這些其他性質進行綜合評估的結果，稱這些事物為善……所以『善』或『好』這個性質是附加的，是評估事物的所有性質之後的一個總結性質（consequential property）因此是對自然性質進行評價的一個性質，是性質的性質。」（詳見林火旺，《倫理學》（臺北市：五南圖書出版股份有限公司，二〇〇四），頁一七九—一八一。）因此，筆者認為對儒家人性論的解析，唯傅氏能得其要，並且避免如上的錯誤。傅佩榮指出：「人性不是已經完成的固定的東西，因此不宜逕以善惡形容：人性隨著人的生命而展開，因為它是『等著實現的潛能』，亦即它顯示為一種趨向——趨向於善。」（傅佩榮，〈中國基督徒在思想及文化界的角色〉，《神學論集》，第六十四期（一九八五年七月），頁二三〇。）傅佩榮指出，主張「人性本善」很可能就犯了自然主義的謬誤。孔子與弟子討論善惡問題時，應不是進行「本質定義」，而是進行「操作定義」。（傅佩榮等，《人性向善論發微：傅佩榮「人性向善論」之形成、論證與應用》（新北市：立緒文化事業有限公司，二〇一二），頁八十五—九十九。）

[20] 部分學者認為辯相近、相同一段，是皇侃引王弼（二二六—二四九）《論語釋疑》之語。（周紹賢、劉貴傑，《魏晉

第四節　結語

雖然我們無法以本質論式的途徑來定義人性，但是我們卻可以由人性的實現來理解人性是何種潛能。孔子與宰我論三年之喪時，說明人在正常狀態下，自然要求實現適當的人倫關係；又根據孟子引述孔子語：「故有物必有則，民之秉彝也，故好是懿德。」（《孟子．告子上》）人保持常性，就會愛好美德。由此可見，人在正常的情況下，自然趨向善行，由如此理解人性，可知人性是一種向善的要求與力量。人類一旦真誠，便趨向行善避惡，但是依個人天生資質各不相同，對於這種力量有強弱之別，故不說「性相同」，而說

哲學》（臺北市：五南圖書出版股份有限公司，一九九六），頁六十五）而陳寅恪、王維誠均懷疑「近火者熱」以下恐為皇侃語非王弼語。（詳見喬秀岩，《義疏學衰亡史》（北京市：生活・讀書・新知三聯書店，二〇一七），頁一九一－一九三。）孔子、孟子所用的「善」概念應屬於一種附加性質，是對人類行動進行綜合評估的總結性質，而人性則是成就這種具有總結性質的行動之潛能與可能性，並且是對這種行動產生要求的趨向與力量。

「性相近」。說人有向善的要求與力量，並不表示人實際上必然行善，因爲孔子也承認血氣、欲望、後天環境等影響因素，這些因素影響人性受到彰顯的程度，於是說「習相遠也」。孔子對於人類的觀察和對於人性的見解，上承古代文獻，下啟孟子的人性論。孔子雖言「性相近也，習相遠也」，但是對於人性本身的直接描述只見於此章，孔子對於人性的見解多表現於人性的實現層次，導致聽者往往只能見到其應用，而不容易得知孔子人性論之本體，無怪乎子貢感嘆老師對於人性的說法沒有機會聽到了。㉑

㉑《論語・公冶長》子貢曰：「夫子之文章，可得而聞也。夫子之言性與天道，不可得而聞也。」

下部

第五章導論

參考王弼的注解以及現代哲學對於善的定義問題之討論，可知孔子既然說「性相近」，表示每個人的人性不能是「相同」的，並且不應該將人性本質式地定義為善，因為這將觸及自然主義的謬誤。綜觀前面幾篇文章，孔子所說的性相近，是指人在正常生理、心理成長之下，所呈現出的要求傾向與力量，人類在進行選擇、決定，以及採取行動時，都受到這種趨向與力量的影響。這種趨向與力量的來源應該是人的心，一旦人違反心的要求而行，自然受到「不安」的自我譴責。孔子雖然已經明示心可以產生欲求，與人類的意志活動相關，但是尚未界定心的功能並形成一套系統性的心性論述，我們只能藉由心的具體活動來反顯其功能。經過前文的整理，筆者對於孔孟人性論的觀點採取傅佩榮教授的詮釋立場，亦即向善論的立場。

儒家哲學心性論的發展，須待孟子建構與發揮。孟子上承孔子的人性論，明確界定心的官能，將心的要求趨向區分為四類，亦即四端。傅佩榮教授指出：「孟子強調人與禽獸的根本差異，在於人心有四個『善端』，可以擴充發展為『仁義禮智』（〈公孫丑上〉）。善端是善的開始與萌芽，而不是善的完成。」[1]孟子認為人與其他動物都有身

---

① 傅佩榮，《儒家哲學新論》（臺北市：聯經出版事業公司，二〇一〇），頁十八。

體，但是人與其他物類的根本差異在於「心」。孟子區別了心與耳、目、口、鼻爲代表的身體之間的差異，並且藉由大體、小體兩方面構築人的自我。這麼說並不代表筆者認爲孟子在心與身體之外另外構築一個「自我」的觀念，只是簡單以自我這個概念來描述孟子將心與身視爲一個整體，身心兩部分彼此可以互動。而孟子的人性論中，人性能否得到伸展，便與行動者選擇彰顯自我中的大體或小體有關。下文將分析孟子哲學中的自我成素與選擇的自由。

第五章

孟子哲學中的自我與自由

孟子認爲人與自然界萬物同樣源自天，自然界的萬物遵循一定規律，人類以外的動物依循本能生活。而人類則有選擇的自由，人的自由就讓人有選擇行動的壓力。自覺內心有明確的道德需求趨向（四端之心），可以選擇逃避或接受四端之心並發展爲具體善行。人由身體（小體）與心（大體）構成，人需要身體，但是心對於人則更重要。思是心的官能，思則自覺心發出四種道德需求，並帶來實踐的力量。同時人面對行動，具有選擇的自由，人因爲自由可以選擇言行，同時因爲擁有自由所以可能犯錯。只有眞誠才能使自己成爲一個眞正的人，否則只是扮演某一個處於社會中的角色。因此孟子說沒有四端之心則「非人也」。如果不眞誠，不使四端之心呈現，產生推動善行的力量，發出四端的「心」就如同不存在，「自我」的構成要件也隨之亡失。人在選擇行善與否的掙扎過程中，顯示出自我與自由之間的張力。雖然如此，這種選擇的自由並非絕對的自由，而是由生理、心理、倫理限制的選擇結構，屬於有限的自由。

第一節　孟子論生命整體

孟子如何看待人的生命？由外表看來即是「形色」，形體容貌與生具來，①指向人的軀體。所有人皆具備軀體，但是孟子認爲只有聖人能夠實現形體容貌的一切潛能——亦即「踐形」。顯示人的生命除了有形可見的形色以外，尚有生命的能力等待實現；既然只有聖人可以實現形體容貌的一切潛能，可見一般人光具備與生俱來的形體並不夠完美，但人的生命有可能藉由潛能的實現來改善現狀。孟子以「形色」概括有形可見的形體容貌，針對人的軀體及其表現，而孟子也以「體」字指人的「軀體」，並且由「體」引申出其他用法。

首先，孟子以「體」專指「軀體」的例子，如孟子與齊宣王談論欲望時說：「爲肥甘不足於口與？輕煖不足於體與？抑爲采色不足視於目與？聲音不足聽於耳與？便嬖不足使

① 《孟子・盡心上》孟子曰：「形色，天性也，惟聖人然後可以踐形。」

令於前與？」（《孟子・梁惠王上》）這一連串問題中，口、體、目、耳四者並舉，體應該是指頭部以外、衣服遮蔽的軀體部分而言。又如《孟子・盡心上》：「其生色也睟然，見於面，盎於背，施於四體，四體不言而喻。」、《孟子・離婁上》：「士庶人不仁，不保四體。」孟子除以「體」表示頭部以外的軀體，還以「四體」專指人的四肢。此外，孟子從范邑到齊國，見到齊王的兒子，感嘆地說：「居移氣，養移體，大哉居乎！」（《孟子・盡心上》）飲食供養足以改變人的體態，此處的體指軀體及其所展現出樣態。

生命整體除了軀體之外，孟子還提到其他要素。《孟子・離婁上》：「此所謂養口體者也。若曾子，則可謂養志也。」曾元奉養他的父親曾子，只能奉養父親的口腹，曾子奉養父親曾皙則能夠奉養父親的心意。對父母的奉養不僅在於使父母的形體充盛，形體充盛只是讓父母可以存活下去，更重要的是必須使父母的心意得以實現。顯示孟子認爲生命整體除了有形可見的身體以外，還包含心意。「體」字在《孟子》中，除了狹義地指身體以外，也廣義地指人的生命整體。《孟子・告子上》：

> 一、體有貴賤，有小大。無以小害大，無以賤害貴。養其小者為小人，養其大者為大人。

二、孟子曰：「從其大體為大人，從其小體為小人。」曰：「鈞是人也，或從其大體，或從其小體，何也？」曰：「耳目之官不思，而蔽於物。物交物，則引之而已矣。心之官則思，思則得之，不思則不得也。此天之所與我者。先立乎其大者，則其小者不能奪也。此為大人而已矣。」

體之大者爲「心」，小者爲耳目形軀之類，合大體、小體乃爲生命整體。既然大體、小體皆包含於生命整體，則皆需要受到長養。體雖有小大、貴賤之別，但在作用上卻可以互相影響。耳目之官有本能以及本能帶來的欲望與衝動，容易受到吸引，而且耳目之官不會思考，容易受到遮蔽。心的官能雖然能夠思考，但是若不能善用心的思考功能，不能思考的耳目之官反而可能反過來影響心。於是孟子提出著名的不動心之說，《孟子．公孫丑上》：

曰：「敢問夫子之不動心與告子之不動心，可得聞與？」「告子曰：『不得於言，勿求於心；不得於心，勿求於氣。』不得於心，勿求於氣，可；不得於言，勿求於心，不可。夫志，氣之帥也；氣，體之充也。夫志至焉，氣次焉。故曰：『持其志，無暴其氣。』」「既曰『志至焉，氣次焉』，又曰『持其志，無暴其氣』者，何也？」曰：「志壹則動氣，氣壹則動志也，今夫蹶者趨者，是氣也，而反動其心。」

心志是意氣的統帥，意氣是充滿身體內的。②心志關注到哪裡，意氣就停留在哪裡。孟子說心志專一就能帶動意氣，意氣專一也能帶動心志。人的身體以氣爲內容，由氣所充滿。而心志是氣的統帥，能夠思考與判斷，可以決定行動的方向、爲生活設立目標。③生命整體包含有形可見的身體與心兩方面，但是身體與心不是相互排斥，也並非二分的。心爲主導，身體輔助心志的展現，身體與心相互影響，心志可以主導身體，身體的運作也可能回頭影響心。

②以「氣」來說明身體並非孟子的發明，孔子已經有「血氣」之說。孔子曰：「君子有三戒：少之時，血氣未定，戒之在色；及其壯也，血氣方剛，戒之在鬬；及其老也，血氣既衰，戒之在得。」（《論語・季氏》）楊儒賓指出：「『氣』是先秦諸子思想的共法，在孔、老與起之前，『君子時代』的中土君子對這個概念已非常熟悉。兩周時期，氣被視為盈滿天地之間的物質性材料，其時有「元氣之說」；但氣也是構成人身的基本東西，它與『血』並稱，合稱為『血氣』。」（楊儒賓，《儒家身體觀》（臺北市：中央研究院中國文哲研究所，一九九六），頁十二。）

③例如孟子曰：「苟不志於仁，終身憂辱，以陷於死亡。」（《孟子・離婁上》）

第二節　孟子如何看待自我與自由

孟子說明生命整體時，包含有形可見、充滿變化的身體，以及能夠思考的心。身體由氣充滿，而心是氣的統帥。孟子談人的生命整體，核心在於「心」，由此可見孟子論自我的觀念是圍繞著「心」展開。肯定以心作爲自我的核心領導身體，同時也會發現有許多非自我的存在，因此不得不進一步探究自我與非自我之間的關係爲何。孟子認爲「物交物，則引之而已矣」（《孟子．告子上》），「物交物，謂外來之利欲交於耳目之視聽。斯時若不以心之思治之，則視聽之事蔽於利欲之事。」④身體與外來的事物相遇時，身體的各種官能有一定的規則，自然容易受到外來事物吸引；作爲自我核心的「心」也有一定的愛好，人人有相似的趨向。《孟子．告子上》：

④〔清〕焦循撰；沈文倬點校，《孟子正義》（北京市：中華書局，二〇一五），頁八五三。

口之於味，有同耆也；易牙先得我口之所耆者也。如使口之於味也，其性與人殊，若犬馬之與我不同類也，則天下何耆皆從易牙之於味也？至於味，天下期於易牙，是天下之口相似也。惟耳亦然。至於聲，天下期於師曠，是天下之耳相似也。惟目亦然。至於子都，天下莫不知其姣也；不知子都之姣者，無目者也。故曰，口之於味也，有同耆焉；耳之於聲也，有同聽焉；目之於色也，有同美焉。至於心，獨無所同然乎？心之所同然者何也？謂理也，義也。聖人先得我心之所同然耳。故理義之悅我心，猶芻豢之悅我口。

耳目之官不會思考，遇見外來的事物就受到影響，一旦外在種種吸引身體官能的條件出現，自然便能推想身體可能發生某些反應。單純就身體作爲「物」來思考的話，似乎人的身體與其他動物並沒有太大差異，身體依照其官能活動時，身體活動便由外來事物所造成的條件決定。如果人的自我只藉由身體產生作用，人的身體僅只是自然界種種因果連環中的一個關節，它是被其他非自我的因素決定，那麼人似乎無法決定與控制自己的活動，更沒有其他選擇的可能，沒有選擇的話，人便沒有自由的問題。⑤

縱然如此，孟子顯然肯定人有可能主導自己身體的活動，因此說：「志壹則動氣」（《孟子・公孫丑上》），即便身體行動別無選擇，心志似乎總是有其他可能的選擇。但是，心志也有固定的趨向，心所愛好的是理義。孟子一旦承認心有共同的喜好，那麼立刻又要面對同樣的疑問，心之所向豈不是由理義所決定的嗎？況且理義如果是由外而來，由

---

⑤ 若只就「物交物，則引之而已矣」（《孟子・告子上》）一句來看，耳目之官不論受外物吸引或推動，小體的行動似乎別無選擇。有沒有其他可能性（alternative possibilities）在當代被認為與自由有密切關聯。對於自由的解釋，參考坎伯（Joseph Keim Campbell）的整理，部分學者認為自由意志是能力的集合，例如反省性自我控制能力（Wallace 1994）或者實踐理性能力的集合（Vihvelin 2004）：其他則認為自由意志是單一的、原創性的能力（van Inwagen 1983; Strawson 2002）若根據關於自由意志的經典論，人具有自由意志是限於能夠進行其他行動的場合（van Inwagen 1983; Gient 1990; Kane 1996）。經典論者大多將自由意志與其他行動能力視為同一（van Inwagen 1983）。詳見Joseph Keim Campbell, *Free Will* (Cambridge: Polity Press, 2011.) 凱恩（Robert Kane）雖然被坎伯歸類於經典論者，但事實上凱恩指出其他行動可能性只是自由意志的必要條件而非充分條件，並引進根源責任（ultimate responsibility）的概念。（Robert Kane, *The Significance of Free Will* (New York: Oxford University Press, 1996)）本章在此的質疑是基於經典論對於自由的解釋，亦即將擁有自由視為擁有其他行動的可能性。

心與身體在受到外來事物吸引而產生反應這一層來看，大體與小體不就沒有分別嗎？孟子以心志領導身體之說，難道只是將問題不斷往回推而已？告子向孟子提出質疑：

告子曰：「食色，性也。仁，內也，非外也；義，外也，非內也。」孟子曰：「何以謂仁內義外也？」曰：「彼長而我長之，非有長於我也；猶彼白而我白之，從其白於外也，故謂之外也。」曰：「異於白馬之白也，無以異於白人之白也。不識長馬之長也，無以異於長人之長與？且謂長者義乎？長之者義乎？」曰：「吾弟則愛之，秦人之弟則不愛也，是以我為悅者也，故謂之內。長楚人之長，亦長吾之長，是以長為悅者也，故謂之外也。」曰：「耆秦人之炙，無以異於耆吾炙，夫物則亦有然者也，然則耆炙亦有外與？」（《孟子・告子上》）

心喜歡理義，但是心不等於理義。孟子用「理義之悅我心，猶芻豢之悅我口」說明，理義不是心本來就具有的，心在正常情況下自然會喜好理義，如果像告子那樣說義是外在的，那就錯了。人之所以判斷何謂合理、做出正當的行爲，是由於我對於判斷合理、正當與否的需求所造成的，不是外在有理義吸引人被動地追求。人類的任何行動都是內在的需求配合外在的客觀情況採取行動，告子重視人外在的表現，而孟子重視人由內而發的需求。由此可知，人可以選擇順從身體官能的作用，或是選擇彰顯心的官能作用，人佇立於「思」與「不思」之間，因此發現了自身的自由。孟子肯定了心具有不受其他事物決定的自我控制統轄能力（即便人經常棄之不用，能夠棄之不用恰也突顯了一種其他可能性），將心視爲一種反思覺悟的能力，即使身體受到受到外物吸引，仍然能夠選擇「思」或「不思」，不作爲本身也是一種有理由的作爲。如果將自由視爲具有其他選擇的可能性，那麼便能在心的作用中發現人的自由，自由是「思」與「不思」之間的張力。

第三節　孟子對性善的理解

雖然天生育百姓，使百姓的常性愛好美好的德行，但是天並不能決定人在任何情況之下皆必然愛好並實踐美好的德行。人類生活的情況根據孟子觀察，「人之有道也，飽食煖衣，逸居而無教，則近於禽獸。」（《孟子．滕文公上》）孟子一方面肯定百姓的常性愛好美好的德行，但是又明確指出人類生活的法則是：吃飽穿暖，生活安逸而沒有教育，就和禽獸差不多。

美好的德行雖然對於人有吸引力，但不見得所有人都能堅持愛好德行，而主動實踐德行者更是少數。「古之賢王，好善而忘勢；古之賢士，何獨不然？樂其道而忘人之勢，故王公不致敬盡禮，則不得亟見之。見且由不得亟，而況得而臣之乎！」（《孟子．盡心上》）賢者愛好行善而忘記權勢，一般人則或屈於權勢、或受權勢吸引。所以與孟子同時代的學者才提出各種對於人性的觀點。《孟子．告子上》：

公都子曰：「告子曰：『性無善無不善也。』或曰：『性可以為善，可以為不善；是故，文、武興，則民好善，幽、厲興，則民好暴。』或曰：『有性善，有性不善；是故以堯為君而有象；以瞽瞍為父而有舜；以紂為兄之子，且以為君，而有微子啟、王子比干。』今曰：『性善』，然則彼皆非歟？」孟子曰：「乃若其情，則可以為善矣，乃所謂善也。若夫為不善，非才之罪也。惻隱之心，人皆有之；羞惡之心，人皆有之；恭敬之心，人皆有之；是非之心，人皆有之。惻隱之心，仁也；羞惡之心，義也；恭敬之心，禮也；是非之心，智也。仁義禮智，非由外鑠我也，我固有之也，弗思耳矣。故曰：『求則得之，舍則失之。』或相倍蓰而無算者，不能盡其才者也。《詩》曰：『天生烝民，有物有則。民之秉彝，好是懿德。』孔子曰：『為此詩者，其知道乎！故有物必有則，民之秉彝也，故好是懿德。』」

告子認爲「性無善無不善」，人性沒有善，也沒有不善。若性如白紙，而善惡皆是後天影響所造成，善惡是就行爲而論，那麼行爲的善惡豈不是根據環境而決定？如前文所論，人的行爲的善惡如果是取決於外來的條件，環境好則造成善行，環境差則造成惡行，假如行動者完全缺乏對於自身行動的控制能力，那人如何爲行爲負責則成一大問題。由告子的論點延伸，有人說「性可以爲善，可以爲不善」，性是爲善、爲不善的「能力」，人性是一種「能力」，周文王、周武王統治天下，百姓就喜歡善行；周幽王、周厲王統治天下，百姓就喜歡暴行。第二種觀點指出人性是一種能力，善惡是就行爲而論，但人沒有固定的傾向，既不傾向行善，也不傾向行惡，只涉及能力的問題，而不涉及人應該怎麼做。第二種觀點無非是第一種觀點的翻版，只是第一種觀點（告子的觀點）是就性本身的性質而論其善惡，而第二種是就人性的能力而論。第三種觀點認爲「有性善，有性不善」，有些人生性是善的，有些人生性是不善的，如此則善與不善皆生來命定，人不僅無從爲善惡負責，而人性的善與不善更純屬運氣。

上述三種關於人性的觀點皆有難處，孟子針對以上三種觀點的回答，是理解孟子性善論的關鍵。孟子所謂的「性善」是：「乃若其情，則可以爲善矣，乃所謂善也。」首先，「善」是「可以爲善」，由此可知孟子所說的善不是命定論式的論斷，不認爲人生下來就是善的，善不是人的本質，[6]人性之善是指「可以爲善」，而善惡是針對具體行爲的結果而言。至於「乃若其情」應該如何理解，關於「乃若其情」的「情」字之意，歷來主要有兩種解釋方式：一是以「實」解，[7]一是以「性之動」解。[8]除「乃若其情」以外，《孟

⑥如果善是人的本質，所有人與生俱來的人性都是善的，那麼所謂的「善」便失去評價的能力。

⑦以「實」解「情」者，如戴震：「情，猶素也，實也。」（〔清〕戴震，《孟子字義疏證》（北京市：中華書局，一九八二），頁四十一。）

⑧以「性之動」解「情」者如：

子》中對於「情」字的用法如下：

一、《孟子・滕文公上》：「夫物之不齊，物之情也。或相倍蓰，或相什百，或相千萬。」

二、《孟子・離婁下》：「故聲聞過情，君子恥之。」

三、《孟子・告子上》：「人見其禽獸也，而以為未嘗有才焉者，是豈人之情也哉？故苟得其養，無物不長；苟失其養，無物不消。」

---

(1) 朱熹：「情者，性之動也。人之情，本但可以為善而不可以為惡，則性之本善可知矣。」（〔宋〕朱熹，《四書章句集注》〔臺北市：大安出版社，一九九九〕，頁四六〇。）

(2) 孫奭：「若夫人為不善者，非天之降才爾殊也，其所以為不善者，乃自汩喪之耳，故言非稟天才之罪也。且情、性、才三者，合而言之，則一物耳；分而言之，則有三名，故曰性，曰情，曰才。蓋人之性，本則善之，而欲為善者，非性也，以其情然也；情之能為善者，非情然也，以其才也。是則性之動則為情，而情者未嘗不好善而惡惡者也，其不欲為善者乎？而才者乃性之用也，而才者上有以達乎天，下有以達乎地，中有以貫乎人，其有不能為善者乎？」（〔漢〕趙岐注；〔宋〕孫奭疏；廖名春、劉佑平整理；錢遜審定，《孟子注疏（十三經注疏）》〔北京市：北京大學出版社，二〇〇〇〕，頁三五五。）

以上三個對於「情」的用例中，「情」字皆作「眞實情況」的意思，⑨而且孟子於「乃若其情」一章中，並未就「情」立新說，當援「實」解。由《孟子・告子上》孟子由「乃若其情，則可以爲善矣，乃所謂善也」論性善的脈絡可以推斷，後文關於「四心」的討論當是針對前文「乃若其情，則可以爲善矣，乃所謂善也」。綜合上述可推知，「乃若其情，則可以爲善」當指：若順眞實樣態（人處於非爲人、完全出於己的自然反應，內心怵惕惻隱之心自然湧現），順著自然湧現的四心，就可以做到善，這就是孟子所謂的性善。參考傅佩榮教授的研究，這樣的人性不宜說成「本善」，而應該說成「向善」，或者說：人性

⑨ 前二例中的「情」顯然應作「實」，即真實況。第三例中，原文以牛山喻人，對應結構如下：「人見其濯濯，以為未嘗有才焉，此豈山之性也哉？」、「人見其禽獸也，而以為未嘗有才焉者，是豈人之情也哉？」牛山的本性是由雨露之所潤可以生萌孽，即「可以生長樹木」，由文脈可知孟子言山之性是就動態的生長來談。人們看見牛山光禿禿的（這不是順著山之性所造成的結果），以為牛山未嘗有草木生長，但這不是牛山可以生長草木的本性，以山真實的本性比喻人可以為善的「真實情況」。又《孟子》中並未曾出現「性之動」的概念，文脈中也未見性、情關係的討論，故筆者認為既然書中其餘「情」字明確是指「真實情況」，於此處又可通用，則不需增加其餘概念附會。關於性、情關係的研究，傅佩榮認為：「性是內在本性，情是真實情況，兩者分別由內在與外在來界定同一物。」（傅佩榮，《予豈好辯哉：傅佩榮評朱注四書》（臺北市：聯經出版事業公司，二〇一三），頁一六三。）

是「能夠」行善的。⑩

然而，孟子一方面主張性善說，一方面觀察人類生活的實際情況卻說：「人之有道也，飽食煖衣，逸居而無教，則近於禽獸。」（《孟子．滕文公上》）孟子提出的性善說是否太過樂觀，並且完全與現實脫節？由《孟子．滕文公上》這段對人類生活實際情況的觀察可知，孟子並非樂觀地以為現實生活中人皆順從心的作用行事，反而正是因為人可以不順從心的作用而行，因此才需要強調心的作用。人因為佇立於「思」與「不思」之間，所以發現人的自由，自由是在選擇「思」或「不思」之間產生的張力。一般人的生活往往順從小體的作用而不能彰顯心的作用，不接受教育就與禽獸非常接近，不能突顯人的特色。甚至連舜住在深山裡的時候，也不免與平凡百姓差不多，孟子曰：「舜之居深山之中，與木石居，與鹿豕遊，其所以異於深山之野人者幾希。及其聞一善言，見一善行，若決江河，沛然莫之能禦也。」（《孟子．盡心上》）舜聽到善言、見到善行之後，才發揮其「秉彝」，展現人的常性，愛好美好的德行。舜不只愛好善言、善行，更樂於吸取別人

⑩《予豈好辯哉：傅佩榮評朱注四書》，頁一九四。

的優點來自己實踐，《孟子・公孫丑上》：

孟子曰：「子路，人告之以有過，則喜。禹聞善言，則拜。大舜有大焉，善與人同，舍己從人，樂取於人以為善。自耕稼、陶、漁以至為帝，無非取於人者。取諸人以為善，是與人為善者也。故君子莫大乎與人為善。」

舜之所以超過一般百姓，除了愛好善言、善行，被動地受到美好的德行吸引之外，還主動地捨棄自己以追隨別人，實踐善行。待舜成爲統治者以後，深知一般百姓與禽獸差異不大，因此而感到憂慮，認爲人民需要教育，才能眞正和野獸區隔開來。因此任命契爲司徒，教導百姓人與人之間的倫理關係。孟子也談到「人之所以異於禽獸者幾希」（《孟子・離婁下》）人與禽獸的差別只有一點點，正是由於人與禽獸高度相似，所以需要徹底發展兩者不同的地方，讓人自覺心的作用並使其展現，方能使人類與禽獸完全區別，這就是教育的作用所在。

孟子說乃若其情，則「可以」爲善矣，「可以」是指可能性，或是說順從人性的眞實情況，順著自然湧現的四心，就一定能夠實現善行呢？「四心」在《孟子》中也出現於稱不上「善」的行為中，參見《孟子‧梁惠王上》以羊易牛的事例：

曰：「臣聞之胡齕曰：『王坐於堂上，有牽牛而過堂下者；王見之，曰：「牛何之？」對曰：「將以釁鐘。」王曰：「舍之；吾不忍其觳觫，若無罪而就死地。」對曰：「然則廢釁鐘與？」曰：「何可廢也？以羊易之。」』不識有諸？」曰：「有之。」曰：「是心足以王矣。百姓皆以王為愛也。臣固知王之不忍也。」王曰：「然，誠有百姓者。齊國雖褊小，吾何愛一牛？即不忍其觳觫，若無罪而就死地，故以羊易之也。」曰：「王無異於百姓之以王為愛也；以小易大，彼惡知之？王若隱其無罪而就死地，則牛羊何擇焉？」王笑曰：「是誠何心哉！我非愛其財而易之以羊也，宜乎百姓之謂我愛也。」曰：「無傷也，是乃仁術也，見牛未見羊也。君子之於禽獸也，見其生，不忍見其死；聞其聲，不忍食其肉。是以君子遠庖廚也。」

齊宣王不忍心看見牛恐懼發抖的樣子，好像沒有犯罪就要被置於死地。「隱其無罪而就死地」、「吾不忍其觳觫，若無罪而就死地」說明齊宣王對於牛的痛苦，產生出惻隱與不忍之心。必須強調的是，只有人與人之間才有善惡的問題。⑪孟子說「乃若其情，則可以爲善矣，乃所謂善也」以後，緊接著談到「仁義禮智」，可見仁、義、禮、智就是善的具體內容，必須落實於人我之中。故孟子將問題的視域轉向人我關係：

今恩足以及禽獸，而功不至於百姓者，獨何與？然則一羽之不舉，為不用力焉；輿薪之不見，為不用明焉；百姓之不見保，為不用恩焉。故王之不王，不為也，非不能也。……言舉斯心加諸彼而已。故推恩足以保四海，不推恩無以保妻子；古之人所以大過人者，無他焉，善推其所為而已矣。（《孟子・梁惠王上》）

對於心的作用必須「舉斯心加諸彼」、「推其所爲」，不忍人之心尚需要「推發」才能達致大過人者、超越一般人之境，「存之」後還需要「推」。可見孟子認爲齊宣王的不忍之心或惻隱之心都尚不能是「仁」，必須對禽獸的不忍之心，「舉斯心加諸彼」，加在百姓

⑪《孟子・盡心上》：孟子曰：「君子之於物也，愛之而弗仁；於民也，仁之而弗親。親親而仁民，仁民而愛物。」君子對待萬物，愛惜而不施加仁德，可見孟子認為仁德並不應用於人與其他萬物之間。

身上、落實在廣泛的人群之中，亦即「有所不忍，達之於其所忍」（〈盡心下〉），才稱得上「仁」。由此可知，順從人性的眞實情況，順著自然湧現的四心，並不一定能夠實現善行，必須使心的作用落實在人與人之間，並且藉由心的作用產生具體行動之後，才有善行可言。

第四節　心的作用與選擇的自由

人往往不能發現心的作用，即便自覺心的作用時，仍然可以無視它甚至放失它，因此孟子引用孔子的話說：「孔子曰：『操則存，舍則亡；出入無時，莫知其鄉。』惟心之謂與？」（《孟子．告子上》）即使本心存在，顯然也能失去，孟子說：「鄉爲身死而不受，今爲宮室之美爲之；鄉爲身死而不受，今爲妻妾之奉爲之；鄉爲身死而不受，今爲所識窮乏者得我而爲之，是亦不可以已乎？此之謂失其本心。」（《孟子・告子上》）一旦計較利害，心的作用就可能泯滅。心顯然不是固定不變、不斷展現作用的器官，心是動態的，人的心可以存在或亡失，關鍵在於抓住它或是放開它。抓住與放開的對象是人的心，彷彿在心的背後還有一個主體在決定「操」或「存」。但是孟子並沒有另立一個主體，操與存應是就心是否自覺彰顯其作用而言。操、舍可以指「心」之覺與不覺其作爲「大體」的角色，大體是否自覺地修養成爲大人。但是，不彰顯心的作用就不能有善行嗎？

孟子曰：「居下位而不獲於上，民不可得而治也。獲於上有道，不信於友，弗獲於上矣。信於友有道，事親弗悅，弗信於友矣。悅親有道，反身不誠，不悅於親矣。誠身有道，不明乎善，不誠其身矣。是故誠者，天之道也；思誠者，人之道也。至誠而不動者，未之有也；不誠，未有能動者也。」（《孟子・離婁上》）

天的運作模式是「眞實」，而人的正確途徑是眞誠。極端眞誠而不能有善的行動，是不曾有過的事；如果沒有眞誠，是絕不能有善的行動。孟子這一段話預設了凡事計較利害的行動都不是眞正的善行。即便不彰顯心的作用，人的行動仍然可能符合各種道德規範，孟子這段話顯示其立場：眞正的善是出於眞誠行善的動機。很多人不眞誠也會採取合乎道德規範的行動，但這些行動可能是出於計較利害，或是聰明考慮的表現。眞誠與否是行善的關鍵，不過若不懂何爲「善」，也沒有辦法使自己眞誠，大多數人不能像舜那樣自覺、分辨何謂善，因此需要先覺者教育百姓。⑫孟子認爲只有人才可能不眞誠，其餘萬物只有其眞實的樣子，人類才可能涉及「善」與「不善」的問題，眞誠與否、是否順從心的要求、善與不善皆來自於個人的選擇。

即使孟子主張人有本心，順著自然湧現的四心，施用在人際之間落實爲具體的行爲實踐，就可以做到善，孟子仍然時時對於人性抱持警覺的態度。⑬正是由於對心的作用往往不能展現之戒懼，孟子特別重視對心的保存與修養，《孟子・盡心下》中孟子曰：「養

---

⑫《孟子・萬章上》：（伊尹）曰：「與我處畎畝之中，由是以樂堯、舜之道，吾豈若使是君為堯、舜之君哉？吾豈若使是民為堯、舜之民哉？吾豈若於吾身親見之哉？天之生此民也，使先知覺後知，使先覺覺後覺也。予，天民之先覺者也；予將以斯道覺斯民也，非予覺之，而誰也？」

⑬張灝特別重視孟子的幽暗意識，強調生命有成德的需要就蘊含著現實生命缺乏德性的意思，意味著現實生命是昏暗的、是陷溺的，需要淨化、需要提升。沒有反面這層意思，儒家思想強調成德和修身之努力將完全失去意義。（詳見張灝，《幽暗意識與民主傳統》（臺北市：聯經出版事業公司，二〇〇〇），頁十八—二十二。）

心莫善於寡欲。其爲人也寡欲，雖有不存焉者，寡矣；其爲人也多欲，雖有存焉者，寡矣。」修養心最好的方法是減少欲望，欲望往往使人受達成欲望的條件所牽制，使人考慮怎樣做才對自己有利，如此則心的作用容易受到遮蔽。耳目之官有本能以及本能帶來的欲望與衝動，容易受到吸引，需要藉由修養，使「心」自覺其作爲「大體」的角色，修養大體成爲大人。人可以選擇順從身體官能的作用，或是選擇彰顯心的官能作用，因此發現了自身具備「選擇的自由」。

但是，我們能從人有「自由」的主觀經驗，推論出這種自由的意識就是自由之存在的證據嗎？佛洛姆（Erich Fromm, 1900-1980）引用了斯賓諾莎（Baruch de Spinoza, 1632-1677）等人的觀點，由心理學的角度回覆了這個問題：

> 自由於選擇的意識證明了自由的存在——早已被斯賓諾莎和萊布尼茲澈底推翻了。斯賓諾莎指出，我們之有自由的幻覺，是因為我們只覺知自己的欲望，卻不覺知這些欲望的動機。萊布尼茲也同樣指出，意志是由部分為我們所謂意識到的傾向所驅動。因之，自斯賓諾莎及萊布尼茲以後，大部分人們對這個問題的討論不免使人吃驚，因為

他們竟然沒有察覺到，除非考慮到未曾意識到的、決定我們的種種力量，則選擇的自由這個問題就無法獲得解決——儘管我們快樂的相信我們的選擇是自由的。⑭

由孟子對於「誠」的論述可以發現，孟子的立場是：眞正的善是出於眞誠行善的動機。很多人不眞誠也會有合乎道德規範的行動，但這些行動可能是出於計較利害，或是聰明考慮的表現，孟子似乎已經注意到行動動機的複雜性。事實上，在孟子出現以前，儒家哲學的創始人物——孔子，便已經對於決定人類實踐道德規範的動機進行深刻的解析。《論語．陽貨》：

> 宰我問：「三年之喪，期已久矣。君子三年不為禮，禮必壞；三年不為樂，樂必崩。舊穀既沒，新穀既升，鑽燧改火，期可已矣。」子曰：「食夫稻，衣夫錦，於女安乎？」曰：「安。」「女安，則為之！夫君子之居喪，食旨不甘，聞樂不樂，居處不安，故不為也。今女安，則為之！」宰我出。子曰：「予之不仁也！子生三年，然後

---

⑭〔德〕E.佛洛姆著，孟祥森譯，《人的心．人心的善惡傾向》（臺北市：有誌出版，二〇〇七），頁一五一。

免於父母之懷。夫三年之喪，天下之通喪也，予也有三年之愛於其父母乎！」

孔子與宰我論三年之喪，指出倫理規範立基於心理依賴，而心理依賴立基於身體關懷。身體關懷有其本能的因素，使人產生「安」與「不安」的道德要求。這種道德要求可以推動人類的行動，影響行動的動機，行善的壓力來自心的覺悟能力。

孟子曰：「人之所不學而能者，其良能也；所不慮而知者，其良知也。孩提之童，無不知愛其親者，及其長也，無不知敬其兄也。親親，仁也；敬長，義也。無他，達之天下也。」（《孟子．盡心上》）

人不經過學習就能做到的是良能，不用思考就知道的是良知。幼童愛慕父母、長大後敬重兄長，屬於仁、義。這兩種品德背後其實潛藏著與身體、心理相互連貫的結構。孟子說明心的作用呈現特殊的傾向，⑮人可以覺察道德要求內在於自己，而孟子論及人自覺道德要

⑮ 梁漱溟明確地將「乃若其情，則可以為善矣」解釋為「傾向」，並說：「孟子一談到人類心理，即要說擴充的話，順

求的契機時，也使用了「葬親」的事件爲例。⑯可見儒家哲學探討人性問題時，已經觸及到人未曾意識的、決定我們的力量。⑰當心的作用湧現時，儒家注意到這些「欲望」的動機，並且試圖由生理、心理、倫理三層環環相扣的人性結構來說明。由此可知，儒家哲學所肯定的選擇的自由，並非無條件的、絕對的自由，而是由生理、心理、倫理限制的選擇結構。

孟子在「選擇」、「意志」與「能力」之間的關係，也提出了說明，《孟子・梁惠王上》：

「今恩足以及禽獸，而功不至於百姓者，獨何與？然則一羽之不舉，為不用力焉；輿

著性的傾向往下走，就是擴充……『口之於味，耳之於聲也，目之於色也，四肢之於安逸也』，都是指傾向而說，人心之於仁義亦然，這種傾向就叫做性。」（李淵庭、閻秉華整理，《梁漱溟先生講孔孟》〔上海市：上海三聯書店，二〇〇八〕，頁九十六—九十八。）

⑯《孟子・滕文公上》。

⑰心理決定論（Psychological determinism）特別關心這方面的議題，認為選擇與行動是被先行的動機和性格等決定。佛洛伊德特別強調許多決定性的心理原因是未知的，因為它們往往是無意識的。

薪之不見，為不用明焉；百姓之不見保，為不用恩焉。故王之不王，不為也，非不能也。」曰：「不為者與不能者之形何以異？」曰：「挾太山以超北海，語人曰：『我不能。』是誠不能也。為長者折枝，語人曰：『我不能。』是不為也，非不能也。故王之不王，非挾太山以超北海之類也；王之不王，是折枝之類也。」

孟子指導齊宣王將心的作用推廣到百姓身上時，明確地區分了「不爲」與「不能」。「不爲」是能力上可以做得到，但是意志上不願意做；「不能」是能力上做不到，即便意志上想要做也無法達成。因此，孟子雖然認爲人有選擇的自由，但是這種選擇的自由是有限的，人至少受限於自身身體的能力，並且受到心的獨特「傾向」影響。⑱

⑱ 對於有限的自由之理解，可以參考斯賓諾莎在《倫理學》中提到自由是「按照一物本性的必然性去做行動」。一物必然性例如我是一個人，我不能飛，因此飛不是我的自由。我的必然性就是在這個身體裡能有什麼行動，在思考上不能思考矛盾的東西，在一個平面上不能同時畫三角形與圓型，不能在同一個情況下既是他又不是他等等。人類只能有人類的自由。這樣的概念提出後讓「自由」有其限制。（詳見斯賓諾莎著，賀麟譯，《倫理學：知性改進論》（上海市：上海人民出版社，二〇〇九），頁一九二－一九九。）前文採取經典論對於自由的解釋，將擁有自由視為擁有其他行動的可能性，但至此可以發現，如果人總是接受人性或心的傾向所決定，那麼似乎沒有其他可能性可言，然而孟

第五節　結語

分析孟子有關選擇的論述可知，人類自我的核心在於「心」，一旦肯定自我存在，也將發現有許多非自我存在，緊接著就會面對自我與非自我之間如何產生關係的問題，於是浮現諸多選擇的可能。心的作用使人能夠選擇，選擇是否使用心的官能——亦即「思」的能力。心可以發出要求，同時思考它自身，使人能夠選擇順從心的作用或者順從身體的作用行動。在孟子看來，人性有自由選擇的能力，行善就安、行不善就不安。孟子談人性，考慮到人可以眞誠或不眞誠，動物以本能決定牠的一生，但是人可能不眞誠，因爲人類往往會計較利害。人有自由可以進行與道德相關的選擇，選擇不同，於是成就不同的人格。

子認為人有真誠或不真誠的問題，雖然人的身體與心理活動受到人性與心的官能影響，但並未受人性或心的官能「決定」。在此意義下，人即便受到一定程度的影響或限制，仍然有其他選擇的可能性。而思與不思、為與不為的根源（origin, arche），就孟子來看，完全在於自己（in us）。

自我意識與意志自由是人性的出發點，由此創造人性尊嚴與人生的價值。因爲思或不思的選擇，各種價值得以呈現。沒有自我就沒有自由，沒有自由就無思與否的選擇與控制可言，沒有選擇與控制，價值就無從呈現。孟子肯定人的意志自由，即便已經察覺人類受到自身未曾意識到的生理、心理因素影響，由孟子對「心」的說明來看，人仍然可以控制自身的意志；而行動的自由方面，人的行動至少受心的作用影響（即惻隱之心、羞惡之心、辭讓之心、是非之心），並且受到身體能力的限制。因此，由孟子的立場來看，選擇的自由屬於有限的自由。人在正常的發展之下，心的作用呈現出特定的趨向引導行動，孟子發覺人只要眞誠，行善的力量就由內而發，人的尊嚴和價值在內不在外，這就是孟子所說的性善。依據孟子的說法而論，人的自由藉著對於組成自我的身體與心的深入了解而被落實，不過人總是在彰顯心之官能與順從身體本能之間掙扎。雖然如此，孟子仍然樂觀地肯定人有能力堅持依循本性的指引，並且鼓勵人類按照其本性的指導引導行動，順從人性的眞實情況去成就他自己。

第六章導論

儒家哲學重視人的道德責任與修養，但是在探討相關主張以前，儒家學者們如何理解人類和世界，以及他們如何在這一套對人類與世界的認識上建立哲學主張，是我們必須釐清的問題。

孟子明確地將人區分爲大體、小體，亦即心與耳目形軀之類，心的官能在於思考，身體則容易受到外物吸引。在大體、小體背後，孟子並未進一步設定一個統合性的自我概念來操作大體、小體，如此可以避免無限後退的難題。簡單來說，如果大體、小體背後另有自我在進行控制，那便要追問這種自我執行其控制能力時，它的原因或標準爲何？由孟子的說法來看，身體受外物吸引，恐缺乏對自身的控制能力，於是人類的自我控制能力便落在心上，心可以自由地運用思與不思的能力（暫且將自由理解爲「具有其他可能性」）。一旦確立了心的官能，容易受到影響的身體便不能取代心的控制能力。但是我們必須質問，心難道是自爲原因（Causa sui）嗎？孟子認爲心的能力是天所賦予人，這樣的論述是否只是將一種神祕推向另一種神祕呢？爲了確保對於自身的控制並且擺脫外物的吸引，因而訴諸一種異於小體的心之思的能力，這樣的做法並非毫無爭議的。當代哲學家西蒙・布萊克本（Simon Blackburn）犀利地指出：「二元論者對自由意志採取的進路犯了基本的哲學錯誤。當發現問題時，他試圖將另外一種『東西』（具有控制力的靈魂）投入競技場，藉以解決問題。但他卻忘了問這個新『東西』如何逃脫困擾著一般事物的問題。」①孟子所說的心當然並非靈魂，但是心確實具有與小體相異的性質，即便我們無法代替孟子回答他的人性論設定，仍然能夠設法釐清孟子在他所提出的大體、小體架構下，如何說明人性、行動與自由的問題。

換角度思考，當我們認爲心可以自由地運用思與不思的能力時，我們是否誤以爲心對自身能力的運用全然是隨機的？仔細分析孟子的說法可知，心的作用與能力並不總是毫無條件的。心能夠發出各種要求，被孟子分別歸屬於四端之心，心的作用與要求有固定方向，同時儒家自孔子以來便發覺這種由內心湧現的道德要求趨向，發覺人在主觀地以爲心有意志的自由時，其實受到生理與心理因素的限制和影響，而不完全是隨機、任意地發生。

然而，我們若因此以爲孟子在潛意識或心理學的議題上樹立見解，則是犯了時代錯誤的問題。但是孟子在建立其哲學理論時，借助經驗觀察和審慎的推理，確實注意到許多至今仍爲哲學家們反覆思索的議題。孟子建立人性論時，遭遇同時代的論敵，時人們以既成

① Simon Blackburn, *Think* (Oxford: Oxford University Press, 1999), p.89.

的事實與經驗論述人性，並自以爲是，現代對於孟子人性論的研究，除了訴諸經驗的檢驗以外，還可以借鑑當代哲學家們對於選擇、決定與責任的討論，重新反省孟子與當時思想家們對於人性的論述在今日是否能繼續給人啟發。

第六章

孟子人性論中的自由與責任

孟子所處的戰國時期，有許多對於人性的理解。孟子認爲天下人談論事物的本性，都是就既成的事實來說，既成的事實以順從自然爲基礎。依據《孟子》的記載，當時與孟子不同的人性論至少有三種，皆反映了人類生活的既成事實：主張「性無善無不善」、「性可以爲善，可以爲不善」兩種觀點的思想家，認爲人的行爲與人性受到環境決定；持「有性善，有性不善」觀點者，認爲人性善惡與生俱來。孟子的性善論則洞見人心的作用，可以認可或否定環境與欲望作爲自己行動的理由，因此人能夠控制自己的行動，也爲人帶來責任。行善則心安理得，不行善則不安，來自內心的壓力就是最直接的懲罰。最後，本章將指出即使行爲受環境決定別無選擇，行動者仍然可能爲行爲負責。

第一節　《孟子》中所見四種人性論

孟子對於人性的觀點，可以簡單地以「性善」說明。當學生公都子請教孟子說：「今曰『性善』，然則彼皆非與？」（《孟子．告子上》）孟子聽見學生以「性善」說明自己的思想時，並未對「性善」二字提出反駁，可見孟子並不否定人們以「性善」來理解自己的思想。但是，只憑藉著「性善」二字並不能輕易理解「性」與「善」的關係。甚至學生公都子察覺到當時其他學者對於人性的觀點，也一定程度地反映了人類的實際狀況，於是引發孟子對於其「性善說」的詳細解釋。對照公都子所列舉的三種對於人性的觀點和孟子對性善說的解釋，有助於澄清孟子對於人性的理解，《孟子．告子上》：

公都子曰：「告子曰：『性無善無不善也。』或曰：『性可以為善，可以為不善；是故，文、武興，則民好善，幽、厲興，則民好暴。』或曰：『有性善，有性不善；是故以堯為君而有象；以瞽瞍為父而有舜；以紂為兄之子，且以為君，而有微子啟、王子比干。』今曰『性善』，然則彼皆非歟？」孟子曰：「乃若其情，則可以為善矣，乃所謂善也。若夫為不善，非才之罪也。惻隱之心，人皆有之；羞惡之心，人皆有之；恭敬之心，人皆有之；是非之心，人皆有之。惻隱之心，仁也；羞惡之心，義也；恭敬之心，禮也；是非之心，智也。仁義禮智，非由外鑠我也，我固有之也，弗思耳矣。故曰：『求則得之，舍則失之。』或相倍蓰而無算者，不能盡其才者也。《詩》曰：『天生烝民，有物有則。民之秉彝，好是懿德。』孔子曰：『為此詩者，其知道乎！故有物必有則，民之秉彝也，故好是懿德。』」

歷來對於孟子人性論的討論甚多，但較少人關注與孟子同時的其他思想家對於人性的論述，筆者試解析孟子以外其餘三種人性論述所存在的問題。告子認爲「性無善無不善」，人性本身既非善，也非不善。告子認爲性無善無不善的原因，是由於告子對於性的內容的認識，告子曰：「食色，性也。」（《孟子‧告子上》）食欲與色欲是所有生物共同的特色，而孟子提出的人性則有別於其他動物，告子與孟子對於性的用法並不相同。由告子的觀點而論，善惡皆是後天造成，善惡是就具體行爲而論，行爲的善惡是根據環境決定。人行爲的善惡如果是取決於外來的條件，環境好則造成善行，環境差則造成惡行。由告子的論點延伸，有人說「性可以爲善，可以爲不善」，以爲人性是爲善、爲不善的「能力」，人性是指一種「能力」而言。人性作爲一種能力，是由環境決定的，因此周文王、周武王統治天下，百姓就喜歡善行；周幽王、周厲王統治天下，百姓就喜歡暴行。第二種觀點指出人性是一種能力，善惡是就行爲而論，但是人沒有固定的傾向，既不傾向行善，也不傾向行惡，只涉及「能力」的問題，而不指引人「應該」怎麼做。第二種觀點無非是第一種觀點的翻版，只是第一種觀點（告子的觀點）是就性本身的性質而論其善惡，而第二種觀點是就人性的能力而論，人性是被決定的，能夠發展爲善或惡。第二種觀點在經驗上容易找到反例，有些人處在不良的環境中，仍然成爲善人；好的環境中，仍然有惡人。顯示事實上環境並非成就人性善惡的充分條件，只是非必然地使人傾向於行善或傾向於爲惡。①第三種觀點

① 這種決定論式的人性論觀點基於這樣的信念：每個事物或事件的存在都有一個充分的理由。環境決定人性的論調未注意到環境不必然地決定人的選擇或行動，可能僅僅是非必然地使人傾向於行善或傾向於為惡（Incline without necessitating），而不能滿足充分理由原則。（關於充分理由的討論，詳見G. W. F. Leibniz, *Selections* (New York: Scribner's, 1951), p. 435.）

認爲「有性善，有性不善」，有些人生性是善的，有些人生性是不善的，如此則善與不善皆生來命定，人不僅無從爲這種與生俱生的善惡負責，而人性的善與不善更純屬運氣。

對於以上三種人性觀點，孟子顯然並不同意，隨後便詳述自身對於人性的看法，並說明「性善」之「善」的意義。孟子所謂的善是指：「乃若其情，則可以爲善」，也就是說，若順眞實樣態，就可以做到善，這就是孟子所謂性善的「善」。孟子曾經這麼評論天下人如何談論人性，《孟子・離婁下》：

> 孟子曰：「天下之言性也，則故而已矣。故者，以利為本。所惡於智者，為其鑿也。如智者若禹之行水也，則無惡於智矣。禹之行水也，行其所無事也。如智者亦行其所無事，則智亦大矣。天之高也，星辰之遠也，苟求其故，千歲之日至，可坐而致也。」

孟子認爲天下人談論本性，都是就已往之事立論。[2]既成的事實建立在順從事物自然發展

② 〔清〕焦循（一七六三—一八二〇）：「故，謂已往之事。當時言性者，多據往事為說，如云：『文武興則民好善，

的基礎上。③凡事以人受到外在環境影響而行善或行惡，因此認定人性善或人性惡的觀點，都可以歸於以「故」言性的範圍內。近代儒者梁漱溟便指出由「已然」的角度論性，是對於孟子性善說最大的誤解。④以既成事實論人性時，勢必將人類順其自然發展的情形納入考慮，而孟子也認爲性善是指「人若順其眞實樣態，就可以做到善」，爲何孟子和其他以故言性的觀點皆關注順從人的自然發展，卻得到完全不同的結論？勢必要釐清孟子對於人性之「故」與「利」的觀察，才能還原性善說的眞相。

幽厲興則民好暴』，『以堯為君而有象，以瞽瞍為父而有舜』。」（焦循著：沈文倬點校，《孟子正義》（北京市：中華書局，二〇一五），頁六三〇。）

③ 焦循：「利之義為順，故虞翻《易》注謂巽為利，是利為順其故也。」（焦循，《孟子正義》，頁六二九。）

④ 關於「已然」，梁漱溟指出：「性是何所指。孟子所說的性善，差不多全被人誤會。最大的誤會是把所謂性看成一個已成的呆板的東西。所有死板的東西、呆板的局面，他的善惡好壞，通統都是已然的。……既是已然，如果說是好，則好者不能變壞；如果說是壞的，則壞者又何能變好。」（李淵庭、閻秉華整理，《梁漱溟先生講孔孟》（上海市：上海三聯書店，二〇〇八），頁九十六。）

第二節　孟子對人類社會既成事實的觀察

雖然孟子肯定：「有物必有則，民之秉彝也，故好是懿德。」但是由孟子對人類生活法則的觀察來看，孟子對於人類社會的既成事實並不是如此樂觀。孟子對人類社會既成事實的探討，可以參考《孟子．滕文公上》：

人之有道也，飽食煖衣，逸居而無教，則近於禽獸。聖人有憂之，使契為司徒，教以人倫，父子有親，君臣有義，夫婦有別，長幼有序，朋友有信。

人類生活的法則是：吃飽穿暖，生活安逸而沒有受到教育，就和禽獸差不多。孟子也談到「人之所以異於禽獸者幾希」（《孟子．離婁下》）孟子於此所說的「禽獸」，是指沒有特定的父母親子關係，也沒有特定的君臣關係，無法實踐適當的人際關係、缺乏人倫觀念的生物。如果順著人類生活的自然發展而缺乏教育，人類就和禽獸沒有太多區別。另外，《孟子．梁惠王上》又說：

無恆產而有恆心者，惟士為能。若民，則無恆產，因無恆心。苟無恆心，放辟邪侈，無不為已。及陷於罪，然後從而刑之，是罔民也。焉有仁人在位，罔民而可為也？是故明君制民之產，必使仰足以事父母，俯足以畜妻子；樂歲終身飽，凶年免於死亡。然後驅而之善，故民之從之也輕。

由孟子所觀察到的人類生活來看，人類缺乏教育不僅與禽獸相去不遠，若在物質生活上又得不到滿足，還會違法亂紀，什麼事情都做得出來。基於這樣的事實，孟子指出理想的統治者使百姓生活富庶，並且以人倫教化百姓，由此再督促百姓走上善道，百姓也就容易聽從。必須先教導百姓明白什麼是善，才能督促他們走上善道，孟子所說的「善」不脫離人與人之間的適當關係，亦即「人倫」。

若只看孟子對於人類社會既成事實的探討，那麼人與善的關係豈不是由於外在環境決定嗎？人類在缺乏理想統治者的領導時，如果物質生活得到滿足，便與禽獸相近；如果物質生活得不到滿足，就會違法亂紀。假如孟子眞的認爲百姓走上善道是取決於物質生活的滿足和教育的影響，那麼孟子的「性善說」和「性可以爲善，可以爲不善」又有何區別呢？顯然單就人類社會既成的事實來推想孟子所謂的人性是不充分的，並且與孟子所說的

「乃若其情，則可以為善」不相符。然而，這正是孟子在回答公都子的質疑時，強調心的作用的原因。孟子在人類社會既成事實中洞見人有心，人的行動除了受到環境的影響之外，還受到心的影響，甚至由於心的作用而可能擺脫環境與外界壓力的束縛，由心來決定自身的行動。孟子所見之利，不只看見人與禽獸相近的一面，還發掘出內在於人類，使人類順其實際的情況發展而可以與禽獸分道揚鑣的一面，也就是人心的作用。

孟子肯定人心有思的作用，一旦運用了心的功能，順著自然湧現的四心（心遭遇不同情境時所展現的惻隱、羞惡、辭讓（恭敬）、是非的四種表現），施用在人際之間落實為具體的行為實踐，就可以做到善，「思」與「不思」的選擇是操之在我的（Up to me），[⑤]求則得之，舍則失之。思是一種自覺反思的能力，心本具固定傾向，孟子肯定

⑤ 此處所用的「操之在我」（Up to me）是指行動在行動者想要它發生，它就會發生，不想要它發生，它就不會發生而言，行動是在我的控制之下，我可以有實際所做的行動以外的其他選擇。至於所謂「不操之在我」或「被決定」則是指某行動不管行動者是否想要它發生，它都會發生而言。本章所謂的操之在我的行為即是自由的，自由指行動者具有其他可能性（alternative possibilities）。儒家哲學探討人性問題時，已經觸及到人未曾意識的、影響我們的力量，但仍然相信行動的產生可能依據行動者的意志而定。儒家哲學所謂的自由並非一種無條件的、絕對的自由，而是由生理、心理、倫理一貫的選擇結構所影響。

人有四端之心形成推動人行動的力量，同時心又能反思它自己，使人能夠意識到四端之心作爲一股力量正在推動著自己採取某個行動，一旦意識到如此，人便可以對正在發生於自身的這股力量採取距離。基於這種高階的自我意識，人類才有反思與規範的問題。人由於心的官能意識到發生在自身的種種狀況，能夠對於這種力量採取反思的距離，評估要認可這種力量成爲自己行動的理由，並且按照這種判斷行動，或者否決它。⑥是否運用這種反思的能力是操之在己的，藉由反思，人可以選擇做自己認爲最有理由、應該做的行動，或者不這麼做。

或許有人會質疑，如果四端之心是人面對特殊情況時自然湧現的，四端之心突如其來地出現，便超越行動者的控制，就像出現在行動者中將行動者推向行動的欲求一樣。⑦那

⑥ 法蘭克福（Harry Frankfurt）認為擁有高階的欲望與意志是人與其他動物不同的地方。可以思考哪些欲望以及目的是我們「應該」擁有的。人類（可以稱之為理性的動物）可以進行反思的自我評價，能夠反思或者改變欲望與目的，而不僅僅只是本能地按照欲望而行。（詳見Harry Frankfurt, "Freedom of the Will and a Concept of a Person," in *Free Will*, ed. Gary Watson (Oxford: Oxford University Press, 2003), pp. 322-336.）

⑦ 霍布斯（Thomas Hobbes）認為決定與意圖只是欲望的各種形式，欲望的出現不是由行動者控制，行動是由被動產生的欲望所決定的結果，但這種決定與意圖所推動的行動仍是自由的。（有關當代對於霍布斯的評論，詳見Thomas Pink, *Free Will: A Very Short Introduction* (New York: Oxford University Press, 2004), p. 60.）

麼由四端之心引發的行動，就和單純地感覺到欲望與衝動而行動並無不同，不是我們直接控制的行動。確實存在這樣單純受到四端之心推動、行動者並未認識到這種動力究竟是什麼，只是彷彿被衝動驅使著的行動。⑧這樣的行動難道不是被決定的嗎？這樣的行動仍然是操之在我或自由的嗎？⑨如果由選擇的角度來檢視，這種行動的自由確實令人懷疑，但是這種行動仍然可能構成具有自發性（Voluntariness）的行動。自發性表述的是有關行動的原因，表示該行動是基於欲望或決心而行，但是並未觸及行動者有沒有「不做」這種行動的能力。另一方面，自由則是不同的概念。我們談到自由或操之在我的時候，可以將「做某行動」與「不做某行動」並列思考，而且能夠在兩個選項中進行選擇，自由是在做某事與不做某事之間被行使的同一種能力。⑩單純受到四端之心驅使的行動，可以說是一

⑧ 例如《孟子・梁惠王上》中，齊宣王不忍以牛釁鐘，而以羊易之的行為。

⑨ 由霍布斯的觀點來看，這樣的行動即便是被決定的，但只要我們遂行自己的欲望不受阻礙，仍然可以算得上是自由的。筆者認為，這是混淆了自由（Freedom）與自發性（Voluntariness）兩個不同的概念。

⑩ 關於自由與自發性的討論，詳見Thomas Pink, *Free Will: A Very Short Introduction* (New York: Oxford University Press, 2004), pp. 74-76.

種自發的行動，仍然值得探討其道德價值與責任問題。對於孟子而言，這樣單純由四端之心引導而未經一番選擇與掙扎的行動會遭遇另外的困難，亦即：一旦其他欲望或威脅出現時，這樣的人往往不能堅持行善。

對孟子而言，人與動物不同，人不單純受到欲望決定而行動，人可以反思是否接受欲望的推動而採取行動。牟宗三對儒家人性論與自由意志的探討值得參考，牟宗三指出西方人所言的自由意志正相當於中國人所言的創造性，不過中國人簡單地只說「性」一字，人可以吸收創造本體到自己的生命中作為自己的性，但是禽獸不能。人以外的物體只能依循本能生活，但本能並不珍貴，是盲目的、機械的，不能主宰掌握自己的生命，即無自由意志。⑪正是由於心之官能使人與其他物類得以區別。心之官能，亦即「思」的作用，使人可以認可或不認可某種欲望推動自己的行動，因此賦予行動自由和操之在我的空間。孟子明確指出人與人之間適當關係的實現有其操之在我的部分：

一、《孟子．盡心上》：孟子曰：「求則得之，舍則失之，是求有益於得也，求在我

---

⑪ 牟宗三，《中國哲學的特質》（臺北市：臺灣學生書局有限公司，一九六三），頁七十六—七十九。

者也。求之有道，得之有命，是求無益於得也，求在外者也。」

二、《孟子．盡心下》：孟子曰：「口之於味也，目之於色也，耳之於聲也，鼻之於臭也，四肢之於安佚也，性也，有命焉，君子不謂性也。仁之於父子也，義之於君臣也，禮之於賓主也，智之於賢者也，聖人之於天道也，命也，有性焉，君子不謂命也。」

三、《孟子．告子上》：孟子曰：「有天爵者，有人爵者。仁義忠信，樂善不倦，此天爵也；公卿大夫，此人爵也。古之人修其天爵，而人爵從之。今之人修其天爵，以要人爵；既得人爵，而棄其天爵，則惑之甚者也，終亦必亡而已矣。」

耳目口鼻與四肢的欲望，雖然都是出於人性自然的要求，但能否得到滿足，還必須視命運的影響而定，有其客觀的限制，[12]因此孟子不說這些是「性」。追求耳目口鼻與四肢欲

---

⑫ 如休謨（David Hume, 1711-1776）直接否定了外界物體的自由：「大家公認，外界物體的各種活動都是必然的，在它們運動的傳達、互相之間的吸引，以及互相凝聚這些作用中間，並沒有絲毫中立或自由的痕跡。每一個對象都被一種絕對的命運所決定了要發生某種程度和某種方向的運動，並且不能離開它運動所循的那條精確的路線。」（休謨著，關文運譯，《人性論》〔北京市：商務印書館，二〇一六〕，頁四三三—四三四。）

望的滿足並不見得能夠得到，是由於所追求的對象受各種外在客觀條件決定。相反地，「心」的作用卻是主動尋求便能夠得到的。仁德、義行、守禮、明智（仁、義、禮、智是善的具體內容），以及對於天道的理解，雖然也受到外在條件的規定與限制，但是善行與對天道的理解，都以人主動理解、實現本性為依據，所以君子不說這些是命運。綜合以上論述，孟子雖然不否認人在發揮心的作用時，可能遭遇各種外在的限制與挫折，但是強調行動者的主動性及思與不思的自由，並認為這正是上天賦予人的爵位。由此可知，孟子的性善說所著重的是人對於心之作用的自覺，並且認可來自心的要求，進而落實為具體的善行，而這種主體性的自覺正是行為道德價值的來源。⑬

若從是否具備主動性與自覺的角度來檢視當時其他思想家對人性的看法，「性無善無不善」、「性可以為善，可以為不善」、「有性善，有性不善」這三種對於人性的觀點，如果人性的善惡單純只是受環境或其他外界力量所決定，我們雖然能夠就人們的實際行為

⑬「沒有人的主體性的活動，便無真正地道德可言。」（徐復觀，《中國人性論史——先秦篇》（臺北市：臺灣商務印書館，一九六九），頁三十七。）

進行評價，⑭但是在要求行動者為其行動負責時，就必須進一步探討行動者在怎樣的條件之下可以為自己的行動負責。

第三節　性善論中的自我譴責、規範與懲罰

古代社會中存在刑與法，根據《漢書．刑法志》記載：「禹承堯舜之後，自以德衰

⑭ 佛洛姆（Erich Fromm, 1900-1980）指出：「我們可以理解他如何以及為什麼變成這個樣子，但還是可以就他所作所為去評判他。我們甚至可以假設易地而處，我們也會變成和他一樣；這些思考雖然讓我們不致於扮演起神的角色，但也不會阻礙我們的道德判斷。」（佛洛姆，《自我的追尋》〔新北市：木馬文化，二〇一五〕，頁二七一。）

而制肉刑，湯武順而行之者，以俗薄於唐虞故也。」⑮夏、商、周三代對於違反社會規範的懲罰，重則可以傷害身體，甚至傷及性命，要求人為其行為承擔責任，並督促人行善避惡。至春秋時期，懲罰仍然被視為管理社會的工具之一，因此孔子曾說：「道之以政，齊之以刑，民免而無恥。」（《論語・為政》）孟子雖然認為理想的國君應該是不喜歡殺人者，⑯但也未曾否定過去傳統社會規範的存在。

---

⑮ 許進雄認為：「夏禹是中國第一個王朝的創立者。龍山文化的時代，墓葬有受過截腳之刖刑的人，反映其社會規制的加強。考古證據也指出那時國家組織大概開始醞釀。表明國家的建立與嚴厲刑法的推行有連帶的關係。它是社會演進的必然趨勢，與風俗的厚薄不相干。」（許進雄，《古事雜談》〔臺北市：臺灣商務印書館，二〇二〇〕，頁四〇六。）《孟子・萬章下》中，孟子曰：「《康誥》曰：『殺越人于貨，閔不畏死，凡民罔不譈。』是不待教而誅者也。殷受夏，周受殷，所不辭也。」孟子認為「不待教而誅」的法律是三代相承襲的。對於殺人越貨，還蠻橫不怕死的人，百姓沒有不痛恨的，這種人不必等待規勸就可以處死。殷朝接受了夏朝的這種法律，周朝也接受了殷朝的這種法律。三代以前有關處死罪人的律法，今日實難考察，但由孟子所知，參考《漢書・刑法志》的記載以及現代學者的研究可知，夏朝已經有了嚴格的社會規範和肉刑，違反社會規範需要付出的身體代價是極為嚴重的，甚至可以奪人性命。

⑯ 孟子見梁襄王。出語人曰：「望之不似人君，就之而不見所畏焉。卒然問曰：『天下惡乎定？』吾對曰：『定於一。』『孰能一之？』對曰：『不嗜殺人者能一之。』」（《孟子・梁惠王上》）

社會規範與法律建立在對於人所做的行動之獎賞與懲罰上，獎賞與懲罰的設置，預設了人可以遵守或違反規範。人的行動時而遵守規範，時而違反規範，顯示人的實際行動並沒有必然的方向，可以選擇做某事或不做某事，這便涉及對於人類行爲模式的理解。孟子對於人類行爲的理解，與傳統社會規範的預設相融洽，《孟子．告子上》：

孟子曰：「從其大體為大人，從其小體為小人。」曰：「鈞是人也，或從其大體，或從其小體，何也？」曰：「耳目之官不思，而蔽於物。物交物，則引之而已矣。心之官則思，思則得之，不思則不得也。此天之所與我者。先立乎其大者，則其小者不能奪也。此為大人而已矣。」

所有人都具備小體與大體，大體是人的心，小體即人的耳目之官。耳目之官不會思考，容易受到遮蔽，並且具有本能以及本能帶來的欲望與衝動，容易受到外界事物吸引。心的官能雖然能夠思考，但是若不能善用心的思考功能，那麼不能思考的耳目之官便可能反過來影響心。一旦讓耳目之官取代了心的作用，則人對於行動的主宰能力便要受到外界事物的影響與遮蔽。人甚至可能不察覺心的作用，而與禽獸相近。人的形體容貌是天生的，只有聖人可以完全實現形體容貌的一切潛能，所以孟子曰：「形色，天性也，惟聖人然後可以踐形。」（《孟子・盡心上》）反觀一般人的生活，《孟子・告子上》：

孟子曰：「富歲，子弟多賴；凶歲，子弟多暴，非天之降才爾殊也，其所以陷溺其心者然也。今夫麰麥，播種而耰之，其地同，樹之時又同，浡然而生，至於日至之時，皆熟矣。雖有不同，則地有肥磽，雨露之養、人事之不齊也。故凡同類者，舉相似也，何獨至於人而疑之？聖人與我同類者。……故曰，口之於味也，有同耆焉；耳之於聲也，有同聽焉；目之於色也，有同美焉。至於心，獨無所同然乎？心之所同然者何也？謂理也，義也。聖人先得我心之所同然耳。故理義之悅我心，猶芻豢之悅我口。」

聖人先覺悟了人心共同肯定的價值，並且成爲做人的最高典範。⑰聖人擔憂一般百姓吃飽穿暖，生活安逸而沒有受到教育，就和禽獸差不多，所以施行教育，教導百姓懂得人倫，其目的就是要使百姓明白善，善是人與人之間的適當關係，是人心共同肯定的價值。使百

---

⑰《孟子・離婁上》：孟子曰：「規矩，方員之至也；聖人，人倫之至也。」

姓明白善以後，便容易驅使百姓行善。

想要使所有百姓皆明白人心共同肯定的價值，並且持之以恆是相當困難的，因爲大體與小體相互影響，生活困頓難免使人動搖心志，所以孟子也重視百姓的經濟生活，孟子說：「民之爲道也，有恆產者有恆心，無恆產者無恆心。苟無恆心，放辟邪侈，無不爲已。及陷乎罪，然後從而刑之，是罔民也。」（《孟子．滕文公上》）教育百姓，並且爲百姓提供合理的生活所需，才不至於陷百姓於罪。然而，這樣的論述似乎又帶領我們回到了前面的問題，經濟生活總是不能與自然世界的運行分離，如果遇到「荒年」時，難道人終究會違法亂紀，只能依賴刑法使人行善避惡嗎？再則，參見《左傳．昭公六年》「鄭人鑄刑書」一段，杜預注云：「臨事制刑，不豫設法也。法豫設，則民知爭端。」⑱百姓爲了免於懲罰，可能選擇配合規範，但是一旦法律條文公布，人民便知道如何鑽法律漏洞。一般人的特質，都是替自己考慮的（Self-regarding）。基於爲自己考慮的特質，一旦出現違反規範反而對自己有利的情況，人亦可能鋌而走險違反規範，或者視情況選擇是否配

⑱〔周〕左丘明傳，〔晉〕杜預注，〔唐〕孔穎達正義，蒲衛忠、龔抗雲、胡遂、于振波、陳咏明整理；楊向奎審定，《春秋左傳正義（十三經注疏）》〔北京市：北京大學出版社，二〇〇〇〕，頁一四一一。

合規範。如果只憑刑法統治百姓，企圖使人實現善行，最多只能根據個別具體情況「有時候」實現。⑲孟子的「性善說」試圖由根本上解決這個問題，說明人不僅可以因爲自覺而主動控制自己的行動，並且能夠爲自己的行動負起責任。

《孟子·離婁上》：「至誠而不動者，未之有也。」極端眞誠而不能有善的行動，是不曾有過的事。這句話以孟子所謂的「性善」爲前提，孟子認爲性善，而善是指：「乃若其情，則可以爲善矣，乃所謂善也。」人一旦眞誠，面臨特殊情境時，惻隱、羞惡、恭敬（辭讓）、是非之心便會自然湧現，乃心面對四類情境時所呈現的四種反應。這四心是行仁、義、禮、智的開端，是對於善的要求，形成驅使人行善的內在動力。相反地，人面

⑲藉由於外在壓力使人行善避惡的方法，廣泛受到質疑。柏拉圖（Plato, ca. 427-347 B.C.）在《理想國》中以蓋吉斯的隱形戒指（The ring of Gyges）的故事說明人一旦脫離了外在規範與旁人眼光的壓力，就可能無所不為（Plato, *The Republic* (New York: Penguin Books, 1955), 2:359a-2:360d.）。杜斯妥也夫斯基（Fyodor Mikhailovich Dostoyevsky, 1821-1881）也反覆在作品中質問「因為既然永恆的上帝不存在，也就沒有任何道德了，而且也根本不需要道德」、「如果靈魂沒有不死，我為何不可沒有道德」。（杜斯妥也夫斯基著，臧仲倫譯，《卡拉馬助夫兄弟們》〔臺北市：聯經出版事業公司，二〇〇四〕，頁九〇四、九十、一一〇。）外在檢訂力量顯然難以使人主動行善，甚至來自於外在的道德檢訂力量一旦失去兌現能力，人就可能為所欲為。

對道德抉擇時，如果不採取善行便會坐立難安。孟子以具體的例子說明，《孟子・滕文公上》：

夫夷子信以為人之親其兄之子，為若親其鄰之赤子乎？彼有取爾也。赤子匍匐將入井，非赤子之罪也。且天之生物也，使之一本，而夷子二本故也。蓋上世嘗有不葬其親者，其親死，則舉而委之於壑。他日過之，狐狸食之，蠅蚋姑嘬之。其顙有泚，睨而不視。夫泚也，非為人泚，中心達於面目，蓋歸反虆梩而掩之。掩之誠是也，則孝子仁人之掩其親，亦必有道矣。

這段論述出現在孟子透過徐子與墨家學者夷子的辯論中，明確顯示了孟子對人性的理解。「赤子匍匐將入井」的例子也出現於《孟子・公孫丑上》：

孟子曰：「人皆有不忍人之心。先王有不忍人之心，斯有不忍人之政矣。以不忍人之心，行不忍人之政，治天下可運之掌上。所以謂人皆有不忍人之心者，今人乍見孺子將入於井，皆有怵惕惻隱之心；非所以內交於孺子之父母也，非所以要譽於鄉黨朋友也，非惡其聲而然也。由是觀之，無惻隱之心，非人也；無羞惡之心，非人也；無辭讓之心，非人也；無是非之心，非人也。惻隱之心，仁之端也；羞惡之心，義之端也；辭讓之心，禮之端也；是非之心，智之端也。人之有是四端也，猶其有四體也。有是四端而自謂不能者，自賊者也；謂其君不能者，賊其君者也。凡有四端於我者，知皆擴而充之矣，若火之始然，泉之始達。苟能充之，足以保四海；苟不充之，不足以事父母。」

在以上兩個例子中，孟子描繪在排除來自其他人與外界的壓力下，人面對道德抉擇時，驚覺內心湧現「怵惕惻隱之心」推動著自己主動地採取行動，若不能相應地採取適當的行動排解來自內心的呼喊，人就會陷入難耐不安的情境，⑳這便是「乃若其情，則可以爲善

⑳ 孟子於〈滕文公上〉對於子女見到父母遺體時的反應與《論語》論「三年之喪」中所出現的「不安」十分相似。《論語》細緻地描述到父母亡故時，甚至連一般日常時的作息、飲食、享樂都不能使子女開心，必須要改變日常生活才能使心中的不安情緒轉歇。馮友蘭則指出：「『孝子仁人之掩其親，亦必有道矣。』（《孟子・滕文公上》）『非直為觀美也，然後盡於人心。』（《孟子・公孫丑上》）孟軻認為，厚葬只是求人心之所安，猶如孔丘認為久喪也是求人心之所安，並不是考慮計算如是有利所以才厚葬、久喪。」（馮友蘭，《中國哲學史新編（上）》（北京市：人民出版社，一九九八），頁二七一。）

矣，乃所謂善也」的最佳註解，同時也回答了人如何對不行善或惡行負責。即使人沒有接受教育，還是可能在受到特殊事件㉑刺激人心時，驚覺來自內心對於善的要求。㉒若不能回應內心對於善的要求，便要承受自身所發出的不忍或不安的壓力，這種壓力本身就是最好、最即時的「懲罰」。值得注意的是，孟子不從政刑等外在規範的強制懲罰立論，而是將這種外在的「懲罰」轉化爲一種內在的「自我譴責」壓力。甚至人在受到外界強力吸引或面對困窘的情況時，仍然有能力主動地控制自身的行爲，甚至可以爲了心的要求而放棄生命，《孟子．告子上》：

孟子曰：「魚，我所欲也，熊掌亦我所欲也；二者不可得兼，舍魚而取熊掌者也。生亦我所欲也，義亦我所欲也；二者不可得兼，舍生而取義者也。生亦我所欲，所欲有甚於生者，故不為苟得也；死亦我所惡，所惡有甚於死者，故患有所不辟也。如使人之所欲莫甚於生，則凡可以得生者，何不用也？使人之所惡莫甚於死者，則凡可

㉑ 例如：孝子仁人之掩其親、赤子匍匐將入井。

㉒ 《孟子．盡心上》：孟子曰：「人之所不學而能者，其良能也；所不慮而知者，其良知也。」

以辟患者，何不為也？由是則生而有不用也，由是則可以辟患而有不為也，是故所欲有甚於生者，所惡有甚於死者。非獨賢者有是心也，人皆有之，賢者能勿喪耳。一簞食，一豆羹，得之則生，弗得則死，嘑爾而與之，行道之人弗受；蹴爾而與之，乞人不屑也；萬鍾則不辨禮義而受之。萬鍾於我何加焉？為宮室之美、妻妾之奉、所識窮乏者得我與？鄉為身死而不受，今為宮室之美為之；鄉為身死而不受，今為妻妾之奉為之；鄉為身死而不受，今為所識窮乏者得我而為之，是亦不可以已乎？此之謂失其本心。」

由此可知，人在最困窮的情況下仍然可以控制與決定自己的行爲，而不必然受到外在環境所決定。

孟子曰：「待文王而後興者，凡民也。若夫豪傑之士，雖無文王猶興。」（《孟子．盡心上》）普通百姓確實容易受到環境影響，但是如果就過去既成的事實推論人性，以爲人性沒有固定的傾向，既不傾向行善，也不傾向行惡，周文王、周武王統治天下，百姓就喜歡善行；周幽王、周厲王統治天下，百姓就喜歡暴行，那就是沒有察覺人心的作用。孟子所見的人性是：若順人的眞實樣態，四心自然湧現，就可以做到善。㉓一旦眞誠，便能夠察覺人性是對於善的要求，至於是否能夠落實爲具體的善行，還受到客觀條件的影響，所以孟子才會說：「仁之於父子也，義之於君臣也，禮之於賓主也，智之於賢者也，聖人之於天道也，命也，有性焉，君子不謂命也。」（《孟子．盡心下》）對孟子而言，雖然人不能完全脫離客觀條件的影響，但環境並不是人類行動的充分理由，我們仍然有審思㉔的能力，選擇該如何行動。對行動的控制是德行與責任的必要條件，由孟子的觀點看

㉓ 牟宗三曾論及熊十力與馮友蘭討論良知的一樁公案，熊十力對馮氏說：「你說良知是個假定。這怎麼可以說是假定。良知是真真實實的，而且是個呈現，這需要直下自覺，直下肯定。」馮氏木然，不置可否。牟宗三回憶此事後評道：「自明亡後，滿清三百年以來，皆然。滔滔者天下皆是，人們的心思不復知有『向上一機』。由熊先生的霹靂一聲，直復活了中國的學脈。」（牟宗三，《五十自述》（新北市：鵝湖月刊社，一九八九），頁八十八。）「心」面對不同具體情境會有四種表現，惻隱、羞惡、辭讓（恭敬）、是非者屬之。

㉔ 「思」作為反思活動、對行動或意念具有距離的高階自我意識，是由於孟子說明「仁義禮智」、「良貴」等道德心時，並不滯於客觀的理解，還要強調實踐的一面，因此筆者使用「認可」一詞。牟宗三認為從自己生命主體立言，仁、智、誠等都是從自己主體表現出來的，屬於主觀性原則，但是還需要進一步落實「踐仁」的工夫，否則內心道德感指停滯於「潛存」（Potential or Latent）。（牟宗三，《中國哲學的特質》，頁五十七—五十八）筆者使用「自覺」、「選擇」、「思考」、「審思」、「深思熟慮」等詞，實為突顯道德實踐中的層次性。人雖可以藉由逆覺體證「自覺」道德心，但在實踐它時，往往必須面對其他欲求、外誘等干擾，因此形成「思考」與「選擇」的過程，經過

來，對行動的控制並不是要求人掙脫必然性，而是藉由理解自身行善的潛能與傾向，根據自身身體條件與內心要求實現人性，由於行動可以受行動者控制，因此可能要求人為其行動負責。眞誠面對內心的要求時，行善則心安理得，不行善則不忍、不安，來自內心的壓力就是最直接而即時的自我譴責。一旦眞誠，行善的動力自然由內而發。

第四節　決定論、自發性與責任問題

懲罰與譴責要求行動者為惡行負責，但是行動者在怎樣的條件之下能夠或者必須為其

一番「審思」、「深思熟慮」之後，方能實踐潛存的道德要求。這些功能皆是源自心之官能，自覺、認可、選擇、思考、深思熟慮等概念內涵雖不盡相同，但恰顯示心之官能的複雜性與層次性。

行動負責，則是一個值得討論的問題。如前述，孟子接受外在懲罰的存在，同時也承認人的內在存在著一種自我譴責的機制。

一切社會規範與法律建立在對於行動者的善行、惡行的獎賞與懲罰上，假若善行、惡行是由外力所決定，惡行本身固然可以受到責備或被判斷爲惡，但是如何合理地要求行動者爲其行動全權負責呢？㉕該如何「矯正」行動者本身，要求他行善避惡呢？又或者這樣的行動者根本不是要求道德責任的恰當對象。如果因爲行動受到決定、別無選擇，就認爲可以不爲行動負責，那麼決定論對於不願意承擔道德責任的人，可能產生吸引力。乍看之下，決定論式的人性論似乎對於人的責任造成威脅，這種威脅來自於以下三項主張：㉖

㉕ 休謨認為：「行為本身也許是可以責備的，它可能是違反道德和宗教的一切的規則，不過那個人對它並不負責：行為既然不是發生於他的性格中任何持久的或恆常的性質，並且在事後也不留下這一種性質的痕跡，所以他就不可能因此成為懲罰或報復的對象。」（休謨著，關文運譯，《人性論》〔北京市：商務印書館，二〇一六〕，頁四四五。）

㉖ 這三項主張整理自John Martin Fischer對於其他可能性原則問題的探討。詳見John Martin Fischer, "Free Will and Moral Responsibility," in *The Oxford Handbook of Ethical Theory*, ed. David Copp (New York: Oxford University Press, 2006), p. 334.

一、決定論為真。

二、如果決定論為真，則沒有其他可能性（行動者實際上做出來的選項就是他唯一可能的選項，可以想見行動者是「被迫」做此選擇）。

三、沒有其他可能性，因此不需要為行動負責。

《孟子・告子上》中所述異於性善論的其他三種人性論中，第一種告子主張「性無善無不善也」，善惡是後天環境影響或決定；第二種人性論指出「性可以爲善，可以爲不善」；以及第三種「有性善，有性不善」，人性是被決定的。㉗這三種人性論恰可符合以上三項，根據這三種人性論可以將三項主張改寫如下：

一、決定論為真。

二、如果決定論為真，則行動者實際上為善或為惡是他唯一可能的選項（行動者選擇

㉗ 就前文對於第二種人性論的批評對第二種人性論進行改善：即便環境不是決定人性的充分理由，但只要能夠找到所有隱藏原因，仍然可以說人性是被決定的。

為善或為惡，是被環境等因素強迫做此選擇）。

三、行動者的善行或惡行別無選擇，因此不需要為行動負責。

第二項主張針對「其他可能性原則」（Principle of alternative possibilities），指一個行動者必須要爲他的行動負起道德責任，其必要條件是他除了實際上做出的選項之外還有其他的可能性。如果行動者根本不可能做出其他的選項，那麼他就不需要爲實際上做出的唯一可能的選項負責。因此，由其他可能性原則來看，負起責任的必要條件就是要滿足其他可能性原則。這似乎爲決定論式的人性論製造了規避道德責任的可能性，但事實上這種看似符合直覺的論點是受到質疑的。哈里．法蘭克福（Harry Frankfurt）專門針對其他可能性原則舉了一些反例，讓我們發現其他可能性原則不見得符合我們的直覺。

想像一個法蘭克福式的例子（Frankfurt-type example）：行動者S置身於孺子將入於井的現場，S正在審思究竟要救小孩，或是置之不理。但S並不知道自己的大腦構造已經受到腦神經學家Black的改造，Black在S的腦中植入一種不會失敗的神經機制，可以自動監控S準備要採取的行動。㉘如果在時間點t2的時候，S選擇在時間點t3時救快要掉到井裡的小孩，在t2以前的時間點t1的時候，行動者S會不由自主地發出某些徵兆顯示他將於t2時做出選擇在t3時救小孩，這個神經機制一旦感知到這些徵兆就不啟動。相反地，如果t1時神經機制感知到其他徵兆，顯示S正準備在t2時選擇在t3的時刻對小孩置之不理，那麼神經機制就會啟動，介入改變S的意向，將S的意向調整爲救將要掉入井裡的小孩。一旦存在這樣不會失敗的神經機制，S實際上會做出的選擇已經受到決定。

這種神經機制在S自己斟酌考慮之後決定要救小孩的情況下並不會起任何作用，既然這種神經機制並未介入，而且實際上S也出於自身的深思熟慮，救了將要掉入井裡的小孩。在這種情況中顯示：

㉘根據Alfred R. Mele和David Robb的構想，從原始法蘭克福式的例子中移除Black遠端操作的問題，取而代之，用自動感知的神經機制來取代。（詳細的討論參考Alfred R. Mele and David Robb, "Rescuing Frankfurt-Style Cases," in *Agency and Responsibility*, ed. Laura Waddell Ekstrom. Boulder, (Colorado: Westview Press, 2001)以及成田和信，《責任と自由》（東京都：勁草書房，二〇〇四），頁一〇一—一〇七。

一、S所做出的選項就是他唯一可能做出的選項。

二、就算沒有裝置存在，S仍然透過自己的深思熟慮，選擇救將要掉入井裡的小孩。

面對這種情況，我們可以進一步追問以下兩個問題：

一、如果S腦中從來不存在上述的神經機制，S經過自己的深思熟慮選擇救將要掉入井裡的小孩而非置之不理，此時S救小孩的行動是否要由S自己負責？

二、S的大腦被植入上述神經機制，但是這個神經機制並未啟動，只是單純地感知到S腦中的某些徵兆但未介入S的選擇。就算不存在這種神經機制，S還是會做出救將要掉入井裡的小孩的行動。如此，這種神經機制就彷彿不存在一樣，那麼S要不要為救小孩的行動負責？

直覺而論，以上兩個問題的答案似乎都是肯定的，無論這種神經機制存在與否，S都要爲自己的這番行爲負責。這種法蘭克福式的例子成爲「其他可能性原則」的反例。因爲根據「其他可能性原則」，一個行動者爲他的行動負起道德責任的必要條件是：行動除了實際上做出的選項之外還有其他的可能性。在法蘭克福式的例子中，S的大腦雖然被植入特定神經機制，但是這種機制恰好沒有運作過，並沒有干預S的選擇。S在不受干預的情況下，自己決定救將要掉入井裡的小孩，既然是出於S自己不受干預的決定，那麼S怎麼可以不負責呢？因此，法蘭克福式的例子構成一個對其他可能性原則的反例。

由法蘭克福式的例子可知，決定論式的人性論對於責任造成威脅的第三項主張並不成立，行動是否是受到決定的、行動者唯一可能的做出的行動，並不是行動者是否需要爲這個行動負責的關鍵。是否需要爲行動負責的關鍵在於行動者究竟是「如何」做出行動。由法蘭克福式的案例所示，行動者即便沒有產生其他行動的可能性，但是由於對行動的選擇與決定出於行動者本身，出於行動者本身的意願與控制，而非神經機制或者其他，這種行爲仍然是行動者自發的行動，因此行動者必須對於他所採取的行動負責。[29]費歇爾與拉維札（Fischer, J. M. & Ravizza, M.）認爲只要具備「引導控制能力」（Guidance control），亦即根據某些理由引導行動的意志可能性，即使行動者不具有其他行動可

㉙ Fischer, J. M., & Ravizza, M., *Responsibility and Control: A Theory of Moral Responsibility* (New York: Cambridge University Press, 1998)

能性，行動者仍需要負責。這樣的立場被稱爲「半相容論」（Semi-compatibilism）。所謂行動者具有引導控制能力指的是：行動者的行動恰當地由「理由應答（Reason-responsive）機制」產生，只有在這種機制是行動者自身所擁有的情況下，才說行動者具有引導控制能力。應負道德責任的行動必須有適當的來歷，也就是這種機制的「行爲者性」（Mechanism ownership）。㉚這種出於自身對於行動的控制並不要求具備其他可能性，法蘭克福式的例子協助我們將視野由其他可能性原則，轉向行動是如何被選擇的問題上。觸及道德責任的問題時，「性無善無不善」、「性可以爲善，可以爲不善」、「有性善，有性不善」三種觀點是否能夠形成行動者爲惡時的遁辭？決定論式的人性論對責任的迴避顯然並不成功。根據法蘭克福式的例子，配合引導控制能力的觀點，道德責任可能與其他可能性原則分開來思考，還需要關注行動者的意願、控制等，若行動合乎行動者本身的意願並在其引導控制能力下進行，即便行動者因爲環境決定、天生稟性爲惡等因素別無選擇，還是可能對行動者究責。

㉚ Fischer, J. M., & Ravizza, M., *Responsibility and Control: A Theory of Moral Responsibility* (New York: Cambridge University Press, 1998), p. 28.

最後，有一個有趣的問題，如果一個人總是按照心的「思」的功能，審慎思考自己該採取怎樣的行動，並且總是正確地選擇行善，這樣的人看似別無選擇。提摩西・奧康納（Timothy O'Connor）：「如果一個行動者是一位『天生的聖人』（Natural saint），那麼他總是無需努力就可以選擇善，完全沒有相反的傾向，這樣，縱使他有很多美德，卻不會擁有自由意志。」[31]這樣天生的聖人完全接受理性審思的指引，他審思自己最應該做的事時總是毫無失誤，並且「這是應該做的事」的信念就彷彿將該行動強加於他身上，他完全沒有相反的傾向，天生的聖人就好像完全被自己的理性與審思決定。如果自由是除了我們實際選擇的行動以外，至少還包含其他一項選項的話，那麼天生的聖人確實沒有自由。但是由自發性與行爲者性的觀點來看，天生的聖人的行動仍然是基於其自身的決定自發的行動，他雖然沒有其他可能性的問題，但是他與其行動之間仍然有責任關係，他的善行仍然是從屬於他的、自發的、負有責任的行爲。

---

[31] O'Connor, Timothy. 2005. "Free Will." In *The Stanford Encyclopedia of Philosophy* (Spring 2013 Edition), available from https://plato.stanford.edu/archives/spr2013/entries/freewill/。查閱日期：二〇一九年十月二十五日。

第五節　結語

孟子對於人性的論述，建立於對人類生活實際情況的觀察。人類吃飽穿暖、生活安逸而沒有受到教育，就接近禽獸。其他思想家也觀察到如此的既成事實，因此認爲「性無善無不善」、「性可以爲善，可以爲不善」或「有性善，有性不善」。相異於此，孟子認爲既成事實建立在順從自然的基礎之上，孟子洞見其餘思想家所忽略的人性實際情況。孟子發現「乃若其情，則可以爲善」，也就是說，若順人的眞實樣態，四心自然湧現，就可以做到善，這就是孟子所謂性善的「善」。所謂「惻隱」、「羞惡」、「辭讓」（恭敬）、「是非」四心，應屬於同一個「心」面對不同具體情境所展現的四種表現或說呈現。不需要透過學習，人類還是可能驚覺來自內心對於善的要求，特別是面對道德抉擇的時候。人類的身體具有本能，以及本能所帶來的欲望與衝動，容易受到外物的吸引，遮蔽人心的作用，導致人的行動受制於外在環境。但是由孟子主張的性善論立場來看，就會發覺不能輕易地以爲人的行動受到外在環境所決定。即便處於最困窮的環境中，人仍然能夠覺察心的作用，產生行善的動力，由自己主動實踐善行。人有選擇行動的自由，以及實現人性的自由，可以爲自己的行爲負責。同時人也能夠創造人性尊嚴與人生的價値，尊嚴和價値在內而不假外求。即便身處的環境中缺乏來自外在的法律或其他人的眼光要求人類行善，人一旦眞誠，行善的力量自然由內而發。反之，人面對行善或不行善的抉擇時，如果不選擇行善，當下便立即要承受來自內心的譴責。這份不忍或不安的感受並非將惡行視爲一種與我的人性疏離的行爲去加以懲罰，而是察覺到「正是我自己做了這樣的決定」以後，藉內觀的自我譴責的方式，要求自己實踐善行去平衡它，要求自己當下離開惡行，並且去實現人性對於善的要求。即使人的行動受到環境決定、別無選擇，如果行動者的行動出於其本身的意願，在行動者的引導控制下產生自發性的行動，那麼行動者仍然應該爲其行動負責。

第七章導論

除孟子性善論以外，與孟子同時期的人性論至少有有三種：告子主張的「性無善無不善」、「性可以為善，可以為不善」、「有性善，有性不善」。孟子認為當時談論人性皆是就既成的事實立論，而既成的事實是順著人類自然發展的情形產生的，亦即孟子認為當時各種人性論皆是基於對人類社會實況的觀察而來，有一定的經驗作為根據。孟子以外的三種人性論中，前兩種人性論將人性視為一種能力，但是這種能力沒有固定的傾向，並且受到環境決定（特別是「性可以為善，可以為不善」的人性論）；第三種人性論則以為人性的善惡是天生固定的。這三種人性論都能夠找到某些事實作為立論依據，但是同時也暴露一些缺點。

環境決定式的人性論忽略了人面對環境時，人的行動與意志固然受到環境的影響，行動雖然可能受到環境、能力、身體條件等限制，但是這些影響對於人的意志缺乏必然的決定力，不見得成為決定人類行動的原因。對照孟子對於人性的論述，孟子將人分為大體、小體，小體確實受到外物影響，甚至可能受制於自然法則，「物交物，則引之而已矣」，但是人還有作為大體的心可以主動地排除這些環境的影響。甚至在更極端的情況中，即便身體完全受到決定，人的心還是能夠選擇自己應該具有怎樣的意志。當然，孟子並不認為心永遠在人的行動中占據主導地位，身體往往也能夠反過來影響心的意志。孟子將人區分爲大體、小體的看法可能被視爲身心二元論而遭受身心如何互動的質疑，但孟子並未懷疑身心互動的可能性，直接肯定兩者是互動無間的。關鍵的問題在於，孟子提出大體、小體問題的同時，爲我們反省環境決定論時創造一線生機：我們除了思考環境與人類行動間的因果決定關係之外，還可以思考行動的理由。我們在討論孔子哲學時已經提過與理由相關的問題，但孔子並未將理由與行動的意義賦予能力定著在某一種官能或形成系統性的論述。孟子則將人類對於理由的審思能力以及反思的能力，置於心的官能中，並且形成一套修養理論。行動者所面對的環境與遭遇固然不是行動者自己能夠完全決定的，甚或可能是被決定的，但行動者仍然能夠審思自己應該如何，使行動者在環境決定中尋得縫隙。

有趣的是，孟子時代的人性論述除了與人的行動究竟如何產生有關以外，當時思想家所關注的另一個問題是人與善惡的關係，也就是說，他們試圖對人性進行一種道德評價，同時要求相應的道德責任。觸及道德責任的問題時，「性無善無不善」、「性可以爲善，可以爲不善」、「有性善，有性不善」三種觀點是否能夠形成行動者爲惡時的遁辭？參考當代哲學對於道德責任的研究，對於行動者的行動或品質究責時，部分人認爲其他選擇的可能性是責任的必要條件，但根據當代學者法蘭克福（Harry Frankfurt）的觀點，道德責任與行動的其他可能性無關，我們還需要關注行動者的自發性與行爲者性，若行動合乎行動者本身的意願並在其引導控制能力下進行，即便行動者別無選擇，還是可能對行動者究責。

論述至此，筆者認爲我們可以回頭檢視應該如何詮釋孟子「性善論」。當我們批評「有性善，有性不善」使人性的善惡變成一個運氣問題時，我們的意思是說：它認爲善惡並非個人意願，而是天生就被決定的，至於被決定爲善或惡，純屬運氣，人們無從爲生性善惡負責。用同樣的標準檢視孟子的性善論，如果所謂的性善指的是人天生本具善的品質，我們同樣可以提問：這種善的品質與我有什麼關係？如果人們本具善性，那麼這種本具的善性似乎從行動者身上澈底分離，因爲這種善與人的意願和控制無關，完全是被決定、被賦予的，人對於本具的善性應該同樣無法負責。這種對於人類本具的性質的評價，與對於行動所進行的道德評價能否歸屬於同一層次或同一領域也大有問題。

回到有關其他選擇的可能性問題，雖然部分學者認爲選擇的可能性與自由不能視爲同一，但基於論述的方便，筆者於文中將自由與具有其他可能性視爲一樣的東西。並且孟子顯然肯定人總是有其他可能的選擇，即便身體行動別無選擇，心志仍然有其他可能的選擇。由於先秦儒家學者所處的時代對自然法則、因果關係、科學的認識與現代不能等量齊觀，他們的哲學中有關於自由或其他可能性問題的探討無法形成緻密的理論，但是今日的讀者仍然可以從儒家哲學中，推敲其背後對於自由的預設，或者探究這套哲學體系是建立在何種程度對於自由的認可上。

第七章

孟子哲學中的自由與修養

孟子修養的優異之處在於能夠知言與養氣，修養以現狀的不夠完美爲前提。心雖然要求人行善避惡，但是人還有選擇言行的自由，能夠選擇聽從心的要求行善，或者背離心的要求爲惡，自由爲人帶來爲惡的風險。孟子的性善說雖然認爲人有行善的潛能與傾向，但是選擇的自由使得爲惡的可能性同時存在。人心要求自己行善，顯示人可以不這麼做，否則便不需要加以要求。因此，孟子的修養論就在自由與人性的拉鋸間展開。

第一節　不動心與心之主動性

孟子說自己能辨識言論、善於培養自己的浩然之氣。孟子自稱私淑孔子，《論語》今本最後一章記載孔子曰：「不知命，無以爲君子也；不知禮，無以立也；不知言，無以知人。」（《論語・堯日》）孔子認爲不了解言詞的使用，沒有辦法了解別人。人生活在群體中，必然遭遇眾多他者，人與人之間的關係是善行的基礎，同時也是教育的核心內容。①孟子自稱「知言」，頗有承續孔子思想的氣象，並更進一步追究人類言詞的根柢，將心志與意氣的培養視為言詞的基礎。培養或修養的前提是對於現狀不完美的覺察，或者以現狀可能墮落為前提展開。孟子這種蘊涵幽暗意識②的人性論，建立在個人有自由能夠選擇行動，③以及成就怎麼樣的人格之基礎上。

---

①《孟子・梁惠王上》：「是故明君制民之產，必使仰足以事父母，俯足以畜妻子；樂歲終身飽，凶年免於死亡。然後驅而之善，故民之從之也輕。」《孟子・滕文公上》：「聖人有憂之，使契為司徒，教以人倫，父子有親，君臣有義，夫婦有別，長幼有序，朋友有信。」孟子指出理想的統治者使百姓生活富庶，並且以人倫教化百姓，由此再督促百姓走上善道，百姓也就容易聽從。必須先教導百姓明白什麼是善，才能督促他們走上善道，孟子所說的「善」不脫離人與人之間的適當關係，亦即「人倫」。

②當代學者張灝強調「幽暗意識」，指出：「所謂幽暗意識是發自對人性中與宇宙中與始俱來的種種黑暗勢力的正視和省悟：因為這些黑暗勢力根深柢固，這個世界才有缺陷，才不能圓滿，而人的生命才有種種的醜惡，種種的遺憾。」（張灝，《幽暗意識與民主傳統》（臺北市：聯經出版事業公司，二〇〇〇），頁三—四。）

③本章所謂的「自由」是指：可以將「做某行動」與「不做某行動」並列思考，而且能夠在兩個選項中進行選擇，自由是在做某事與不做某事之間被行使的同一種能力。自由指行動者具有其他可能性（Alternative possibilities）。

孟子鮮少正面強調人在德行修養方面墮落的可能性，而是在說明修養方法時間接地呈現。孟子與學生論知言、養氣的對話，始自有關動心與否的問答。《孟子・公孫丑上》：

孟子曰：「否，我四十不動心。」曰：「若是，則夫子過孟賁遠矣。」曰：「是不難，告子先我不動心。」曰：「不動心有道乎？」……孟施舍似曾子，北宮黝似子夏。夫二子之勇，未知其孰賢，然而孟施舍守約也。昔者曾子謂子襄曰：『子好勇乎？吾嘗聞大勇於夫子矣：自反而不縮，雖褐寬博，吾不惴焉？自反而縮，雖千萬人吾往矣。』孟施舍之守氣，又不如曾子之守約也。」曰：「敢問夫子之不動心，與告子之不動心，可得聞與？」「告子曰：『不得於言，勿求於心；不得於心，勿求於氣。』不得於心，勿求於氣，可；不得於言，勿求於心，不可。夫志，氣之帥也；氣，體之充也。夫志至焉，氣次焉。故曰：『持其志，無暴其氣。』」「既曰『志至焉，氣次焉』，又曰『持其志，無暴其氣』者，何也？」曰：「志壹則動氣，氣壹則動志也，今夫蹶者趨者，是氣也，而反動其心。」

這段對話首先揭示了孟子對於人的基本看法。人的身體由氣所充滿，而心志是氣的統帥。

人的組成包含心與氣，但孟子並未明確描述二者的性質差異，若心與氣是兩種完全不同性質的存在，則必須進一步思考二者間是否具有互動的可能性。由孟子的論述來看，心與氣二者間並非互斥關係，心與氣可以互動。在理想的情況下，心主導氣的運作，但是氣的運作也可以反過來影響心。正是因爲心與氣的互動關係往往不處於理想的情況，因此需要藉由修養使人能夠「不動心」。孟子以北宮黝、孟施舍爲例說明不動心的方法。北宮黝鍛鍊身體，以求勝過外來的威脅，作風像子夏；孟施舍堅定內心信念，向內化解自己的恐懼，作風像曾子。④朱熹說：「言孟施舍雖似曾子，然其所守乃一身之氣，又不如曾子之反身循理，所守尤得其要也。」⑤孟施舍堅定內心信念，卻不如曾子自反而縮扼要。《經典釋文》云：「縮，直也。」⑥孟施舍堅定個人內心信念難免流於主觀的自我中心，而曾子向

---

④對照子夏與曾子的作風，可參見《論語．子張》子夏曰：「博學而篤志，切問而近思，仁在其中矣。」子夏向外求知，學問廣博，才識過人。《論語．學而》曾子曰：「吾日三省吾身：為人謀而不忠乎？與朋友交而不信乎？傳不習乎？」曾子重視向內自我反省。

⑤〔宋〕朱熹，《四書章句集注》（臺北市：大安出版社，一九九九），頁三二一。

⑥引自《孟子正義》。〔清〕焦循撰；沈文倬點校，《孟子正義》（北京市：中華書局，二〇一五），頁二〇九。

孔子學習「自反」的作風，自我反省言行是否循理，理是事物的普遍規則，也是人心共同感到喜悅者。⑦曾子訴諸人們的普遍共識，自然較孟施舍依憑主觀各疏的意見更加扼要。

有關不動心的修養，孟子另外評論了告子的不動心。告子認爲言論上有所不通，不必求助於思想；思想上有所不通，不必求助於意氣。孟子以後者爲可，前者爲不可。氣充滿身體，身體不會思考，又容易受到外物的吸引與遮蔽，思想上有所不通而求助於外逐的身體，難免受外物動搖心思，自然沒有太大幫助。反之，心的官能在於思考，言論是思想的展現，言論有所不通，應該重新審視思想，而非止息心的思考作用。⑧告子不動心的方法顯然是企圖藉由止息心氣，消極地達到「冥然無覺」⑨，是一種對於心氣兩方面主動性的

⑦《孟子・告子上》：「至於心，獨無所同然乎？心之所同然者何也？謂理也，義也。」朱熹引用程頤曰：「在物為理，處物為義，體用之謂也。」（《四書章句集注》，頁四六二。）戴震曰：「舉理，以見心能區分；舉義，以見心能裁斷。分之，各有其不易之則，名曰理；如斯而宜，名曰義。」（〔清〕戴震，《孟子字義疏證》〔北京市：中華書局，一九八二〕，頁三。）

⑧《孟子・告子上》曰：「耳目之官不思，而蔽於物。物交物，則引之而已矣。心之官則思，思則得之，不思則不得也。此天之所與我者。先立乎其大者，則其小者不能奪也。此為大人而已矣。」

⑨朱熹語。《四書章句集注》，頁三二二。

棄守。孟子不同意告子的作法，孟子不動心的修養方式特別彰顯心的主動性。心的官能是思考，不動心不是止息心的官能，而是持守心志，使心的官能正常發揮，引導氣的作用，不讓氣的運作反過來影響、遮蔽心志。不動心的修養，正是由於一般人時常妄動意氣，造成心之官能不得彰顯，於是才有修養不動心之必要。孟子修養論的背後，伴隨的是對於退步與墮落性的警覺。

第二節　浩然之氣的培養與退步

不動心的修養需要練習，一般人往往受外物吸引，不能時時做到自我省察，於是孟子進一步說明自身優異之處在於培養「浩然之氣」。修養的成長與退步之可能性同時存在，形成雙向拉扯的張力。先由培養浩然之氣成長的一面來看，浩然之氣就是心與氣的互動關係經過修養以後，達到以心導氣的理想狀態，這種經過修養以後自然而然跟隨心志領導的氣，就是浩然之氣。說明不動心的修養以後，孟子接著談論如何培養浩然之氣，《孟子．公孫丑上》：

「敢問夫子惡乎長？」曰：「我知言，我善養吾浩然之氣。」「敢問何謂浩然之氣？」曰：「難言也。其為氣也，至大至剛，以直養而無害，則塞於天地之間。其為氣也，配義與道；無是，餒也。是集義所生者，非義襲而取之也。行有不慊于心，則餒矣。我故曰，告子未嘗知義，以其外之也。必有事焉而勿正，心勿忘，勿助長也。」

修養涉及個人疏別的體驗，往往沒有固定的方式，難以用語言說明清楚。培養浩然之氣必須以「直」培養，並配合「義」與「道」。培養浩然之氣首先必須由心作主，引導氣的活動，使氣能夠直接而眞誠地發揮心之所向。⑩以直養氣突顯了孟子與告子的差異，孟子不

---

⑩ 歷代說法也有將「直」作正直解，如焦循：「云至大至剛正直之氣者，惟正直，故剛大。下言養之以義解以直養三字，直即義也。緣以直養之，故為正直之氣：為正直之氣，故至大至剛。」（《孟子正義》，頁二一六。）焦循認為直有正直的意思，直即義。但是孟子分別使用「直」與「義」二字，意義上應有區別，因此筆者不將此處的「直」作「正直」解，而解為直接而真誠。

僅不壓抑氣的活動，反而積極地發揮氣能夠具體展現心志的功能，讓心志可以透過身體的實踐，落實為具體的行動。如此一來則又必須慎防個人心思容易流於主觀的弊病，因此還須配合「義」與「道」的規範。

「義」即宜也，裁制事物，使合宜也，涉及人對於何謂適宜、正當的判斷。⑪心是專司思考與判斷的器官，心能夠發出特定道德要求，⑫配合人所處的客觀情境指導行動。具體行動落實在世界中，便可能涉及他者，因此所謂「義」除了行動者個人的心的主觀判斷以外，還必須考慮與他者之間的溝通，義行經常是透過眾多主體之間溝通所得的成果。⑬

---

⑪《釋名》：「義，宜也。裁制事物，使合宜也。」（〔漢〕劉熙，《釋名》〔北京市：中華書局，二〇一六〕，頁四十七。）

⑫孟子將心所發出的道德要求分為四類，又稱「四端」。《孟子・公孫丑上》：「由是觀之，無惻隱之心，非人也；無羞惡之心，非人也；無辭讓之心，非人也；無是非之心，非人也。惻隱之心，仁之端也；羞惡之心，義之端也；辭讓之心，禮之端也；是非之心，智之端也。人之有是四端也，猶其有四體也。」

⑬《孟子・滕文公上》：「聖人有憂之，使契為司徒，教以人倫，父子有親，君臣有義，夫婦有別，長幼有序，朋友有信。」在人倫之中，義特別指君臣之間的適當關係。君臣之間只有相對的倫理而無絕對倫理，君臣如何相待，是兩者經過溝通互動所得的結果。因此孟子告齊宣王曰：「君之視臣如手足，則臣視君如腹心；君之視臣如犬馬，則臣視君

孟子的修養論並非封閉於自身的修養方法，而是在人際之中實踐的修養論。怎樣的行動可謂適當，沒有一定的標準，還必須視受到行動影響的雙方關係進行調整，例如《孟子・告子下》：

> 曰：「固哉，高叟之為詩也！有人於此，越人關弓而射之，則己談笑而道之；無他，疏之也。其兄關弓而射之，則己垂涕泣而道之；無他，戚之也。」

由孟子論詩所舉的例子可知孟子對於行爲的評價，至少必須參考行爲情境以及行爲主客之間的關係而論。同樣是「關弓而射」，拉弓射箭的對象一樣是此人，但射箭者不同，此人對於同樣的行動卻可能有完全不同的情緒反應與評價。越國人拉弓射此人，此人與越國人關係疏遠，對於陌生人的行動沒有期待，同時也沒有與期待相伴隨的要求。⑭關係的不同影響孟子對於行爲的評價。對於親近者與陌生人相同的行動，卻有完全不同的反應

如國人；君之視臣如土芥，則臣視君如寇讎。」（《孟子・離婁下》）延伸而論，一般人與人之間適當的關係，也經常需要依賴雙方的溝通、互動與共識。

⑭ 傅佩榮指出對行為的反應取決於對行為者的期許。詳見傅佩榮，《孟子解讀：新世紀繼往開來的思想經典》（新北市：立緒文化公司，二〇一二），頁二六一。

態度，⑮這是由於將對方當作是和我對等的，一樣擁有選擇的自由，是能夠選擇行動的存在；或者將對方視爲能夠因應自身意願，在自身的控制之下行動的存在。對方和自己一樣，可以因應不同的情況改變、調整行動；或者雖然別無選擇，但是出於意願採取此行動，可以爲其行動負責。哥哥拉弓射自己，則垂涕泣而道之，顯示此人對哥哥的行動表示不贊同的情緒，可以推知這種不贊同甚至批評的情緒源於此人對於自己與哥哥之間的適當關係有所期待，並且哥哥可以對其行動負責，否則便無理由對其行動產生不贊同或批評的反應。倘若行動者不能選擇行動，或者被迫違背意願而行，例如被迫拉弓射箭，一方面此人的反應恐怕無濟於事，而譴責的對象又或不能單指向射箭者。

總歸而論，浩然之氣的培養必須由心作主，引導氣的活動，使氣能夠直接而眞誠地將心志落實爲具體行動，而行動必須參考外在客觀情況，並且配合與他者間的溝通互動，遵

⑮斯特勞森（P. F. Strawson）將責備、怨恨、憤慨、輕蔑、感謝、讚賞等情緒稱為「反應態度」（Reactive attitude），是人受他人投以善意、惡意時產生的自然反應，這些情緒和責任密切相關。在締結人與人的關係（Inter-personal human relationship）時，相互要求抱持善意接觸，這種要求以反應的態度呈現。（P. F. Strawson. *Freedom and resentment, and other essays* (London: Methuen & Co. Ltd., 1974), pp. 6-14.）

守眾人皆遵循的正道而行。浩然之氣需要透過反覆練習培養，不斷集結義行而產生。凡事皆舉措得當，配合心的主動判斷因事制宜，久而久之自然充實。心志帶動身體產生行動，所實踐的行動若不能讓自己的心感到滿足，那麼氣便會萎縮。氣的萎縮正顯示了修養退步的一面，「是集義所生者，非義襲而取之也」明確指示孟子對於浩然之氣的修養並非一勞永逸的，亦非偶然的義行所能成就，而是不斷由自己做主，主動實踐義行，經過練習積累所造成的質變。一旦鬆懈，使得內心對於義行的要求無法充分伸展，氣便會萎縮，修養隨即面臨退步的可能。

第三節　人心墮落的可能性

孟子說告子不懂得義行，由告子的不動心方式便可查知端倪。告子以爲不動心是止息心氣，消極地達到「冥然無覺」，心氣無覺自然不容易受外物影響遮蔽而產生惡行，但是同時也不能積極地創造義行。義行是心的需求配合客觀情況，以及透過與行動有關的他者溝通互動以後所採取的行動，告子放棄行爲的主動性，同時以爲義行只是由外因產生，是不曾懂得孟子所謂的義行。若要修養浩然之氣，「必有事焉而勿正，心勿忘，勿助長也。」一定要在具體行事上努力培養，但是沒有必然該怎麼做的目標或徵準，因爲每次面對的具體狀況都不一樣，需要藉由心主動因時、因勢制宜的靈活判斷，並且不忘來自心對於義行的要求，也不可以主動助長。歷來對於「必有事焉而勿正心勿忘勿助長也」的斷句與意義解釋分歧，茲列舉三種不同的解釋如下：

一、朱熹《四書章句集注》：「正，預期也。春秋傳曰：『戰不正勝』，是也。……此言養氣者，必以集義為事，而勿預期其效。」⑯

二、楊伯峻《孟子譯注》：「《公羊傳》之正，當依王引之《經義述聞》之言『正之言定，必也』，《穀梁傳》正作『戰不必勝』，尤可證。……王夫之《孟子稗

⑯《四書章句集注》，頁三二三。

疏》謂：『正』讀如〈士昏禮〉『必有正焉』之『正』，『正者，徵也，的也，指物以為徵準使之必然也』。」⑰

三、楊澤波於《孟子性善論研究》指出楊伯峻的解釋比前人好一些，但仍不夠圓融，應該以「正心」連讀為「必有事焉，而勿正心；勿忘，勿助長也」，也就是說「良心本心順其發展，自然為正，而毋需硬性把捉，強行為正，否則只能事與願違。」⑱

筆者採取楊伯峻的解釋。至於楊澤波的解釋，則存在難解處。楊澤波解釋之誤，主要出於對於人心墮落可能性之不察。孟子對於心的認識，並不樂觀以爲心總是處在對於善行發出要求的狀態，反而警覺人的心時常產生偏差的心思。如前此，孟子論不動心的修養時，便意識到心的狀態可以受到氣所影響，「志壹則動氣，氣壹則動志也，今夫蹶者趨者，是氣也，而反動其心。」不動心修養的成立，必以心之「可動」爲前提。動心後可能在言行上

⑰ 楊伯峻，《孟子譯注》上冊（北京市：中華書局，一九八八），頁七十。
⑱ 詳見楊澤波，《孟子性善論研究》（上海市：上海人民出版社，二〇一六），頁五十六—五十七。

展現爲偏邪的言論與行動，因此孟子才會接著說明「知言」，並以知言爲自己過人之處，《孟子．公孫丑上》：

「何謂知言？」曰：「詖辭知其所蔽，淫辭知其所陷，邪辭知其所離，遁辭知其所窮。生於其心，害於其政；發於其政，害於其事。聖人復起，必從吾言矣。」

知言不是只在言論的意義或邏輯層面進行認識，重要的是聽見一段言論，就能夠知道發言者的心思。言論的功能在於傳達心思，由言論的缺失足以窺見發言者心思的偏邪。心思引導言語，言語影響政治，政治危害具體事務的執行。政治與社會的紊亂現象，循此思路可以溯源至人的心。

人心並非永遠維持穩定，孟子雖肯定心的官能在於思考，同時可以展現出四種道德要求，四種要求透過身體力行地實踐以後，能夠展現爲具體的善行。但是在經驗中，心的功能經常被遮蔽，甚至不被人所察覺，就彷彿不存在一樣。孟子對於「心」的用法，經常指向某種偏差的想法或心思，例如：

一、《孟子・滕文公下》：「我亦欲正人心，息邪説，距詖行，放淫辭，以承三聖者；豈好辯哉？予不得已也。」

二、《孟子・離婁上》：孟子曰：「人不足與適也，政不足閒也，惟大人為能格君心之非。」

三、《孟子・告子上》：「雖存乎人者，豈無仁義之心哉？其所以放其良心者，亦猶斧斤之於木也，旦旦而伐之，可以為美乎？……孔子曰：『操則存，舍則亡；出入無時，莫知其鄉。』惟心之謂與？」

四、《孟子・告子上》：「此之謂失其本心。」

五、《孟子・告子上》：「孟子曰：『仁，人心也；義，人路也。舍其路而弗由，放其心而不知求，哀哉！人有雞犬放，則知求之；有放心，而不知求。學問之道無他，求其放心而已矣。』」

孟子引用孔子語，「孔子曰：『操則存，舍則亡；出入無時，莫知其鄉。』惟心之謂與？」（《孟子・告子上》）表明心是動態的、等待人警覺其作用並加以運用的器官，因此才存在「不動心」或「動心」的修養問題。就算心自覺其功能，一旦放開它或者忽略心所發出的要求，就好像失去它一樣，關鍵在於抓住它或是放開它。心雖然能夠展現出道德要求，若不能持守之，那麼心因其動態性，便展現出墮落的可能，隨時可能墮落而造成偏邪的心思。從操存捨亡之說來看，彷彿在心的背後還有一個主體決定「操」或「存」，但是《孟子》中並沒有另立一個主體，操與存應是就心是否自覺地彰顯其作用而言。孟子知言、養氣的修養，植根的基礎其實在於心之官能的自覺與彰顯，並且在行爲實踐中設法滿足心的要求。由孟子對於心的墮落性之覺察可知，楊澤波對於「必有事焉而勿正，心勿忘，勿助長也」的意義闡釋恐怕忽略了「心」在孟子的用法中不只有「良心」之意，同時在知言養氣一章的文脈中，心還可以作爲偏差言論的源頭。

當代儒學研究中經常由心善來說明性善，但就心在實際情況中來看，心更多時候不能眞誠自覺地發揮其思考的官能，不能展現出對於善行的要求。正因心具有墮落的可能性之故，孟子才會頻頻宣說修養的重要性。徐復觀引「今人乍見孺子將入於井」的例子，認爲由此可見四端爲人心所固有，隨機而發，由此而可證明「心善」，孟子便把這種「心善」稱爲「性善」；[19]牟宗三則認爲中國正宗儒家對於性的規定，孟子所代表的一路，中心思

---

[19] 詳見徐復觀，《中國人性論史——先秦篇》（臺北市：臺灣商務印書館，一九六九），頁一七二。

想爲「仁義內在」，即心說性。⑳徐氏與牟氏的說法由較樂觀的態度解析儒家人性論。至於古代對於孟子性善說的詮釋，則以朱熹的詮釋最具有影響力。茲列舉朱熹對於儒家人性論的關鍵詮釋如下：

一、人性皆善，而覺有先後，後覺者必效先覺之所為，乃可以明善而復其初也。㉑

二、乃若，發語辭。情者，性之動也。人之情，本但可以為善而不可以為惡，則性之本善可知矣。㉒

三、明德者，人之所得乎天，而虛靈不昧，以具眾理而應萬事者也。但為氣稟所拘，人欲所蔽，則有時而昏；然其本體之明，則有未嘗息者。故學者當因其所發而遂明之，以復其初也。㉓

---

⑳ 牟宗三，《中國哲學的特質》（臺北市：臺灣學生書局有限公司，一九六三），頁七十三。

㉑ 朱熹注解《論語・學而》語。（《四書章句集注》，頁六十一。）

㉒ 朱熹注解《孟子・告子》語。（《四書章句集注》，頁四六〇。）

㉓ 朱熹《大學章句》語。（《四書章句集注》，頁五。）

由三段引文可知，朱子對於儒家人性論的詮釋要點在於：人性本來都是善的，一旦性動，則可能產生善惡；人性本身虛靈不昧，但是受到氣稟的拘束與人欲的遮蔽，可能受到影響，因此人的修養在於恢復性的本初樣貌。朱子對儒家人性論的發展有幾項要點需釐清：首先，「本」或「初」不能是時間上的。㉔然而，如果朱子所說的「本」、「初」是指邏輯上在先的完美人性，以作爲修養範本，幫助我們理解、並提升現實中不完美的人性，恐怕已經超過孟子基於經驗所立的人性論述，導致第二個問題，「所謂件者，除了形色別無可見」㉕，必須於經驗之外建立模範。甚至還可能導致更進一步的問題，如果設法建立一

㉔ 如果說明德是天賦與人的，後來因為氣稟的影響而不能彰顯，那麼天是先生人之明德而後生人之氣稟嗎？人一開始沒有氣稟、人欲嗎？如果以時間上的「先」來理解「初」顯然是行不通的。另一方面，如果以為某些人的氣稟之性天生就不好，氣稟有優劣之差，那人做壞事豈不是有決定論、命定論的成分在？那麼究竟誰該為人的稟性負責？「人性皆善」加上「復其初」的說法，遇到人為何可能為惡的問題是無法解釋清楚的。（詳見許詠晴，《《論語》與《孟子》的生命觀研究》〔新北市：花木蘭文化事業有限公司，二〇一八〕，頁一七三－一七四。）然而，當代對於責任與決定論的討論中，部分學者認為人就算沒有其他的可能性（Alternative possibilities），仍然可能為行動負責，如法蘭克福。前章已經說明，持此一論點，則必須進一步探討行動的自發性（Voluntariness）問題。

㉕ 梁漱溟語。（李淵庭、閻秉華整理，《梁漱溟先生講孔孟》〔上海市：上海三聯書店，二〇〇八〕，頁一一七。）

種形而上的「善」，凡存在皆善，那麼便沒有相對的形而上的惡的問題可言，因爲惡就是虛無，如何能界說呢？又如何以善進行道德評價呢？「形而上的道德學」[26]與道德評價應屬於不同層次，孟子所說的善是對於具體行爲的評價，針對的是善行。[27]這些問題已經超出孟子對於性善的描述，形成爾後儒家人性論的發展，收攝於朱子哲學中，另可備爲一說。爲了釐清孟子對於人性與修養的觀點，還是必須回到孟子的論述脈絡來看。

㉖ 牟宗三注意到此問題，指出：「儒家說天道創生萬物，這也是對於天地萬物所作的道德理性上的價值的解釋，並不是對於道德價值作一存有論的解釋……依儒家，只承認有一道德的形上學，而不承認有一形上學的道德學。」（牟宗三，《圓善論》（臺北市：臺灣學生書局有限公司，一九八五），頁一三三—一三四。）

㉗ 傅佩榮，《儒家哲學新論》（臺北市：聯經出版事業公司，二〇一〇），頁一八四。

第四節　自由與德行修養間的拉鋸

孟子所謂的性善，是在孟子所見的人類眞實情況上立論。本章聚焦於孟子對人心、人性在現實運作中的警覺與戒懼。孟子論人性的「善」是由「可以爲善」的潛能與傾向而言，而不是靜態的、本質論式的論述，㉘《孟子・告子上》：

孟子曰：「乃若其情，則可以為善矣，乃所謂善也。若夫為不善，非才之罪也。惻隱之心，人皆有之；羞惡之心，人皆有之；恭敬之心，人皆有之；是非之心，人皆有之。惻隱之心，仁也；羞惡之心，義也；恭敬之心，禮也；是非之心，智也。仁義禮

㉘ 袁保新認為孟子從「存有可能性」（Possibility of being）的觀點掌握人之所以為人，亦即孟子並沒有從「現成性」（Actuality、Presence-at-hand）的觀點，即一種靜態的、固定的「觀物」方式來範限人性。（袁保新，《從海德格爾、老子、孟子到當代新儒學》〔武漢市：武漢大學出版社，二〇一一〕，頁六十—六十一。）

智，非由外鑠我也，我固有之也，弗思耳矣。故曰：『求則得之，舍則失之。』或相倍蓰而無算者，不能盡其才者也。《詩》曰：『天生烝民，有物有則。民之秉彝，好是懿德。』孔子曰：『為此詩者，其知道乎！故有物必有則，民之秉彝也，故好是懿德。』」

由本段引文來看，天只賦予人喜好美德的常性，但是並未將人生爲固定品質、德行上不會墮落的善人，更沒有將人生爲天生的聖人；相反地，也沒有使人生而爲不能上進的惡人。人若不按其本性的眞實情況生活，可能墮落而行惡；按照本性的眞實情況生活，可以愛好美德，甚至修養行善。「民之秉彝，好是懿德」配合「求則得之，舍則失之」來看，關鍵並不在於「好是懿德」，而在其前提是人必須按照其秉彝行動，才能透過「思」而警覺內心固有的要求「好是懿德」，再經過實踐的配合成就善行。孟子強調「不動心」、「養氣」的修養，顯示對現狀不夠圓滿的覺察。人除具備由天所賦予的愛好美德的常性以外，顯然還具有不按照常性行動的能力，亦即違反本心、本性的自由。「人是自由的」這個問題，在孟子哲學的範圍內，雖未提供充分的證明，但仍然能換一個方向提問：如果孟子的人性論、修養論以及倫理思想要成立，必須肯定人在何種程度上是自由的？如上所述，由修養論的成立來看，人雖具備愛好美德的常性，以及能夠展現道德要求的心，但是人往往不察，甚至在覺察它們以後，才發現自身具有捨棄常性與心之官能的自由。要求以擁有不這麼做的自由選擇爲前提，因此孟子的修養論才成爲一個重要課題。

人有主動選擇聽從心的要求而行的能力，同時也蘊含了其反面——人可能背離其要求，選擇總是包含二項以上的選項。從自由與德行修養之間的拉鋸來詮釋孟子的人性論，可以幫助理解孔、孟爲何總是不以聖人或者具備某種品德的人自居。孟子說自己能辨識言論、善於培養自己的浩然之氣，言辭由心思產生，是心思的展現途徑之一，知言不僅展現爲能夠辨識他人的言論，同時也包含對於自身言行的省察。《孟子・公孫丑上》：

「何謂知言？」曰：「詖辭知其所蔽，淫辭知其所陷，邪辭知其所離，遁辭知其所窮。生於其心，害於其政；發於其政，害於其事。聖人復起，必從吾言矣。」「宰我、子貢善為說辭，冉牛、閔子、顏淵善言德行。孔子兼之，曰：『我於辭命，則不能也。』然則夫子既聖矣乎？」曰：「惡！是何言也！昔者子貢問於孔子曰：『夫子聖矣乎？』孔子曰：『聖則吾不能，我學不厭而教不倦也。』子貢曰：『學不厭，智也；教不倦，仁也。仁且智，夫子既聖矣。』夫聖，孔子不居，是何言也！」

孟子先論述培養浩然之氣的方法：一定要在具體行事上努力培養，但是沒有必然該怎麼做的目標或徵準，因爲每次面對的具體狀況都不一樣，需要藉由心主動因時勢制宜的靈活判斷，並且不忘來自心對於義行的道德要求，也不可以主動助長。人雖然可以藉由長期修養積累，使心志帶動意氣，但是人既然能夠自由選擇思或不思，同時對於心能夠操或捨，伴隨著選擇的自由，人隨時都有犯錯的可能，可見人不僅有選擇行動的自由，還有心本身思與否的意志自由。由孟子的修養方法反思他的理論預設，可以得知在孟子認爲人心雖然展現出對於善的要求，但是人的行動與意志總是擁有另一種選項：可能違背本心、性的要求。㉙基於這種對於人性的認識，孔子、孟子在德行修養上總是強調不厭、不倦，孔子甚至直言：「善人，吾不得而見之矣；得見有恆者，斯可矣。」（《論語．述而》）由於隨

㉙本章分析孟子的修養與人性論所提到的自由包含兩個層面，行動的自由以及意志的自由，自由指行動者具有其他可能性（Alternative possibilities），可能選擇其他行動或其他意志。由於心有思的自覺能力，使人意識到本心的要求，意志的實際狀態除了可以拒絕或背離本心的要求以外，還可以對本心發出的要求加以認可，使本心的要求成為自身行動的理由與證成，顯示出一種自律意義下的意志的自由。

時可能背離本心的要求，因此德行修養需要時時戒惕，並且持之以恆，無怪乎孔子、孟子不敢以聖人自居。㉚

第五節　結語

孟子的德行修養奠基於一套完整的人性論。孟子的優異之處在於能辨識言論、善於培

㉚ 歐康納（Timothy O'Connor）甚至指出，如果一個行動者是「天生的聖人」（Natural saint），他總是無需努力就可以擇善，並且完全沒有相反的傾象，儘管他有諸德，卻不會擁有自由意志。（O'Connor, Timothy. 2005. "Free Will." In *The Stanford Encyclopedia of Philosophy* (Spring 2013 Edition), available from https://plato.stanford.edu/archives/spr2013/entries/freewill/。查閱日期：二〇一九年十月二十五日。）總是行善意味著他除了善行以外別無選擇，也就缺乏擁有其他可能性意義上的自由。

養自己的浩然之氣。言辭是表達心志的途徑，心志與意氣又能相互影響。心的官能在於思考，一旦思考就能發現它有固定的喜好，要求人行善避惡。孟子的性善說實爲一種動態的人性論，在人性眞實樣貌呈現時，心便展現出四種對於言行的要求，促使人自發地行善。孟子論人性的「善」是由「可以爲善」的潛能與傾向而言。人性雖然有固定的傾向，但是由於人具有選擇的自由，可能背離人性而行。人隨時可能犯錯與墮落，這是由於人總是可能不發揮其作爲一個人的本性，不呈現孟子所說的人性眞實的樣貌，因此才有持續不斷修養的必要。於此，如果只意識到人心實際上可能朝向善行同時也可以朝向惡行，便以爲孟子對人性的觀察止於人性可以爲善、可以爲不善，那便誤會了孟子立論的本意。孟子強調人一旦眞誠就會發現：不行善則心裡不安。孟子的人性論強調的是：人一旦眞誠，行善的力量由內而發，不行善則必須面對內在的自我譴責壓力，但是卻沒有不爲惡反而心裡不安的問題。可見人性有固定的傾向，是一種定向的要求。[31]要求以人可以不這麼做爲前提，

㉛「定向」一詞參考徐復觀的用語，徐復觀指出：「孟子曾經指明過，無四端即不是人。尅就本心之發的四端上講，它是有定向的，而這定向是善的。但四端只是『端』，只是『幾希』；而其為善，也只是『可以為善』，即是有為善的可能性，但並無為善的必然性；則其受環境的影響更為容易。……性因受環境的影響而有不善，因此而言性無分善不

選擇的自由與人性的拉鋸，使人意識到自身德行的不完美，於是產生修養的需求。而孟子的德行修養，便在自由與人性雙方的拉鋸之間進行。

善，這是把環境與人本有的內在之性混同了。」（徐復觀，《中國人性論史——先秦篇》（臺北市：臺灣商務印書館，一九六九），頁一九〇。）徐復觀雖然指出孟子由心善解釋性善，但是不忘強調這種善只是為善的可能性。筆者更進一步認為，孟子所說的性善不只是說明行善的可能性，更強調這種「定向」作為一種對於善行的要求以及促使人行善的動力，如此更能夠避免將環境影響與內在之性混同。

第八章導論

藉由考察方法的翻轉，我們不再止於從大體、小體的官能建構來設想孟子哲學可能提供何種對自由的觀點，由反面來思考，可以直接根據孟子哲學的建構，反推他的哲學預先肯定的何種程度的自由。

由孟子的修養論回顧其預設，可知孟子必須肯定人有動心、爲惡的可能性，否則這套修養論將會落空。亦即在這套修養論中，必須先肯定人有意志的自由與行動的自由，否則便無從談論修養，也不需要修養。孟子修養論的根本樹立於對於人類現狀的不滿足，以及心與行動可能偏差的前提之上，這種危機意識使人不得不時刻戒惕，並且注意在每一次選擇中彰顯心的主動性。

綜觀前文，孟子雖然承認人的身體容易受到外物吸引，但是藉由人心的作用，人雖然置身於自然中，卻可能脫離自然規律的束縛，而不僅只是因果決定鍊中的一環。值得留意的是，孟子和孔子一樣，都不曾否認世界還存在著某種決定的力量，孟子承認一種不受人類意志左右的決定力，也就是「命運」。接著，筆者將分析孟子如何面對命運，配合孟子的人性論，解析孟子如何轉化命運、建立使命，並且於其間激發人的勇氣。

第八章

孟子人性論中的自由與命運

孟子對人性的論述被稱爲性善說，性善指的是：若順人的眞實狀態，就可以做到善，而人的眞實狀態則是具備惻隱、羞惡、恭敬、是非之心，這四種心是仁、義、禮、智的開端。心是天賦予人的，性的根源自然也歸於天，積極養育人性的態度，等待隨時可能到來的任務，就是建立使命的正確方法。人能夠自由地選擇是否順從人性而行，但是人在實現人性時，受到壽命、身體能力，以及不可測度的命運限制。天賦予人可能理解的使命，同時給予人不可測度的命運，孟子基於對天的確信，雖然命運難測，受到命運限制身體與行動能力時，人仍然擁有選擇用什麼態度面對命運的自由。使命與命運拉扯所形成的張力，使人的自由得以落實，並且在對於命運的肯認中，將它轉化爲踐行使命時的考驗，因而激發實現使命的動力與勇氣，使人超越命運所造成的威脅。

第一節　作爲潛能與傾向的人性

孟子哲學廣及政治、倫理、修養理論，政治有關各種團體或個人締結特定關係互相依存；倫理側重行爲的規範，眾人依據此規範可使社會和諧穩定；修養則隱含現狀的不圓滿，需要透過努力才能向上提升。三者與人都有直接的關聯，孟子哲學雖然廣及政治、倫理、修養，但最後總是回到人性。對於孟子哲學的分析，直搗核心的途徑即是人性問題本身。一旦掌握了孟子對於人性的認識，便可以爲了解孟子的政治、倫理、修養哲學建立穩固的基礎。令人遺憾的是，孟子對於人性的說明，往往被誤解爲一種「已然」的局面。①

① 關於「已然」，梁漱溟指出：「性是何所指。孟子所說的性善，差不多全被人誤會。最大的誤會是把所謂性看成一個已成的呆板的東西。所有死板的東西、呆板的局面，他的善惡好壞，通統都是已然的。……既是已然，如果說是好，則好者不能變壞；如果說是壞的，則壞者又何能變好。」（李淵庭、閻秉華整理，《梁漱溟先生講孔孟》（上海市：上海三聯書店，二〇〇八），頁九十六。）

孟子對其「性善說」有清楚的解釋，並且明確地說明「善」的意義。首先，依據孟子對於人類的觀察：「人之有道也，飽食煖衣，逸居而無教，則近於禽獸。聖人有憂之，使契爲司徒，教以人倫，父子有親，君臣有義，夫婦有別，長幼有序，朋友有信。」（《孟子・滕文公上》）人類生活的法則是：吃飽穿暖，生活安逸而沒有教育，就和禽獸差不多。聖人因此感到憂慮，於是以人倫教育百姓，使百姓和野獸區隔開來。對照《孟子・梁惠王上》：「是故明君制民之產，必使仰足以事父母，俯足以畜妻子；樂歲終身飽，凶年免於死亡。然後驅而之善，故民之從之也輕。」國君養育百姓，使百姓飽食煖衣，目的是爲了讓百姓可以走上善道。必須先教導百姓明白什麼是善，才能督促他們走上善道。由《孟子・梁惠王上》與《孟子・滕文公上》論述國君治國安民的段落可知，孟子所說的教育以人倫爲核心，目的是爲了使人民行善，善即是人與人之間的適當關係。《孟子・離婁上》又說：「仁之實，事親是也；義之實，從兄是也；智之實，知斯二者弗去是也；禮之實，節文斯二者是也；樂之實，樂斯二者，樂則生矣。」由此可知，仁、義、禮、智、樂就是善的具體表現。

基於孟子對人類的觀察，一般人缺乏教育往往就和禽獸差不多，現實中人類「已然」的樣貌並不足以支持孟子的性善說，那麼孟子又如何斷言「性善」？《孟子・告子上》：

「今曰『性善』，然則彼皆非與？」孟子曰：「乃若其情，則可以為善矣，乃所謂善也。若夫為不善，非才之罪也。惻隱之心，人皆有之；羞惡之心，人皆有之；恭敬之心，人皆有之；是非之心，人皆有之。惻隱之心，仁也；羞惡之心，義也；恭敬之心，禮也；是非之心，智也。仁義禮智，非由外鑠我也，我固有之也，弗思耳矣。故曰：『求則得之，舍則失之。』或相倍蓰而無算者，不能盡其才者也。《詩》曰：『天生烝民，有物有則。民之秉彝，好是懿德。』孔子曰：『為此詩者，其知道乎！故有物必有則，民之秉彝也，故好是懿德。』」

孟子認爲「性善」是指若順人的眞實狀態，就可以做到善，而人的眞實狀態則是具備惻隱、羞惡、恭敬、是非之心。但是惻隱、羞惡、恭敬、是非之心並不等於仁、義、禮、智。《孟子》中至少有兩個例子可以直接說明，惻隱之心與羞惡之心的發用，也可能僅導致一些無關善惡的行動。

其妻告其妾曰：「良人出，則必饜酒肉而後反；問其與飲食者，盡富貴也，而未嘗有顯者來，吾將瞷良人之所之也。」蚤起，施從良人之所之，遍國中無與立談者。卒之東郭墦閒，之祭者，乞其餘；不足，又顧而之他，此其為饜足之道也。其妻歸，告其妾曰：「良人者，所仰望而終身也，今若此！」與其妾訕其良人，而相泣於中庭，而良人未之知也，施施從外來，驕其妻妾。由君子觀之，則人之所以求富貴利達者，其妻妾不羞也，而不相泣者，幾希矣。（《孟子．離婁下》）

妻妾發現丈夫以不正當的方法謀求飲食，激起羞惡之心，一同嘲罵丈夫，在庭院中相對哭泣，但是丈夫還不知道這一切，仍洋洋得意地從外面回來。妻妾的羞惡之心雖然引起了對於不正當行爲的厭惡，並刺激情緒反應，但是在孟子的描述中並沒有造成具體的善行，就前文所述「善」是指人倫來看，「相泣」似乎是無關善惡的行動，甚至未能改變丈夫的行動。

曰：「臣聞之胡齕曰：『王坐於堂上，有牽牛而過堂下者；王見之，曰：『牛何之？』對曰：『將以釁鐘。』王曰：『舍之：吾不忍其觳觫，若無罪而就死地。』對曰：『然則廢釁鐘與？』曰：『何可廢也？以羊易之。』不識有諸？』曰：「有之。」……曰：「無傷也，是乃仁術也，見牛未見羊也。君子之於禽獸也，見其生，

不忍見其死；聞其聲，不忍食其肉。是以君子遠庖廚也。」（《孟子・梁惠王上》）

齊宣王對動物產生不忍之心，隱其無罪而就死地，引發以羊易牛的舉動被孟子評爲「仁術」，顯然齊宣王的不忍心尚不等於「仁」。孫奭疏：「此亦爲仁之一術耳。」[②] 朱熹注：「術，謂法之巧者。」[③] 說明齊宣王的不忍之心是實踐仁的好方法，而不等於「仁」。[④] 孟子直諫齊宣王「今恩足以及禽獸，而功不至於百姓」，又勸勉齊宣王：「推恩足以保四海，不推恩無以保妻子；古之人所以大過人者，無他焉，善推其所爲而已矣。」心對於特殊情境產生反應，只是展現出能爲仁、義、禮、智的潛能與傾向，這些傾

---

② 〔漢〕趙岐注；〔宋〕孫奭疏；廖名春、劉佑平整理；錢遜審定，《孟子注疏（十三經注疏）》（北京市：北京大學出版社，二〇〇〇），頁三十一。

③ 〔宋〕朱熹，《四書章句集注》（臺北市：大安出版社，一九九九），頁二九一。

④ 徐復觀：「四端為人之固有，隨機而發，由此而可證明『心善』」孟子便把這種『心善』稱為『性善』」（徐復觀，《中國人性論史——先秦篇》（臺北市：臺灣商務印書館，一九六九），頁一七二－一七三。）徐氏由乍見孺子將入於井例，以心善說性善。但由齊宣王的不忍之心仍不是「仁」，妻妾羞其良人的羞惡之心也尚未構成「義行」，可知直接以「心善」說明「性善」的說法有待商榷。

向與潛能有待自身覺察，[5]主動推發、落實爲具體行動，並且施於人際之間，才可能實現爲善行。

第二節　自由與使命的建立

由孟子對於心的反應的描述可知，心的作用必須配合實際的行動，才能夠促成善行，而不能貿然將心所展現的不忍或羞惡的反應，以及人性視爲「已然」的局面。心的作用之

⑤ 馮友蘭：「如無了解，他的行為，雖可以合乎仁義，但嚴格地說，不是仁底行為，或義的行為。他的行為，雖可以合乎禮，但亦不過是普通底『循規蹈矩』而已。無了解底人，只順性而行，或順習而行，他的行為雖合乎道德，但只是合乎道德底行為，不是道德行為。」（馮友蘭，《新原道》〔臺北市：臺灣商務印書館，一九九五〕，頁十。）

觸發，只是善行的起點，因此孟子在《孟子．公孫丑上》更進一步說明這四種心是仁、義、禮、智的「開端」⑥：

惻隱之心，仁之端也；羞惡之心，義之端也；辭讓之心，禮之端也；是非之心，智之端也。人之有是四端也，猶其有四體也。有是四端而自謂不能者，自賊者也；謂其君不能者，賊其君者也。凡有四端於我者，知皆擴而充之矣，若火之始然，泉之始達。苟能充之，足以保四海；苟不充之，不足以事父母。

孟子肯定實現仁、義、禮、智的開端與傾向是內發的，不是外界加給我的。由此可知，

⑥ 趙岐：「端者，首也」（趙岐語，《孟子注》，引自〔清〕焦循撰；沈文倬點校，《孟子正義》〔北京市：中華書局，一九八七〕，頁二五三。）、孫奭：「本起於此也」。（《孟子注疏（十三經注疏）》，頁一一四。）朱熹：「惻隱、羞惡、辭讓、是非，情也。仁、義、禮、智，性也。心，統性情者也。端，緒也。因其情之發，而性之本然可得而見，猶有物在中而緒見於外也。」（《四書章句集注》，頁三二九。）由本章所援引的妻妾的羞惡之心和齊宣王以羊易牛的例子可知，朱熹以「緒」解「端」，以為仁、義、禮、智是性的解釋，不免有倒果為因之誤。趙岐、孫奭的解釋反而更能符合孟子重視「擴而充之」、「善推其所為」的用心。

「乃若其情，則可以為善矣，乃所謂善也」所說的人性不是一種「已然」的局面，而是一種潛能與傾向，而非善的完成。⑦孟子不僅指出這種向善的潛能與傾向是內存的，更向上推源於天，《孟子・告子上》：

> 心之官則思，思則得之，不思則不得也。此天之所與我者。先立乎其大者，則其小者弗能奪也。此為大人而已矣。

孟子肯定人心有「思」的作用，即一種覺悟的能力，一旦運用了心的功能，順著自然湧現的四心，應用在人際之間落實為具體的行為實踐，就可以做到善。德行完備的「大人」與平凡「小人」之間，差異就在於「思」與「不思」。思與不思的能力顯示人可以意識到發生在自己身上的內在力量，於是人可以對這些力量採取反思的距離。思與不思的選擇操

⑦傅佩榮指出：「孟子強調人與禽獸的根本差異，在於人心有四個『善端』，可以擴充發展為『仁義禮智』（〈公孫丑上〉）。善端是善的開始與萌芽，而不是善的完成。」（傅佩榮，《儒家哲學新論》〔臺北市：聯經出版事業公司，二〇一〇〕，頁十八。）

之在我，我若不選擇使用心思的功能，那麼心就好像不存在一樣，因此孟子指出「求則得之，舍則失之」。相對於心，身體則容易受到外物吸引，而受制於自然。然而，一旦人自覺心的官能，就可能身在自然之中，同時超越自然。人雖然受限於自身身體的能力，但是人有自由可以選擇不受身體的本能和伴隨而來的欲望影響，主動實踐善行，甚至犧牲生命。⑧究其根源，孟子指出心是天賦予人的器官，運用心的功能，人得以脫離身體的裏脅。天將心賦予所有人，心具備共同的傾向與潛能，順從心的要求而實現的仁義忠信，以及樂於行善而不疲倦者，被孟子稱為「天爵」，《孟子・告子上》：

一、孟子曰：「有天爵者，有人爵者。仁義忠信，樂善不倦，此天爵也；公卿大夫，此人爵也。古之人修其天爵，而人爵從之。今之人修其天爵，以要人爵；既得人爵，而棄其天爵，則惑之甚者也，終亦必亡而已矣。」

二、孟子曰：「欲貴者，人之同心也。人人有貴於己者，弗思耳矣。人之所貴者，非良貴也。趙孟之所貴，趙孟能賤之。」

---

⑧例如《孟子・告子上》：「生亦我所欲也，義亦我所欲也；二者不可得兼，舍生而取義者也。」

孟子無非是想要強調人爵的基礎應該建立在德行修養之上。人給的爵位與尊貴，亦可為人所輕賤，重要的在於所有人自身具備的、可能發展為貴重德行的東西，只是不去思考罷了。思考是心的官能，可見孟子所說的「人人有貴於己者」，即是指心。心的要求只是行仁與禮的開端，不等於仁與禮，君子的特色就在於能夠以仁禮省察[9]自己，省察自己是否能夠彰顯心的要求，因此《孟子・離婁下》說：「君子所以異於人者，以其存心也。君子以仁存心，以禮存心。」君子與一般人的不同之處，在於君子能夠用仁德和守禮來考察自己是否能夠主動而眞誠地發揮心向善的傾向與潛能。[10]

在人能夠自由抉擇思或不思的基礎上，人若能夠充分擴充心發出的要求與傾向，並且配合實踐，「盡心力而為之」[11]落實為具體的善行，就是「盡心」。順著這樣的思路，孟

---

⑨ 焦循：「趙氏以在釋存，蓋以在為察，在心即省察其心。」（《孟子正義》，頁六四一。）

⑩ 本章中「向善」一詞是參考傅佩榮對於儒家人性論的研究所得。傅佩榮指出：「以『向』來形容人性，表示人性是開方的、動態的，是等待被實現的潛能，必須在人生的過程中，經由個人的選擇而付諸實現。……至於以『善』來描述人性的共同趨向，則是因為道德是人的一切可能性之中，最根本、最重要的一種。」（傅佩榮，《儒家哲學新論》（臺北市：聯經出版事業公司，二〇一〇），頁十九－二十。）

⑪ 〔清〕毛奇齡著；胡春麗點校，《四書改錯》（上海市：華東師範大學出版社，二〇一四），頁三七七。

子構築了一套「立命說」，《孟子・盡心上》：

孟子曰：「盡其心者，知其性也。知其性，則知天矣。存其心，養其性，所以事天也。殀壽不貳，修身以俟之，所以立命也。」

「仁義禮智之端，原於性而見於心。」[12]儒家哲學配合經驗，人在日常生活中遭遇特定情況——例如「妻妾發現丈夫以不正當的方法謀求飲食」、「王坐於堂上，有牽牛而過堂下者」——觸發心的官能，自覺「心」（四端）所發的要求，使其眞實地呈現，順勢將「心」的要求充分擴充實踐，就會了解對於善行有所要求是人的本性。孟子基於《詩經》「天生烝民，有物有則。民之秉彝，好是懿德」的古代傳統，既然天是人類存在的來源，那麼「性」的根源自然也歸於「天」。[13]人性是天所賦予，面對壽命的客觀限制也不改變

⑫ 焦循語，《孟子正義》，頁九四三。

⑬ 《孟子・盡心上》所說的盡心、知性、知天應該是就人的認識先後而言，認識在先的經常是存有次序在後者，天是存有次序上最先存在的，至於心與性的先後問題，孟子並沒有明確說明。

積極養育人性的態度，等待隨時可能到來的任務，就是建立使命的正確方法。孟子雖肯定人可以主動建立使命，「殀壽不貳」卻突顯了人自由實現其本性時，可能面對的隱憂與阻力——人的生命有限，同時受到種種客觀環境的影響與限制。

第三節　使命與命運之間的張力與超越

人類在自由選擇是否順其本性而行的同時，不得不面對不受人類意志左右的種種限制力量。人固然能選擇是否順性而爲，但是這種「看似」自由的選擇，並不是絕對自由的。首先，選擇行動的自由受到身體能力的限制。孟子明確地區分了「不爲」與「不能」。⑭

⑭《孟子・梁惠王上》：「故王之不王，不為也，非不能也。」曰：「不為者與不能者之形何以異？」曰：「挾太山以超北海，語人曰：『我不能。』是誠不能也。為長者折枝，語人曰：『我不能。』是不為也，非不能也。」

「不爲」是能力上可以做得到，但是意志上不願意做；「不能」是能力上做不到，即便意志上想要作也無法達成。孟子雖然認爲人有選擇行動的自由，但是這種選擇的自由是有限的，人至少受限於自身身體的能力。再者，選擇行善時也受到心的獨特「傾向」影響，關鍵在於行動者是否意識到心的特殊傾向，而主動付諸實踐。⑮人雖有良知、良能，若不行善就會不忍，但人依然可能漠視心的要求，甚至根本未曾自覺它們的存在。孟子探討人性問題時，強調自覺心的各種要求，顯示孟子觀察人類行爲的時候，已經觸及到一般人經常沒有意識到的、決定我們追求善行的力量，並且將這種推動行爲的力量區分爲惻隱、羞惡、辭讓、是非四類。⑯在盡心、知性的過程中，「自覺」使得人類在有限能力與心的特殊傾向影響之下，保有相對的選擇自由——我自覺心的功能並且順從它行動，或者拒絕與

---

⑮《孟子・盡心上》：孟子曰：「人之所不學而能者，其良能也；所不慮而知者，其良知也。孩提之童無不知愛其親者，及其長也，無不知敬其兄也。親親，仁也；敬長，義也。無他，達之天下也。」

⑯ E.佛洛姆：「自由於選擇的意識證明了自由的存在——早已被斯賓諾莎和萊布尼茲澈底推翻了。斯賓諾莎指出，我們之有自由的幻覺，是因為我們只覺知自己的欲望，卻不覺知這些欲望的動機。萊布尼茲也同樣指出，意志是由部分為我們所謂意識到的傾向所驅動。」（E.佛洛姆著，孟祥森譯，《人的心・人的善惡傾向》〔臺北市：有誌出版，二〇〇七〕，頁一五一。）

之配合。孟子洞見人有這樣深層的自我意識，意識到發生在自己身上的內在力量，可以審思是否將這種力量當成行動的理由以證成自己的行動，即便「不作爲」也是有理由的不作爲，也是一種具有理由的「行動」。孟子將這兩種相對的張力稱爲「誠」與「不誠」，並且肯定「誠」賦予行爲道德價值。⑰

必須進一步追問的是，孟子認爲天賦予人類心這個能思的器官，當人自覺心的官能，自由地選擇順從人性而行時，就必然能夠成就善行、建立使命、甚至完成上天賦予的任務嗎？答案顯然是否定的，孟子也說明了依循本性實踐善行的過程中，還存在著各種阻力，《孟子．盡心下》：

> 孟子曰：「口之於味也，目之於色也，耳之於聲也，鼻之於臭也，四肢之於安佚也，性也，有命焉，君子不謂性也。仁之於父子也，義之於君臣也，禮之於賓主也，智之

---

⑰《孟子．離婁上》：「是故誠者，天之道也；思誠者，人之道也。至誠而不動者，未之有也；不誠，未有能動者也。」這段話的意思是：天的運作模式是「真實」，而人的正確途徑是「真誠」。極端真誠而不能有善的行動，是不曾有過的事；如果沒有真誠，是絕不能有善的行動。孟子這段話顯示其立場：真正的善行必須具備真誠行善的動機。

於賢者也，聖人之於天道也，命也，有性焉，君子不謂命也。」

口、目、耳、鼻、四肢對於美味、美色、好聽的聲音、香味、安逸的生活，是出於本性的要求，能否得到則要看命運，所以君子不說這些是本性。仁德對於父子、義行對於君臣、守禮對於賓主、明智對於賢者、聖人對於天道的體現，屬於命運，但是其中也有本性作爲依據，所以君子不說這些是命運。⑱父子之間要求仁德、君臣之間要求義行、賓主之間要求守禮、賢者要求明智、天道的體現需要聖人，父子、君臣、賓主、賢者能不能實現仁義禮智、天道能否得到聖人的體現，都屬於命運，但是其中皆有本性作爲依據，所以君子

⑱趙岐解釋本段時，在仁、義、禮、智下各加上「者」字，恐是為了配合與「聖人」排比，但是卻產生增字解經之嫌。孫奭則以為仁、義、禮、智是指四端而言，聖人兼統四體而與於天道，釋為「仁以恩愛施之於父子，義以義理施之於君臣，禮以禮敬施之於賓主，知以明智施之於賢者，而具四端，聖人兼統四體而與於天道以王天下。」將四端與四種德行分解，雖然造成解釋的冗贅，但是四端發揮其功用，施於父子、君臣、賓主、賢者上，若不考慮冗贅反覆的問題，似乎可以解釋得通。但是孫奭的解釋中，憑空生出「以王天下」則不可理解，一方面《孟子》原文中未見此語，另方面孟子曾說：「君子有三樂，而王天下不與存焉。」（《孟子・盡心上》），若以「兼統四體而與於天道以王天下」為「性」，則不容易自圓其說。（詳見《孟子注疏（十三經注疏）》，頁四六四。）

不說這是命運。「命」的根源上溯至天，人間一切「限定」皆可認爲是天命的結果。⑲由《孟子・盡心下》的這一段引文可知，孟子所說的命，除了作爲人能夠主動建立的使命以外，還有作爲限制人類的命運之意。

人在自由選擇是否實現本性以建立使命的同時，還存在著命運作爲對抗的力量。不僅在實現本性時受到命運的限制，祿位、禍患、莫可奈何的遭遇，皆屬於命的範疇。天不僅是人類存在的來源，天還能夠以行動與事件表示其意志，造成人間的各種條件與限制，因此孟子也將「天」與「命」並舉。

一、《孟子・萬章上》：天與賢，則與賢；天與子，則與子。……莫之為而為者，天也；莫之致而至者，命也。

二、《孟子・萬章上》：彌子謂子路曰：「孔子主我，衛卿可得也。」子路以告。孔子曰：「有命。」孔子進以禮，退以義，得之不得曰「有命」。而主癰疽與侍人瘠環，是無義無命也。

---

⑲ 詳見傅佩榮，《儒道天論發微》（臺北市：聯經出版事業公司，二〇一〇），頁一三五。

三、《孟子‧盡心上》：孟子曰：「莫非命也，順受其正；是故知命者不立乎巖牆之下。盡其道而死者，正命也；桎梏死者，非正命也。」

四、《孟子‧盡心上》：孟子曰：「求則得之，舍則失之，是求有益於得也，求在我者也。求之有道，得之有命，是求無益於得也，求在外者也。」

一切的遭遇都是命運，不過其中有合乎情理、理性可以了解的正當命運，因此了解命運的人會依據理性的判斷，盡可能防範災禍。但是，孟子也承認「命運」有其不可測度的部分。不可測度的命運也昭示了天意超越人類理性理解能力的一面：

一、《孟子‧梁惠王下》：君子創業垂統，為可繼也。若夫成功，則天也。君如彼何哉？強為善而已矣。

二、《孟子‧梁惠王下》：吾之不遇魯侯，天也。臧氏之子焉能使予不遇哉？

三、《孟子‧離婁上》：天下有道，小德役大德，小賢役大賢；天下無道，小役大，弱役強。斯二者，天也。

人努力行善，但是所謀能否成功，只有讓天來決定。孟子欲說服各國國君實行仁政，然而是否能夠會晤國君，則歸於天意。天下上軌道時，德行與智慧受到重視，天下不上軌道，則人間只有成王敗寇。人類順從天所賦予的心與性的要求，努力實現德行建立使命的同時，天也造成各種限制與命運來挫折人。孟子主張「立命」的同時，也未曾否定「有命」的阻撓。

昔者曾子謂子襄曰：「子好勇乎？吾嘗聞大勇於夫子矣：自反而不縮，雖褐寬博，吾不惴焉？自反而縮，雖千萬人吾往矣。」（《孟子・公孫丑上》）

孟子由對於天的確信產生出立命的勇氣，同時又發覺天的意志顯示出人類理性所不能理解的側面。主動實現人性、建立使命，卻也認爲順應人性要求行善避惡不一定能迎來天意的肯定或相應的報償，孟子的立命說與有命說之間似乎包含了某種弔詭——天既要求人行善，又阻撓人行善。但深究孟子對天人關係的論述後終將發現，孟子立命與有命這兩種說法之間並不會造成矛盾的局面。

孟子論「命」的基礎並不只是根植於個人或人類共同的傾向上。「天生烝民，有物有則，民之秉彝，好是懿德。」人性是來自於天和人之間的力量與性格的傳遞，天與人的關係無論是創造或感生的關係，都是爲了人的德行修養與人格的完成預備基礎，這屬於天賦予人使命的一面。人雖然可能覺察自身的使命，但孟子未曾否認命運的限制。命運雖然能夠對人類實踐使命造成阻礙，但是人類能夠自由地決定用什麼態度面對命運。[20]因此，孟子將命運轉化爲實踐使命時的考驗：

> 故天將降大任於是人也，必先苦其心志，勞其筋骨，餓其體膚，空乏其身，行拂亂其所為，所以動心忍性，曾益其所不能。（《孟子．告子下》）

孟子說的立命和有命說皆指向同一種確信，天既作爲人之使命的根源，同時又超越人類理

[20] 參考羅洛．梅（Rollo May, 1909-1994）對於自由的描述：「他一點行動的自由都沒有，也沒辦法改變黑衫隊的行為。但是，他卻擁有所謂的『終極自由』，他有自由選擇用什麼態度去面對抓他來的人。這種生命的自由或本質的自由，涉及的是反省和權衡輕重的能力，有了這種能力，才有提出問題（不管有說還是沒說出來）的自由。」（羅洛．梅著，龔卓軍、石世明譯，《自由與命運》〔新北市：立緒文化公司，二〇〇一〕，頁八十一—八十二。）

性的認識範圍，雖然人無法全然了解天意，但是可以選擇面對天意的態度。孟子的人性論雖然符合對於人類眞實情況的觀察，但最終將人性植根於天的基礎之上，並且能透過「盡其心者，知其性也。知其性，則知天矣」的方式加以覺察。人類可以透過個人的體驗而「知天」，不過「知天」並非了解有關於「天」的一切，而是了解到天是人性的根源，以及了解天賦人性的具體內容。天意有其可知的側面，同時有不可知的側面，人無法完全理解天的意志與天的運作，不能測知天意全貌，這就是所謂命運及生命中的諸多客觀限制。

人性既然源自於天，那麼實現人性便可以視爲對於天賦號令的順應。但是，順應天命實現人性等待任務、建立使命時，人還必須面對命運與死亡（殀壽）等威脅，那麼天命似乎可能受到命運的超越。但是，人也可能在遭受命運與死亡威脅的時候，不顧命運與死亡而實現人性的潛能，從而超越命運與死亡。人類依據理性接受天的意志有其不可知的側面時，仍然能夠力行其所知，因而彰顯了人的自由，並且在面對命運的阻力時展現行動的勇氣，體認自己對於行善的責任感。

一、《孟子・公孫丑下》：王如用予，則豈徒齊民安，天下之民舉安。

二、《孟子・公孫丑下》：夫天未欲平治天下也。如欲平治天下，當今之世，舍我其誰也？吾何為不豫哉？

三、《孟子・告子上》：生亦我所欲也，義亦我所欲也；二者不可得兼，舍生而取義者也。

四、《孟子・告子下》：故天將降大任於是人也，必先苦其心志，勞其筋骨，餓其體膚，空乏其身，行拂亂其所為，所以動心忍性，曾益其所不能。

五、《孟子・盡心上》：殀壽不貳，修身以俟之，所以立命也。

六、《孟子・盡心下》君子行法，以俟命而已矣。

有限的人類無法由有限的生命激發超越命運的行動，這種實踐使命的確定感不能來自有限個人的自我肯定，背後的根源是孟子對於「天」的肯定。也是因此之故，孟子才可能說出：「夫天未欲平治天下也。如欲平治天下，當今之世，舍我其誰也？」（《孟子・公孫丑下》）、「君子行法，以俟命而已矣。」（《孟子・盡心下》）孟子並非消極接受命運的擺弄，而是在接受命運束縛的同時，展現出主動承擔使命——心對於行善的要求——的力量，對於命運與使命的承認與接受是並存的。孟子接受命運的侷限並且承擔使命，甚至隨時爲了實現人性而犧牲生命。敢於爲了實現天所賦予的人性而赴死的勇氣，正是孟子對天的確信的試金石。孟子未曾消除命運與死亡的威脅，而是承認並接受它們的來臨，將面對威脅的恐懼，轉化爲主動承擔的態度，對於天賦使命的確信激發了承擔威脅的勇氣。唯有承認與接受命運與死亡存在的事實，把它們轉化爲一個能夠將專注力投射的明確對象㉑，這個對象才能夠被面對、被忍受，人才可能對命運與死亡採取某種具體的態度；爲了能夠超越它們，必須先肯定它們。㉒

孟子不採取春秋末期的「不朽說」㉓或其餘形式的死而不亡的觀念，因爲那些說法無

㉑此處所說的「對象」並不一定具備「實在性」（Reality），只是就人的意識之能意識對象來推論被意識者存在，而稱之為「對象」。死亡便不具備實在性，雖然死亡本身是非存在或虛無，但它卻可以對人造成威脅、被人意識到，使人對它採取某種態度。例如：《孟子・告子上》：「死亦我所惡，所惡有甚於死者」。

㉒田立克（Paul Tillich, 1886-1965）指出：「任何極端的否定，只要它是主動的否定，它就含有這種悖論：為了能夠否定它自己，它必須肯定它自己。」（Paul Tillich, *The Courage to Be* (New Haven: Yale University, 2000), p.162.）

㉓《左傳・襄公二十四年》豹聞之：「大上有立德，其次有立功，其次有立言。」雖久不廢，此之謂不朽。（〔周〕左丘明傳：〔晉〕杜預注：〔唐〕孔穎達正義：浦衛忠、龔抗雲、胡遂、于振波、陳咏明整理：楊向奎審定，《春秋左傳正義（十三經注疏）》〔北京市：北京大學出版社，二〇〇〇〕，頁一一五二。）

異於今生的延長，只是將死前未遂的欲望以及對賞罰報應的渴求投射到死後，無疑是對命運與死亡來臨的抵抗。爲了超越命運與死亡的限制，必須先肯定它們。孟子選擇接受命運與死亡的限制，正是由於這份接受與承認的態度，使得命運和死亡的威脅失去力量。孟子將人性的實現與人格的完成視爲生命中最重要的問題，這些議題便爲人帶來強烈的滿足感，「萬物皆備於我矣。反身而誠，樂莫大焉。」（《孟子．盡心上》）不顧有限性的威脅，使人性不受到任何扭曲得以充分實現，激發人生最大的快樂，生命因此無所欠缺，甚至可以「舍生而取義」（《孟子．告子上》）。由於接受天意有不可理解的一面，解消了命運與死亡的威脅，另一方面又因爲對天命的確信，激發了實現人性的勇氣，生命的有限與終結遂轉化爲人生使命的完成。

第四節 結語

孟子所謂的性善說並非一種已然的局面，性善說是：若順人的眞實狀態，就可以做到善，而人的眞實狀態則是具備惻隱、羞惡、恭敬、是非之心，心的這四種反應是仁、義、禮、智四種具體善行的開端。心的官能是「思」，心是天賦予所有人的，如果能夠善用心的官能，自覺心面對特定事件時，能夠產生惻隱、羞惡、恭敬、是非的反應，並加以落實爲具體善行，時時刻刻都積極養育人性，等待隨時可能到來的任務，就是建立天交付給人的使命。天雖然賦予人使命，但是實踐使命的同時，可能遇到各種阻礙與限制，這是莫可奈何的命運。如果置身命運的束縛命運不可自拔，以爲外在世界的種種客觀條件或命運決定人的反應和行動，那麼人的反應與行動僅只是處於一種被動承受者的地位，人甚至可能由於生命中的各種客觀限制，拒絕對自己的行動負責。面對如此困局，孟子回到人的身上去尋思天意的呈現，由盡心、知性、知天的認識過程之中，天意的性質部分地可以由人在自覺中主動進行理解。因此，對人而言，天的意志或天的號令的性質，部分地受到人心、人性被理解的方式影響，人便可能由被動的承受者，轉換爲天意的主動實踐者與使命的建立者。孟子人性論的建立繼承孔子的創見，澈底地扭轉了儒家哲學出現以前那種只有天子一人能夠自覺天命的態勢，使天命對普遍的人類開放。但是如果因此就說孟子把天或天命賦予人的使命完全轉化爲「心」經過修養而展現出的某些要求，這是完全誤解了孟子，因爲不可測度的命運也昭示了天意超越人類理性理解能力的一面。處於對於使命的理解和天意造成不可測度的命運之間，人雖然受制於命運，卻能夠自由選擇用什麼態度面對它。受限於命運時，人仍然力行其所知的使命實現人性的要求，反而更加彰顯了人的自由。

結論

春秋末期「禮壞樂崩」的局勢中，各種禮制紛紛面臨挑戰，禮制的毀棄除了表示社會整合力量的喪失，更造成世界觀危機。人雖難免一死，但亂世使得人無法追求正義與公平的願景，生命歷程只剩下莫可奈何的種種遭遇，善惡報應失準，生命的意義與人的尊嚴於焉失落。至孔子登上歷史舞臺，繼承、損益夏、商、周三代的文化，提出以「仁」爲一貫之道的哲學系統，爲儒家哲學的發展踏出第一步。以《論語》爲核心的孔子哲學，要言之，即是「承禮啟仁」。眞誠面對內心情感要求是行「仁」的必要條件，孔子在人與人的關係中洞察人有「不安」的心理狀態，只要眞誠就會產生由內而發的力量，促使人行善避惡，同時快樂也由內而發。「安」與「不安」的情緒就是推動人順從人性規則發展的力量，同時也是避免禮儀流於空虛形式的關鍵，更是人行善避惡的根本動力。

人的生命雖然有命運的限制，有難以預期的遭遇與窮達順逆，客觀的限制與遭遇更是人人不同而無從問起的，孔子在命運的威脅下覺悟到眞正重要的是人性，面對命運的裏脅，人總是可以反省自己的意志，審思自己應該如何行動，反問自己是否安心，是否走在人性的道路上。孔子發現人類受到命運決定的同時，仍然可以選擇自身面對限制與決定所持的態度。人類詢問自己的遭遇是「如何」發生，有時不能得到令人滿意的答覆，甚至人類有限的知識往往不能掌握周身現象的原因，但是人們除了可以提問「如何」（How）

的問題，還能夠提出「爲什麼」（Why）的問題。孔子提示人們面對選擇與行動時，我們並非一味消極地受到命運決定，人還可以積極地思考行動的理由，爲自身的行動賦予意義。由於反思與理由賦予的能力，使每一個人都能夠成爲自身意志、選擇與決定的最終裁斷者。於是，當人類面對命運的難題時，反思和賦予理由的能力，讓人置身於命運的面前，卻又能夠超越命運，使人類得以將命運轉化爲另一個問題——亦即「使命」。

孔子在春秋末期，將過往狹義的「得天命爲天子」的「天命」，轉化爲「天」與每一個個人之間的關係。孔子相信天會將「命」賦予所有人，即便不是統治者，也可能「知天命」。「命」遂成爲直接聯繫天人之際的紐帶。實踐我心對於行善的要求，就是完成我個人的「使命」。孔子將天視爲自己生命與一生德行修養的來源，完成個人的修養，就是完成上天的使命。天命是每個人都可以理解的，都可以在自己身上加以肯定的。

孟子發展孔子的哲學思想，追溯「仁」的根源來自心之四端。在孟子以前，《論語》所說「心」的功能已經包含：對於知識的思索、情感和欲望的反應、選擇與決定的意志，以及分辨善惡的要求。孟子則將「心」的作用細緻化爲四個方面：人的生命若順著其眞實的樣態，處於一種非爲人、完全出於己的自然反應，內心惻隱、羞惡、恭敬、是非之心自然湧現。順著自然湧現的四心，就可以做到善，這就是孟子所謂的「善」。孟子的性善說是配合心所產生的動力，以及具體實踐的落實而言。心的作用經過人主動推廣、落實於人與人之間的關係，則可以爲善。孟子所說的善，就是適當的人倫關係，如：父子有親，君臣有義，夫婦有別，長幼有序，朋友有信。心所產生的不安、不忍的反應，不僅止於個人的言行，尙可影響周遭人群，甚至廣及天下。

「心」在孟子的哲學系統中扮演關鍵的角色。孟子認爲「心」是天賦與人的器官，「思」是心的官能，是天賦與人的。人有身體，生活在世界上不免受到外界事物吸引，但是人同時可以選擇順從身體官能的作用，或是選擇彰顯心的官能作用，搖擺於「思」與「不思」之間，因此發現了人的自由，發現自己不只是被外界事物拖著走的身體。心在特定情況下會發出四種類型的反應，亦即四端之心。如果充分擴充四端之心，就能夠在四端之心產生反應的背後發現自己的本性，由本性則可以了解到「天」。人能夠藉由充分發揮心的作用，得知個人心性的根源，同時主動事奉之，進而建立個人使命。孟子肯定心能夠發出四種道德要求，順從心之所欲，透過「擴而充之」、「盡心」兩種相輔相成的實踐工夫，人可以實踐善行，臻至人格的提升。爲德行修養打開善、信、美、大、聖、神六境，勉力行之可能向上提升至人們無法理解的境界。而孟子對於修養的強調，也反映出其理論的預設，人有盡心或不盡心、動心或不動心、行善或行惡等選擇意志與行動的自由，否則孟子的修養論將完全落空。

孟子一方面說明道德要求內在於人，順著人心要求加以擴充的工夫能夠臻至善境以外，另一方面也強調反面地透過外在的指導來激發心性。

孟子曰：「堯、舜，性之也；湯、武，身之也；五霸，假之也。久假而不歸，惡知其非有也？」（《孟子．盡心上》）

由此可見，工夫實踐的方向至少有三種：性之、身之、假之，三者如果能夠達到同樣的效果，又如何知道他們本來沒有仁義呢？大多數人是接受教育以後才理解人倫，道德上的天才（生而知之者）畢竟是少數，因此也彰顯了明善的重要。人類生活的法則是：吃飽穿暖，生活安逸而沒有接受教育，就和禽獸差不多。需要澈底發展人與其他物類不同之處，藉由教育指導人們明白什麼是善，才能督促人走上正道。教育之道往往需要由外至內，循循善誘，以使人們知道行善才是人性共同的趨向與願望。由此開啟了因爲明白善的重要，而能夠眞誠體察到內心有股要人行善避惡的動力之修養工夫進路。孟子哲學承先啟後，爲儒家哲學建立了一套完整的人格修養境界論述，同時彰顯了兩種相反相成的工夫進路。

然而，端詳孔子與孟子的人性論述，子曰：「性相近也，習相遠也。」（《論語・陽貨》）而孟子道性善，孟子曰：「乃若其情，則可以爲善矣，乃所謂善也。」（《孟子・告子上》）孔子與孟子對於「性」的觀點，乍看之下互相排斥。如果說性即善，那麼應該是性相同，何必說性相近呢？皇侃《論語義疏》辨析孔子說「性」是人人相似但是不相同的東西，既然說相似，就表示每個人的「性」也並非完全不相同，所以每個人的「性」是「相異而未相遠」。由孔孟對於人性的見解來看，人一旦眞誠，便傾向於選擇行善，「乃若其情，則可以爲善矣，乃所謂善也。」同時行善需要長久堅持。人類在眞誠展現人性的情況下，皆能發出追求善行、懿德的共同趨向，但是對於人性要求的自覺則有強弱之別，因此孔子將人性歸結爲：「性相近也，習相遠也。」孔子與孟子的人性論，相輔相成爲一完整的人性論系統。

經過筆者重新梳理孔孟人性論，可以得知孔子、孟子對於人性論並不採取本質式的理解，如果人性天生即是善的，那麼這種善性與行動者自身的意志、決定、意願、選擇、控制等皆毫無關聯，行動者無法對這樣的人性負起道德責任。另一方面，本質式地將人性定義爲「善」，此舉無非是用某些自然對象集合的屬性來替代「善」，這樣的「善」概念與進行道德評價時所使用的「善」也不當屬於同一層次。還可以由修養的必要性來審視人性即善或人性本善這種說法的疏謬：

一、如果初時皆善的「善」比實踐後所得的善更具有價值，那麼努力進行工夫實踐豈不是降低了原來皆善的人性嗎？

二、如果初時的人性之善不夠完美，所以必須透過工夫實踐來補充其價值，那又何必說初時為「善」呢？

筆者認爲人性與善之間的關係，應該將人性理解爲向善的穩定趨向，否則孔孟的「性善說」終將陷入自然主義的謬誤或者本性與行動者分離的困境。筆者主張以善爲人性的共同趨向與愛好，人在眞誠的狀態下，若不行善避惡則會不安。然而，在眞誠的狀態下，卻不會因不爲惡而不安，顯示人性是一種求善的穩定力量，因此，筆者認爲孔孟的人性論應詮釋爲「向善論」。

孔孟所樹立的人性論傳統，也影響了後世的儒家哲學，《中庸》首章便說：「天命之謂性，率性之謂道，修道之謂教。」無論「率性」或「修道」的工夫，都必以「天命之謂性」爲根本。由「率性」一語來看，順著本性去實踐就稱爲「道」，此道屬於所有人。

《中庸》更進一步對於「人之道」做出說明，《中庸．第二十章》：「誠之者，人之道也……誠之者，擇善而固執之者也」，將「誠」、「人之道」與「善」三個概念放在一起討論。簡而言之，依循本性而行也就稱爲人的正路，人的正路就是讓自己眞誠，讓自己眞誠就是選擇善行並且堅持下去。「率性」就是擇善固執，「擇善固執」一語，明確顯示人性表現爲一種張力：人有選擇順從本性實踐善行或者背離本性的可能性，亦即率性與否的自由，人性立足於人的意志與行動存在其他可能性的緊張關係上。

孔孟人性論洞察人心的特色，肯定人具有思與不思、操存舍亡、實踐人性與否的自由，使人能夠塑造自我、建立人格與尊嚴，同時讓責任與修養不至於失所憑依。不過，選擇的自由也造成風險，警示人隨時都有犯錯的可能性。筆者由意志、選擇與自由等概念重新解析孔孟的人性論，借鑑當代哲學問題，意圖不在於展現個人對於中西比較哲學的興趣，只盼能對古代中國哲學詮釋投入一絲新的可能性，尋思先哲面對今日哲學世界的挑戰能夠給予何種啟發。

徵引文獻

一、期刊論文（依出版年分排序）

1. 胡厚宣，〈釋「余一人」〉，《歷史研究》第一期（一九五七），頁七五—七八。
2. Strawson, P. F. "Freedom and Resentment", *Proceedings of the British Academy* 48(1962): 1-25.
3. Davidson, Donald. "Actions, Reasons, and Causes", *The Journal of Philosophy*, 60(1963): 685-700.
4. 傅佩榮，〈中國基督徒在思想及文化界的角色〉，《神學論集》第六十四期（一九八五年七月），頁二一七—二五四。
5. 傅佩榮，〈存在與價值之關係問題〉，《國立臺灣大學哲學論評》第十五期（一九九二年一月），頁一二七—一四二。
6. 傅佩榮、林安梧，〈「人性向善論」與「人性善向論」——關於先秦儒家人性論的論辯〉，《哲學雜誌》第五期（一九九三年六月），頁七八—一〇七。

7. Mele, Alfred. "Review of Kane's *The Significance of Free Will*", *Journal of Philosophy* 95(1998): 581-584.

8. 谷中信一，〈上海博楚簡「魯邦大旱」譯註〉，《出土文獻と秦楚文化》創刊號（二〇〇四年七月），頁八五—一一八。

9. 沈清松，〈從「方法」到「路」——項退結與中國哲學的方法論問題〉，《哲學與文化》第三二卷第九期（二〇〇五年九月），頁六十一—七十八。

10. 陳瑋芬，〈西學啟蒙：由中村敬宇和嚴復的翻譯事業觀其會通東西的實踐〉，《臺灣東亞文明研究學刊》第五卷第一期，總第九期（二〇〇八年六月），頁六十一—一一一。

11. 李賢中，〈從《公孫龍子》的詮釋比較看經典詮釋之方法問題〉，收入洪漢鼎、傅永軍主編，《中國詮釋學第八輯》，濟南市：山東人民出版社，二〇一一。

12. 許家馨，〈自由與責任〉，《中央研究院週報》第一五九八期（二〇一七年一月五日），頁四—五。

13. 劉滄龍，〈牟宗三論政治自由和道德自由〉，《師大學報》第六十二卷第一期（二〇一七年三月），頁四十九—六十一。

二、古籍

1. 〔周〕左丘明撰；鮑思陶點校，《國語》，濟南市：齊魯書社，二〇〇五。

2. 〔漢〕孔安國傳；〔唐〕孔穎達正義；廖名春、陳明整理；呂紹綱審定，《尚書正義（十三經注疏）》，北京市：北京大學出版社，二〇〇〇。

3. 〔漢〕毛亨傳；〔漢〕鄭玄箋；〔唐〕孔穎達疏；鞏抗雲、李傳書、胡漸逵、肖永明、夏先培整理；劉家和審定，《毛詩正義（十三經注疏）》，北京市：北京大學出版社，二〇〇〇。

4. 〔漢〕鄭玄注；〔唐〕賈公彥疏；趙伯雄整理；王文錦審定，《周禮注疏（十三經注疏）》，北京市：北京大學出版社，二〇〇〇。

5. 〔漢〕鄭玄注；〔唐〕孔穎達疏；龔抗雲整理；王文錦審定；李學勤主編，《禮記正義（十三經注疏）》，北京市：北京大學出版社，二〇〇〇。

6. 〔周〕左丘明傳；〔晉〕杜預注；〔唐〕孔穎達正義；蒲衛忠、龔抗雲、胡遂、于振波、陳咏明整理；楊向奎審定，《春秋左傳正義（十三經注疏）》，北京市：北京大學出版社，二〇〇〇。

7. 〔漢〕公羊壽傳；〔漢〕何休解詁；〔唐〕徐彥疏；浦衛忠整理；楊向奎審定，《春秋公羊傳注疏（十三經注疏）》，北京市：北京大學出版社，二〇〇〇。

8. 〔魏〕何晏注；〔宋〕邢昺疏；朱漢民整理；張豈之審定，《論語注疏（十三經注疏）》，北京市：北京大學出版社，二〇〇〇。
9. 〔漢〕趙岐注；〔宋〕孫奭疏；廖名春、劉佑平整理；錢遜審定，《孟子注疏（十三經注疏）》，北京市：北京大學出版社，二〇〇〇。
10. 〔漢〕劉熙，《釋名》，北京市：中華書局，二〇一六。
11. 〔宋〕朱熹，《四書章句集注》，臺北市：大安出版社，一九九九。
12. 〔宋〕朱熹，《周易本義》，臺北市：大安出版社，一九九九。
13. 〔清〕毛奇齡著；胡春麗點校，《四書改錯》，上海市：華東師範大學出版社，二〇一四。
14. 〔清〕焦循撰；沈文倬點校，《孟子正義》，北京市：中華書局，二〇一五。
15. 〔清〕劉寶楠，《論語正義》，高流水點校，北京市：中華書局，一九九〇。
16. 〔清〕戴震，《孟子字義疏證》，北京市：中華書局，一九八二。

三、中文專書

1. 王治心，《中國宗教思想史大綱》，北京市：商務印書館，二〇一五。
2. 牟宗三，《中國哲學的特質》，臺北市：臺灣學生書局有限公司，一九六三。

3. 牟宗三，《圓善論》，臺北市：臺灣學生書局有限公司，一九八五。
4. 牟宗三，《五十自述》，新北市：鵝湖月刊社，一九八九。
5. 牟宗三，《人文講習錄》，收入《牟宗三先生全集》，臺北市：聯經出版事業公司，二〇〇三，第二十八冊。
6. 杜正勝，《從眉壽到長生：醫療文化與中國古代生命觀》，臺北市：三民書局，二〇〇五。
7. 何永清，《論語語法通論》，臺北市：臺灣商務印書館，二〇一六。
8. 余英時，《論天人之際：中國古代思想起源試探》，臺北市：聯經出版事業公司，二〇一四。
9. 李淵庭、閻秉華整理，《梁漱溟先生講孔孟》，上海市：上海三聯書店，二〇〇八。
10. 李學勤，《中國古代文明研究》，上海市：華東師範大學出版社，二〇〇四。
11. 屈萬里，《尚書今註今譯》，臺北市：臺灣商務印書館，一九六九年。
12. 林火旺，《倫理學》，臺北市：五南圖書出版股份有限公司，二〇〇四。
13. 林義正，《孔學鈎沉》，臺北市：國立編譯館，二〇〇七。
14. 周紹賢、劉貴傑，《魏晉哲學》，臺北市：五南圖書出版股份有限公司，一九九六。
15. 唐君毅，《中國哲學原論．導論篇》，臺北市：臺灣學生書局有限公司，一九八六。
16. 徐向東，《理解自由意志》，北京市：北京大學出版社，二〇〇八。

17. 徐復觀，《中國思想史論集》，臺北市：臺灣學生書局有限公司，一九五九。
18. 徐復觀，《中國人性論史——先秦篇》，臺北市：臺灣商務印書館，一九六九。
19. 袁保新，《從海德格爾、老子、孟子到當代新儒學》，武漢市：武漢大學出版社，二〇一一。
20. 馬承源主編，《上海博物館藏戰國楚竹書（二）》，上海市：上海古籍出版社，二〇〇二。
21. 莫里茨．石里克著，〈人何時應該負責任〉，譚安奎譯，收入徐向東編，《自由意志與道德責任》，南京市：江蘇人民出版社，二〇〇六。
22. 陳來，《古代思想的文化世界：春秋時代的宗教、倫理與社會思想》，臺北市：允晨文化事業有限公司，二〇〇六。
23. 許進雄，《古事雜談》，臺北市：臺灣商務印書館，二〇二〇。
24. 許詠晴，《《論語》與《孟子》的生命觀研究》，新北市：花木蘭文化事業有限公司，二〇一八。
25. 張灝，《幽暗意識與民主傳統》，臺北市：聯經出版事業公司，二〇〇〇。
26. 張灝，《時代的探索》，臺北市：中央研究院．聯經出版事業公司，二〇〇四。
27. 馮友蘭，《中國哲學史》，臺北市：臺灣商務印書館，一九九三。
28. 馮友蘭，《新原道》，臺北市：臺灣商務印書館，一九九五。

29. 馮友蘭，《中國哲學史新編》，北京市：人民出版社，一九九八。
30. 程樹德著；程俊英、蔣見元點校，《論語集釋》，北京市：中華書局，一九九〇。
31. 項退結，《中國哲學之路》，臺北市：東大圖書股份有限公司，一九九一。
32. 傅斯年，《性命古訓辨證》，臺北市：中央研究院歷史語言研究所，一九九二。
33. 傅佩榮，《儒道天論發微》，臺北市：聯經出版事業公司，二〇一〇。
34. 傅佩榮，《儒家哲學新論》，臺北市：聯經出版事業公司，二〇一〇。
35. 傅佩榮，《孟子解讀：新世紀繼往開來的思想經典》，新北市：立緒文化公司，二〇一二。
36. 傅佩榮，《予豈好辯哉：傅佩榮評朱注四書》，臺北市：聯經出版事業公司，二〇一三。
37. 傅佩榮等著，《人性向善論發微：傅佩榮「人性向善論」之形成、論證與應用》，新北市：立緒文化事業有限公司，二〇二一。
38. 黃進興，《再現傳統中國的思想》，香港：中華書局，二〇二〇。
39. 喬秀岩，《義疏學衰亡史》，北京市：生活．讀書．新知三聯書店，二〇一七。
40. 勞思光著，《虛境與希望——論當代哲學與文化》，劉國英編，香港：中文大學出版社，二〇〇三。
41. 勞思光，《新編中國哲學史（一）》，臺北市：三民書局，二〇一〇。

42. 楊伯峻，《孟子譯注》，全二冊，北京市：中華書局，一九八八。
43. 楊伯峻，《春秋左傳注》，全二冊，臺北市：紅葉文化，一九九三。
44. 楊澤波，《孟子性善論研究》，上海市：上海人民出版社，二〇一六。
45. 楊儒賓，《儒家身體觀》，臺北市：中央研究院中國文哲研究所，一九九六。
46. 趙容俊，《殷商甲骨卜辭所見之巫術（增訂本）》。北京市：中華書局，二〇一一。
47. 劉述先，《生命情調的抉擇》，臺北市：臺灣學生書局有限公司，一九九二。
48. 錢穆，《孔子與論語》，臺北市：聯經出版事業公司，一九七四。
49. 錢穆，《靈魂與心》，臺北市：聯經出版事業公司，一九七六。
50. 錢穆，《中國歷史精神》，臺北市：東大圖書股份有限公司，二〇〇三。
51. 蔡仁厚，《孔孟荀哲學》，臺北市：臺灣學生書局有限公司，一九八四。
52. 釋空海編，《篆隸萬象名義》，北京市：中華書局，一九九五。
53. 顧頡剛，《古史辨自序》，北京市：商務印書館，二〇一一。

四、專書中譯本（依出版年分排序）

1. 布魯格（Walter Brugger）編著，項退結編譯，《西洋哲學辭典》，臺北市：先知出版社，一九七六。

2. 馬丁・布伯（Martin Buber）著，陳維剛譯，《我與你》，苗栗縣：桂冠圖書，一九九一。
3. 羅洛・梅（Rollo May）著，龔卓軍、石世明譯，《自由與命運》，新北市：立緒文化公司，二〇〇一。
4. 杜斯妥也夫斯基（Fyodor Mikhailovich Dostoyevsky）著，臧仲倫譯，《卡拉馬助夫兄弟們》，臺北市：聯經出版事業公司，二〇〇四。
5. 埃里希・佛洛姆（Erich Fromm）著，孟祥森譯，《人的心・人心的善惡傾向》，臺北市：有誌出版，二〇〇七。
6. 斯賓諾莎（Baruch de Spinoza）著，賀麟譯，《倫理學：知性改進論》，上海市：上海人民出版社，二〇〇九。
7. 弗雷澤（James George Frazer）著，汪培基、徐育新、張澤石譯，《金枝巫術與宗教之研究》，北京市：商務印書館，二〇一二。
8. 埃里希・佛洛姆（Erich Fromm）著，《自我的追尋》，新北市：木馬文化，二〇一五。
9. 大衛・休謨（David Hume）著，關文運譯，《人性論》，北京市：商務印書館，二〇一六。
10. 布羅尼斯拉夫・馬林諾夫斯基（Bronislaw Kasper Malinowski）著，李安宅譯，《巫術科學宗教與神話》，上海市：上海社會科學院出版社，二〇一六。

11. G. E.摩爾（G. E. Moore）著，陳德中譯，《倫理學原理》，北京市：商務印書館，二〇一七。
12. 艾倫・W・沃茨（Alan W. Watts）著，馬勵譯，《不安的智慧——憂鬱年代裡身心解放的秘密》，臺北市：橡樹林文化出版社，二〇一七。

五、日文專書（五十音順）

1. 岡村秀典，《夏王朝》，東京都：講談社文庫，二〇〇七。
2. 門脇俊介、野矢茂樹編，《自由と行為の哲学》，東京都：春秋社，二〇一〇。
3. 小坂井敏晶，《責任という虚構》，東京都：東京大学出版会，二〇〇八。
4. 高山守，《自由論の構築——自分自身を生きるために》，東京都：東京大学出版会，二〇一三。
5. 成田和信，《責任と自由》，東京都：勁草書房，二〇〇四。
6. 森三樹三郎，《中国思想史》，東京都：第三文明社，一九七八。

六、外文專書

1. Anscombe, G. E. M. *Intention*. Cambridge, MA: Harvard University Press, 2000.
2. Blackburn, Simon. *Think*. Oxford: Oxford University Press, 1999.
3. Campbell, Joseph K. *Free Will*. Cambridge: Polity Press, 2011.
4. Copleston, Frederick. *A History of Philosophy Vol.2*. New York: Image Books-Doubleday, 1993.
5. Fischer, John Martin., and Ravizza, M. *Responsibility and Control: A Theory of Moral Responsibility*. New York: Cambridge University Press, 1998.
6. Fischer, John Martin. “Free Will and Moral Responsibility”, in *The Oxford Handbook of Ethical Theory*. Edited by David Copp. New York: Oxford University Press, 2006.
7. Frankfurt, Harry. “Freedom of the Will and a Concept of a Person”, in *Free Will*. Edited by Gary Watson. Oxford: Oxford University Press, 2003.
8. Kane, Robert. *The Significance of Free Will*. New York: Oxford University Press, 1996.
9. Kane, Robert. *A Contemporary Introduction to Free Will*. New York: Oxford University Press, 2005.
10. Leibniz, G. W. F. *Selections*. New York: Scribner’s, 1951.

11. Mele, Alfred R. and Robb, David. “Rescuing Frankfurt-Style Cases”, in *Agency and Responsibility*. Edited by Laura Waddell Ekstrom. Boulder, Colorado: Westview Press, 2001.
12. Mill, John Stuart. *A System of Logic*. New York: Harper & Row, 1874.
13. Otto, Rudolf. *The Idea of the Holy: An Inquiry into the Non-rational Factor in the Idea of the Divine and Its Relation to the Rational*. Translated by John W. Harvey. London: Oxford University Press, 1958.
14. O’Connor, Timothy. 2005. “Free Will.” in The Stanford Encyclopedia of Philosophy (Spring 2013 Edition), available from https://plato.stanford.edu/archives/spr2013/entries/freewill/。查閱日期：二〇二〇年二月五日。
15. Pink, Thomas. *Free Will: A Very Short Introduction*. New York: Oxford University Press, 2004.
16. Plato. *The Republic*. London: Penguin Books, 1955.
17. Searle, John R. *Rationality in Action*. Cambridge, Mass.: MIT Press, 2001.
18. Strawson, Peter Frederick. *Freedom and resentment, and other essays*. London: Methuen & Co. Ltd., 1974.
19. Tillich, Paul. *The Courage to Be*. New Haven: Yale University, 2000.

20. Van Inwagen, Peter. 1983. *An Essay on Free Will*. Oxford: Clarendon Press, 1983.
21. 京都大學図書館蔵清家文庫《論語義疏》第九卷。https://rmda.kulib.kyoto-u.ac.jp/item/rb00008676。查閱日期：二〇二〇年三月二十一日。
22. 懐徳堂記念会編《論語義疏》，大阪府：懐徳堂記念会，一九二四，https://dl.ndl.go.jp/info:ndljp/pid/1182236。查閱日期：二〇二〇年三月二十一日。
23. 国会図書館蔵江戸後期寫本《論語義疏》，https://dl.ndl.go.jp/info:ndljp/pid/2546272?tocOpened=1。查閱日期：二〇二〇年三月二十一日。

附錄

傅佩榮人性向善論的提出背景分析

摘要

傅佩榮教授是筆者敬重的師長，自筆者二〇〇七年進入國立臺灣大學哲學系，至二〇一七年取得博士學位，有緣親炙傅佩榮教授，予筆者啟蒙與極大的指導。傅教授於二〇一六年自國立臺灣大學哲學系退休，在國立臺灣大學執教長達四十年，博古通今、著作等身，對於中、西哲學研究的貢獻及推廣，爲所有後進研究者樹立了極高的典範。傅教授提出的「人性向善論」無疑是最具代表性與影響力的理論。筆者從學於傅教授期間，人性向善論已臻於完善，成就一個整全的理論系統，足以適切地詮釋孔、孟、《大學》、《中庸》、《易傳》的哲學，甚至荀子的基本信念仍是人性向善。①何其有幸能夠親見此理論的完備，身爲學生與後進，除人性向善論本身，人性向善論的提出契機，亦是筆者極感興趣的課題。

①傅佩榮，《儒家哲學新論》（臺北市：聯經出版事業公司，二〇一〇），頁十九。

傅佩榮教授指出古典儒家的主張是一種人性向善論。歷代對於古典儒家人性論的詮釋見解分歧，人性向善論不僅提供古典儒家圓滿的詮釋，人性向善論本身作爲一套哲學思想符合三項條件：基於經驗事實、合乎理性反省、指點理想途徑，②在今日亦能夠使人安身立命。傅教授四十餘年講學不輟，向善論的發展與推廣仍在持續，學者們可以由傅教授的大著中看見其對於向善論的反覆澄清。本文的立意則是盼能藉由整理傅教授早期的著作，還原人性向善論出現背景，將這段過程重新展示。就方法而論，屬於勞思光先生在《中國哲學史》中所論及的「發生研究法」。③人性向善論被提出的時間，不晚於一九八五年。在傅教授於一九八四年發表的博士論文中，已經說明人之性善在於人之心善，心之四端僅是善的萌芽而非滿全，而四端具有擴充發展的傾向；④一九八五年六月於《哲學與文

②傅佩榮，《儒家哲學新論》（臺北市：聯經出版事業公司，二〇一〇），頁十七。
③勞思光，《中國哲學史》（香港：香港中文大學崇基學院，一九八〇），第一卷，頁九－十一。
④傅佩榮，《儒道天論發微》（臺北市：聯經出版事業公司，二〇一〇），頁一四七－一四八。傅教授一九八四年自耶魯大學畢業的博士論文翌年於臺灣學生書局有限公司出版，題為《儒道天論發微》，後於二〇一〇年由聯經出版事業公司發行新版。

化》發表〈人性向善論——對古典儒家的一種理解〉一文，⑤正式確立其古典儒家哲學的詮釋立場；同年於《神學論集》發表〈中國基督徒在思想及文化界的角色〉，論及人性向善論與人性向惡論之協調，在中西哲學思想會通上開闢蹊徑。本文將聚焦於傅佩榮教授一九八五年以前的思想流變，恰為傅教授於國立臺灣大學哲學系執教的第一個十年。

第一節　會通中國思想與基督宗教時期

由公開發表的論文考察傅教授的學思歷程，最早起於西方哲學，特別是對於卡繆

⑤ 傅佩榮，〈人性向善論——對古典儒家的一種理解〉，《哲學與文化》第十二卷第六期（一九八五年六月），頁二十五—三〇。

（Albert Camus）等存在主義哲學，以及基督宗教哲學的研究，⑥公開論及中國哲學應是始自一九七七年。奠基於對西方哲學與基督宗教的研究，傅教授在一九七七年第六屆神學研習會發表題爲〈中國思想與基督宗教〉的報告；⑦又在一九八〇年於東海大學宗教與文化研究班講述〈中國思想與基督宗教之會通〉。⑧在這兩次報告中，已經顯示其對於會通東西方的興趣，並且提出「會通的十大基點」，茲列舉如下：

---

⑥ 謹將傅教授一九七七年以前公開發表的論文列舉如下：
(1)傅佩榮，〈多瑪斯哲學與當代思潮〉，《現代學苑》第八卷第五期（一九七一年五月），頁十七—二十二。
(2)傅佩榮，〈從「誤會」看卡繆思想〉，《現代學苑》第九卷第十一期（一九七二年十一月），頁十五—二十一。
(3)傅佩榮，〈卡繆（Albert Camus）思想的歷程與意義〉，《現代學苑》第十卷第三期（一九七三年八月），頁一—六。
(4)傅佩榮，〈卡繆（Albert Camus）的反抗哲學〉，《文藝月刊》第五十期（一九七三年八月），頁七十二—八十五。
(5)傅佩榮，〈結構主義的哲學評價〉，《哲學與文化》第二期（一九七四年四月），頁四十二—四十三。

⑦ 傅佩榮，〈中國思想與基督宗教〉，《神學論集》第三十二號（一九七七年七月），頁一七九—二一九。

⑧ 傅佩榮，〈中國思想與基督宗教之會通〉，《中國文化月刊》第五期（一九八〇年三月），頁二四—一四七。

一、性善論與原罪說
二、自力與他力
三、內存與超越
四、天人合一與神人合一
五、總體和諧與冥合於神
六、參贊化育者與受造物意識
七、孔子與基督
八、儒家的仁與基督的愛
九、宗教依於道德與道德依於宗教
十、知行合一與信行合一

第一基點與第二基點直接關聯到古典儒家人性論，其餘基點也必須立足於人性論與超越界的關係上方能建立。然而，這個時期人性向善論尚未被提出，傅教授對於中國哲學的觀點，主要是在彙整方東美先生、牟宗三先生、唐君毅先生、楊慶堃先生等前輩學者的研究，並且提出適當的評論。

此時期，傅教授藉由方東美先生的說法申說中國哲學的特質，肯定宇宙與人生是「旁通統貫的諧和整體」（Comprehensive harmony），並具備天人合德的傳統思想，於是產生價值中心觀的本體論與人性論，視生命之創造歷程即人生價值實現之歷程，進一步推論正人君子憑藉先天的性善與優美的懿德，人人皆可以發展成爲大人、聖賢、神人。[9]此外，也參考牟宗三先生的研究，肯定中國哲學的重點在於道德的主體性，而中國哲學對於道德性的重視，則根源於憂患意識，憂「德之不修，學之未講」、「萬物生育之不得其所」，因而產生責任感與悲憫之情，遂凝鍊成「敬德」、「明德」，向上遙契天命，尋求超越的肯定；又由天命下貫於人之本體，形成人的眞正的主體性。[10]傅教授指出牟先生理論的困難在於「主體性」的眞正意涵不易釐清，但對於牟先生對於「性」之規定，並未多做質疑。參見牟先生《中國哲學的特質》，牟先生認爲孟子看出人皆有不安於下墮而致淪落的本性，不安於下墮於罪的本性便是道德性，[11]由此理解道德善就在性之中，斷言孟

---

⑨〈中國思想與基督宗教之會通〉，頁一一七—一一八。
⑩〈中國思想與基督宗教〉，頁一八六—一八七。
⑪牟宗三，《中國哲學的特質》（臺北市：臺灣學生書局有限公司，一九六三），頁八十七。

子把性視爲道德的善本身。⑫〈中國思想與基督宗教〉、〈中國思想與基督宗教之會通〉二文中，傳教授彙整眾家之說，認爲中國人談人性的說法雖然龐雜，但可以概括地以「性善論」來代表，⑬此時對於孟子性善論的解析，則是循著「即心說性」，以人皆有惻隱之心、羞惡之心、辭讓之心、是非之心的「心善論」，證明性善。

既然具有得之於天命下貫於人的本善之性，人以性爲中介，向超越界開放，使得中國的天既是超越實體，轉而又是內在的，因此成就人的道德性及主體性。⑭天人合一的關鍵遂落在盡己性的道德修行歷程之上，形成宗教依於道德的論據。人藉由不斷與宇宙的生命力保持接觸，同時憑藉教育的助力，自然形成向超越界開放、自力與他力共存的修養型態。古典儒家雖包容自力與他力的修養型態，鼓勵人行善避惡，但是，「對於罪惡的來源以及爲何會有罪惡都缺乏根本的理論解釋。」⑮

⑫《中國哲學的特質》，頁八十四。
⑬〈中國思想與基督宗教之會通〉，頁一二七。
⑭〈中國思想與基督宗教之會通〉，頁一三一—一三二。
⑮〈中國思想與基督宗教之會通〉，頁一三三。

此時傅教授雖然尚未提出人性向善論，但是已經察覺傳統性善論在當代中西哲學交流的關頭，可能面對的詰問。於是便站在傳統性善論的立場上，對於人會墮落與犯罪的現象進行省思：

> 接著我們要問：所謂「人皆可以為堯舜」以及「塗之人可以為禹」，這裡為什麼說「可以」而不說「必然」？如果人性只是本善，沒有任何惡根的話，那麼想該是「必然」成聖成賢的。但是沒有人這樣說。為什麼人性本善而人又不必然成聖呢？因為人會墮落。為什麼會墮落？因為他會犯罪。⑯

傅教授洞見人性若只是本善而缺乏惡根，則必然成聖成賢，可是現實中並非人皆聖賢，人類社會存在犯罪與墮落的事實。傅教授此時並未明確說明惡根何在，僅結論性善論無法解釋最後的罪惡來源，與基督宗教原罪說亦無法相通。⑰如果貿然接受性善論，或以人性

---

⑯〈中國思想與基督宗教之會通〉，頁一二八。

⑰〈中國思想與基督宗教之會通〉，頁一三〇。

爲本善，則不得不面對罪惡的來源問題。面對人可能會墮落、犯罪的事實，以人性爲本善者，難以自圓其說，或者只能訴諸本能、欲望、衝動等「情惡論」的立場尋求解釋。但不容忽略的是，本能、欲望與衝動，是人類與其他動物所共通的，情惡論的立場實在無法彰顯人類的特質。另一方面，宇宙中只有人有善惡問題，因此善不會是外在的，善惡不能脫離人性。若人皆爲本善，無人是惡人，缺乏相對應的惡概念，善概念則失去評價作用，並且善概念本身也無法被理解。惡的來源問題與善概念的理解問題，可視爲人性向善論提出以前的兩大待解難題。

〈中國思想與基督宗教〉及〈中國思想與基督宗教之會通〉二文，主要著眼於中西思想的相互發明，中國性善論思想雖然無法與基督宗教原罪說相通，但是傅教授提示讀者應多發揮「人是神的肖像」（Imago Dei），由於這種「人是依神的肖像而造的」之信念，較容易與中國思想相互發明。「這種信念表示人可以不斷提升向上，使他的神像部分完美呈現。以此與中國思想相互發明較易收效。」⑱傅教授的叮嚀，提醒我們：人雖然充滿神的生命力，或如中國思想所謂「人受天地之中以生」、「天地之大德曰生」，即便人擁有

⑱〈中國思想與基督宗教之會通〉，頁一二八。

上帝的「肖像」或遙契天命的人性，但現實中人往往不能甚至不願發揮這一部分。現實生活中的人可能「失其本心」、「放其心而不知求」（《孟子・告子上》），放棄實現自身本性，對於本性的不作爲亦可能是一種有理由的不作爲，行善、行惡或不作爲皆是操之在我（Up to me），並且具有其他選擇可能性（Alternative possibilities），因此我們能夠對人追究善惡與責任的問題，譴責與審判才不至於失去憑依。人可以擺盪在實現與不實現本性的選擇之間，爲我們尋求惡的來源另闢蹊徑。其次，不考量選擇的可能性，「應然」問題便無從產生，價值也無法呈現，若朝向人的行爲思考善惡的意義問題，而不把善視爲人天生本具的性質，那麼善惡概念的理解難題便有可能化解。然而，這些思路必須吻合古典儒家哲學的文獻，否則對於人性論的詮釋將淪爲創造性的「誤解」。

第二節　對基督宗教中惡的來源問題之理解

西方哲學家與神學家不遺餘力地試圖說明惡的問題，歷代專家眾說紛紜，難有定論。哲學與宗教都追求宇宙人生的根本眞相，並關乎人類如何安身立命的問題。就方法而論，哲學依靠理性，宗教則依靠信仰。傅教授在提出博士論文以前，曾於國立臺灣大學《哲學論評》中發表〈An Understanding of Original Sin —— Through the Interpretation of Tennant, Rahner, and Ricoeur〉[19]，文中提到：「這一系列問題，事實上，是屬於基督宗教傳統所特有的，但是對於非基督徒也能提供思考線索，進而有助於對人性本身之理

[19] 傅佩榮，〈An Understanding of Original Sin —— Through the Interpretation of Tennant, Rahner, and Ricoeur〉，《國立臺灣大學哲學論評》第七期（一九八四年一月），頁一四一－一六一。中譯稿後於一九八九年三月發表於《哲學與文化》（傅佩榮，〈對「原罪」概念之理解：評析泰能特・拉內與呂格爾的詮釋〉，《哲學與文化》第十六卷第三期（一九八九年三月），頁三十四－四十二。）

解。」[20]筆者推測文中傅教授對於惡的問題及有關人性的重要概念之解析，相當程度影響了其對於古典儒家人性論的詮釋，也顯示傅教授對於一些形上學問題的看法。

〈An Understanding of Original Sin — Through the Interpretation of Tennant, Rahner, and Ricoeur〉介紹了當時關於原罪的三派意見。第一派是泰能特（F. R. Tennant, 1866-1957）的「自然神論的演化說」（Deistic Evolutionism）。文中舉出泰能特將原罪視爲一個自相矛盾的概念：「原者必非罪，罪者必非原。（What is original cannot be sin, and sin cannot be original.）[21]同理，傳統神學所極力強調的原始善性或和諧，也是無法成立的概念。」[22]筆者認爲這一點與本文前段所提出有關本善說的顧慮相似，罪惡、譴責與審判是一組相互關聯的概念，如果「原罪」不是此人犯的，此人如何解脫？此外，對於不是此人犯的罪惡究責與審判可能不公平。反觀人性本善這種信念，若人

⑳〈對「原罪」概念之理解：評析泰能特・拉內與呂格爾的詮釋〉，頁三三四。

㉑ See F. R. Tennant, "Original Sin," in *Encyclopedia of Religion and Ethics Vol. IX, X.* Edited by James Hastings (New York: Charles Scribner's Sons, 1928), p.564.

㉒ See F. R. Tennant, *Original Sin* (London: F. Griffiths,1905), p.31.

具有天身本具的善性，這種善顯然包含決定論或運氣的成分，況且與人的行為分離，被賦予或決定的善性和人的意願及控制無關，這種本具的善性與責任的協調亦成問題。傳教授舉出泰能特之說的基本錯誤在於混淆道德意識與良知，並提出其對於道德意識與良知二概念的理解：

道德意識（Moral consciousness, moral sense）或主觀的道德，確實是由社會所塑造、所賦與的，但它全然是相對的，因為它的判準因時而異與因地而異。在某時某地為善之物，到了另一時地，卻可能被視為惡。但是良知（Conscience）則不同，它存在於每個人內心，對於分辨善惡，發出終極的要求，儘管個別道德意識的內容千差萬別。換句話說，良知是人性的基本要求或與生俱來的道德導向；是良知使得道德意識成為可能的與必要的。㉓

由傳教授對於道德意識與良知的解說看來，良知是道德意識的條件，人性與生俱來的只有

㉓〈對「原罪」概念之理解：評析泰能特．拉內與呂格爾的詮釋〉，頁三十六。

作爲分辨善惡的要求之良知。只要是人都有良知，都有分辨善惡的要求，所分辨的善惡則是道德意識，是相對的。由此可知，良知雖是對於分辨善惡的要求，但本身並非善亦非惡，善惡是指向道德意識的內容，善惡概念對應的是具體事物或行爲。

第二派是拉內（K. Rahner, 1904-1984）的「有神論的境遇說」（Theistic Situationism）。相較於泰能特，泰能特「自然神論的演化說」認爲上帝僅創造人性與萬物的胚胎（Embryo）罪則歸咎於社會的遺傳。然而，這種社會性的遺傳無法證實罪的普遍性。[24]傳教授引介了拉內「有神論的境遇說」，拉內的見解與泰能特的無法相容。拉內以「境遇」（Situation）說明原罪，人在無可逃避的境遇之中從事自由選擇，所有人的自由選擇皆註定發生在某一境遇，因此拉內將罪的普遍性訴諸境遇的普遍性。但問題是第一個人的境遇無法被描述爲「在人類歷史之初起時，被一過失行爲所共同決定」，[25]罪惡的起源仍是一個奧祕，於是拉內不得不以假設語氣說明：「由於過失所共同決定的境遇，其普遍

---

[24] 詳見〈對「原罪」概念之理解：評析泰能特．拉內與呂格爾的詮釋〉，頁三十四—三十五。

[25] Karl Rahner, *Foundations of Christian Faith*, trans. W. V. Dych (New York: The Seabury, 1978), p.113.

性與無可逃避性將成爲難以理解，如果它不是在人類自由史的初起之時就已存在。」㉖如此的說明奠基於信仰，對於理解中國古典儒家人性論的幫助較少，拉內的原罪理論中，值得與古典儒家人性論參照發明的則是「超性生機」（Supernatural Existential）。超性生機是上帝自我溝通時賜給人的「肖像」，人向外面對境遇，向內面對上帝肖像，形成人的本性，可以被理解爲「原始張力」或人的「自由」。人因爲有自由，處於原始張力中，使人有一半的可能犯錯。由拉內的說法看來，原罪即是一種原始張力，人自由的同時也形成一種緊張狀態，選擇甲則不能同時選擇乙，這種緊張的掙扎就稱爲「張力」。人的自由就讓人有選擇的壓力。原罪就是原始的張力，使人有一半的可能去犯錯，既然這種張力是基於自由，那麼對人追究責任便無不合理。

「自由」一詞對古典儒家來說是陌生的，然而，若將上述的自由理解爲擁有「其他選擇的可能性」㉗，那麼便能發覺古典儒家文獻中許多地方都反映出：「心之官則思，思

㉖ *Foundations of Christian Faith*, 111.

㉗ 傅教授闡釋拉內的理論時說：「在原始張力的狀態中，人依其本質即可自由選擇去回應他的上帝形象（亦即行善），或者屈從於他的有限性（亦即行惡）。」（〈對「原罪」概念之理解：評析泰能特・拉內與呂格爾的詮釋〉，頁三十八。）在此脈絡中，自由應可以被理解為人除了實際選擇的行為以外的，仍具有其他可能性。

則得之，不思則不得也。此天之所與我者。」（《孟子．告子上》）人對於天賦的心之官能，可以選擇思與不思，似乎同樣隱含人類具備其他選擇可能性這一項形上學預設。但是這種其他選擇的可能性若毫無限制，那麼人的選擇則可能流於「隨機」。傅教授論及有關原罪的第三派理論，便觸及自由的限度與導向問題。第三派是呂格爾（P. Ricoeur, 1913-2005）的「辯證論的象徵說」（Dialectic Symbolism），人對自己所作之不相稱行爲，是道德惡的可能性來源。自由是人類道德惡的原因，「要想合理地控訴錯誤的行爲，首先必須承認有一自由主體與一自由抉擇。」[28]呂格爾不僅重視惡的起源，惡的終結也非常重要，他的理論核心關聯到對罪與恩寵、惡與救贖的詮釋，因此被傅教授稱爲「辯證論的象徵說」，正是基於這種辯證的詮釋，悔改方能成爲：「將再造的過去與預許的未來，同時納入一個言歸於好的現在。」[29]至於上帝肖像，則與人對於符合聖界之意的自由有關，帶有特定的價值導向。傅教授對呂格爾原罪觀的解析，最終衍生出關於自由的限度與導向問題的討論：

㉘〈對「原罪」概念之理解：評析泰能特．拉內與呂格爾的詮釋〉，頁三十九。

㉙ Paul Ricoeur, "Morality without Sin or Sin without Morality", *Cross Currents*, Vol. 5, No. 4 (1955): 351.

人的自由若無導向，則無異於心理分析的案例研究所顯示的一團混亂。我在這裡並不是想把自由局限於狹隘的意義，而只是要強調下述事實：自由蘊含選擇，選擇蘊含評價的可能性，評價的可能性蘊含某種終極的價值導向。若無導向，自由是不完整的，甚至是不可理解的。進一步說，導向越清晰，人也越自由。簡單說來，自由是人的本質，它預設有限性與導向，分別為其必要條件與充分條件。㉚

如此對於自由的詮釋，可以避免自由與任意或隨機混淆。若無人的選擇，宇宙萬物的價值不能呈現。即使在不同時空，同一事物可能呈現不同價值，顯示價值的呈現的相對性，但如果人的選擇全然缺乏導向，價值也將成為難以理解的「一團混亂」。本文前面引述傅教授對於良知與價值意識的解說，良知便是一種與生俱來的道德導向，使得道德評價成為可能，儘管道德意識可能是相對的。

㉚〈對「原罪」概念之理解：評析泰能特·拉內與呂格爾的詮釋〉，頁四十一。

傳教授在一九八五年發表的〈中國基督徒在思想及文化界的角色〉[31]，重新梳理了對於呂格爾原罪觀的解析，將上帝肖像的具體意義，理解爲人人良心所具的終極的價值導向。並且總結地說：「所謂『上帝肖像』，當然也有各種不同的詮釋，其中筆者看來較爲可取的是：上帝賦給每一個人『自我引導的自由及能力，亦即良心的取向。』」[32]並由此設法協調儒家人性論與基督宗教向惡論，認爲儒家看出人的可完美性，而基督宗教則看出人的可墮落性，兩者並無必然衝突，只是所取角度不同。可見傳教授肯定儒家人性論與基督宗教、西方世界存在溝通協調的可能性，雙方人性論的爭論是可能化解的，儒家人性論可能爲基督徒甚至普遍人類所接納。相較於一九七七年〈中國思想與基督宗教〉與一九八〇年〈中國思想與基督宗教之會通〉，此時會通的可能性建立在對於儒家人性論的理解修正，亦即「人性向善論」。

---

[31] 傳佩榮，〈中國基督徒在思想及文化界的角色〉，《神學論集》第六十四號（一九八五年七月），頁二一七—二五四。

[32] 〈中國基督徒在思想及文化界的角色〉，頁二三五。

第三節　人性向善論的提出

〈人性向善論：對古典儒家的一種理解〉發表於一九八五年六月，在提出人性向善論以前，除前文所介紹的對於原罪概念之理解以外，更重要的研究進展則是傅教授於一九八四年提出的博士論文——《儒道天論發微》。大著雖然以天論為題，對中國古代人與超越界的關係「抉發幽微」，乍看與人性論關聯較少，但事實上就古典儒家而論，人性問題是天人關係的紐帶，人的心性即是天的縮影。傅教授曾澄清《儒道天論發微》的方法有二：比較哲學的眼光、宗教哲學的架構：

> 前者指溯源於初民心態，就希臘心靈與希伯來心靈在初步思考宇宙與人生問題時所得的結果，與中國心靈相互對觀。如此可以擺脫秦漢以後對儒道的詮釋所難免附著的成見。……至於『宗教哲學的架構』，則並不是說我在研究儒道兩家的『宗教哲學』，或者我用『宗教哲學』去框架儒道思想。這裏所謂的『宗教哲學』，是指在儒道二

家，宗教與哲學不分，因為所討論的是人生根本問題，是如何使人安身立命的問題。㉝可以推測傅教授希望擺脫既有中國哲學的解釋架構，重估儒道二家的終極關懷與發展途徑，並與西方心靈對觀。《儒道天論發微》重述原始儒道中人與超越界的關係，重構中國古代人性論的基礎。《儒道天論發微》體大思精，內容不是本文所能盡舉，下文只能扣緊與人性向善論相關的理論開展進行回顧。㉞

㉝ 傅佩榮，〈為《儒道天論發微》澄清幾點疑義——敬覆項退結教授的書評〉，《哲學與文化》第十四卷第三期（一九八六年三月），頁五十七—六十四。

㉞《儒道天論發微》內容包含導論「周朝以前的宗教觀」，以及第一部「《詩經》《書經》中的天帝觀」、第二部「原始儒家的天論」、第三部「原始道家的天論」。部分內容在集結成冊以前曾被公開發表，與《儒道天論發微》對照可以發現傅教授觀點演進的過程。例如一九八一年七月發表的〈孔子的宗教向度〉，《中國文化月刊》第二十一四（一九八一年七月）頁一一二—一二八。）正是《儒道天論發微》第五章「孔子」的雛形，但〈孔子的宗教向度〉中將天的性格區分為「創造者與維持者」（亦即大生之天與廣生之天）、「救贖者」（亦即以天為道）、「天是判斷者」，與《儒道天論發微》將天的性格區分為主宰者、造生者、載行者、啟示者、審判者有明顯差異。

傳教授指出孔子的出現以春秋時代禮壞樂崩為背景，其終極關懷在於「承禮啟仁」，而「天」則是貫穿禮與仁的線索。㉟子曰：「周監於二代，郁郁乎文哉！吾從周。」（《論語．八佾》）、子曰：「述而不作，信而好古。」（《論語．述而》）孔子否認自己有創作的意圖，但他對古代人文遺產的傳述絕非板滯的，而是在禮壞樂崩的時代困境中為禮重新尋找安立處。禮本來具有宗教性、道德性、政治性三種向度，至孔子的時代，舊有的禮逐漸成為統治者畏其臣民、鞏固統治的工具，喪失原始涵義，演變為徒具外在形式的制度，禮壞樂崩的現象即是禮流於形式化。㊱

面對形式化的禮，孔子不得不重申其本源。林放問禮之本，子曰：「大哉問！禮，與其奢也，寧儉；喪，與其易也，寧戚。」（《論語．八佾》）孔子將禮的根本指向人心內在的情感，並且將禮與至高的理想相繫，子曰：「人而不仁，如禮何？人而不仁，如樂何？」（《論語．八佾》）「仁」在《論語》中出現一〇四次，孔子對於「仁」概念最具代表性的詮釋出現在他與弟子顏淵的對話。孔子答覆顏淵：「克己復禮為仁。一日克己復

㉟ 詳見傅佩榮，《儒道天論發微》，頁一〇五－一〇七。

㊱ 《儒道天論發微》，頁一〇七－一一二。

禮，天下歸仁焉。爲仁由己，而由人乎哉？」（《論語・顏淵》）歷代多將克己復禮解釋爲克制自己以回復於禮，這種解釋將會導致「克己」與「由己」中的「己」字意義分歧。因此傅教授認爲「克己」固然有「約束自己」之意，但約束之規範即是「禮」，約束之方式即是「自爲主宰」，人是作爲一個整體自爲主宰地實踐禮時，就是克己復禮，克己復禮不應分爲內外兩橛。㊲仁就是自爲主宰實踐禮的規範，由個人著手重建文化理念。㊳禮涵

㊲ 詳見《儒道天論發微》，頁一一八—一二二。明代蕅益大師曾嘗試整合克己、由己中二個「己」字的歧義，他的方法是將「克」字理解為「能」，與傅教授將「克己」釋為「自為主宰」的意義相近。蕅益大師：「『克』，能也；能自己復禮，即名為『仁』。一見仁體，則天下當下消歸仁體，別無仁外之天下可得，猶云『十方虛空，悉皆消殞，盡大地是個自己也』，故曰『由己』；『由己』正即『克己』，『己』字不作兩解。」（蕅益大師，《四書蕅益解》（高雄：高雄市淨宗學會，二〇一六），頁三五二。）清代方以智亦有相似之見，《東西均・問克己》：「曰：克己即由己，無我之我，即皆備之我。天地間相反者常在一處：心是妙物，即是累物。克之言盡也、能也，為其克而能生也。仁藏己內，如果實之仁藏甲內，其根、幹、花、葉皆具。但甲閉則生機不復，如形骸隔則三千、三百之用不顯，萬物一體之量，局在軀殼之內，不得與天下通。克己者，如果實墮地，震雷一發，孚、甲迸裂，千枝萬葉敷榮而出，復還舊觀矣。」（方以智撰：龐樸注釋，《東西均注釋》（北京市：中華書局，二〇一六），頁四六二。）

㊳ 「克己復禮」的解釋，詳見《儒道天論發微》，頁一一八—一二二。

蓋天地人三種向度，也是人際適當關係的具體規範，能夠自覺而主動地實踐這種倫理規範，避免禮的執行淪於形式，即是仁。由此可知，仁的涵義應包括人本身對於主動實踐倫理規範的要求，是內在道德要求與實踐活動的配合。

另一方面，仁出於行爲者自主的實踐，只要行爲者願意，立刻就能夠行仁，「仁遠乎哉？我欲仁，斯人至矣。」（《論語・述而》）突顯了人的主體性。仁代表普遍品德與統合理念，並且是人的內在傾向，根據傅教授的歸納：

一、孔子對「人應該如何」非常關懷，他的學說重心環繞著人的應行之道。

二、縱使不說人性是善或是仁，我們還是有理由認為：孔子主張人的應行之道是仁。

三、仁若為人之道，則仁與人性之間必有某種關係。這種關係可以這樣了解，就是：人性是「傾向於仁」的。

四、「傾向於仁」的人性可以經由學習與實踐而獲得滿全。學習將帶來啟發，使人自覺本身就有積極的「可完美性」。㊴

㊴《儒道天論發微》，頁一二四—一二五。傅教授列舉以下篇章佐證「人傾向於仁」之說：

孔子爲禮的規範重新注入生機，將禮的基礎安立於人性之上。子曰：「性相近也，習相遠也。」（《論語．陽貨》）孔子並未否定共同的人性之存在，雖然《論語》並未說明仁與天如何直接連結，但是子曰：「天生德於予，桓魋其如予何？」（《論語．述而》）由此看來，孔子還是將道德的最終依據歸諸天。㊵天賦與人一生德行修養的基礎，使人皆可能透過自覺反省，發現自身本具「可完美性」，以及成全自我的要求。傅教授以「傾向」詮釋人性，將仁視爲人的應行之道，顯示這種傾向不是必然被實現的，否則便不需要思考「人應該如何」。傅教授對孔子人性論的解析，彰明人的動態性，雖有共同的傾向與人性，但是同時必須包容不按照人性行動的可能性，實現人性與否的選擇操之在己。基於實

---

(1)子曰：「為政以德，譬如北辰，居其所而眾星共之。」（《論語．為政》）
(2)子曰：「無為而治者其舜也與。夫何為哉，恭己正南面而已矣。」（《論語．衛靈公》）
(3)子欲善而民善矣。君子之德風，小人之德草。草上之風，必偃。（《論語．顏淵》）

㊵但不應輕易將道德視為孔子天生的品質，否則難以說明孔子的憂慮，子曰：「德之不脩，學之不講，聞義不能徙，不善不能改，是吾憂也。」、子曰：「若聖與仁，則吾豈敢？抑為之不厭，誨人不倦，則可謂云爾已矣。」（《論語．述而》）將人性視為「傾向於仁」，而非等於仁的，有助於了解孔子對自身修養念茲在茲的憂慮。

現人性以外的其他選擇可能性，孔子才需要大聲疾呼人的應行之道何在。人雖具有可完美性，卻不必然成就完美的人格，選擇的可能性為人非必然成聖成賢的問題，以及墮落與惡行的根源預備了詮釋空間。孔子將禮的基礎置於作為普遍品德與統合理念的仁之上，卻未詳論仁的理論基礎與實際驗證，除此之外，人性、仁、天三者的相互關係，亦有待孟子性善論的進一步發展。

孟子性善論首先說明人性是人所獨具，人性應在人與禽獸的差異處推求，㊶孟子曰：「人之所以異於禽於獸者幾希！庶民去之，君子存之。舜明於庶物，察於人倫，由仁義行，非行仁義也。」（《孟子・離婁下》）人性是人所獨具，有別於其他物類的特質，不過這種特質可以被「保存」與「丟棄」，可能被保存與丟棄的人性，顯然不是固定的本質狀態，而是動態的力量。舜了解事物的狀態，明辨人倫的道理，因此能夠順著人性內在的力量，由內而發實踐仁義。相反地，有些人則丟棄人的特質，於是無法成為眞正的人，《孟子・公孫丑上》：

㊶ 孟子不接受當時「生之謂性」的說法。詳見《孟子・告子上》。

無惻隱之心，非人也；無羞惡之心，非人也；無辭讓之心，非人也；無是非之心，非人也。惻隱之心，仁之端也；羞惡之心，義之端也；辭讓之心，禮之端也；是非之心，智之端也。人之有是四端也，猶其有四體也。有是四端而自謂不能者，自賊者也；謂其君不能者，賊其君者也。凡有四端於我者，知皆擴而充之矣，若火之始然，泉之始達。

由此可見，眞正的人與「非人」之間的根本差異在於是否能夠保有惻隱、羞惡、辭讓、是非四種心的表現，人性的定義，不能忽略人心。傅教授於《儒道天論發微》中，仍肯定人之性善在於人之心善，但是指出「心之四端」的「端」表示萌芽而非滿全。㊷正是由於四端之心並非仁義禮智四種品目的滿全，孟子才需要強調擴充發展，使心的四種要求得到滿全。傅教授指出心之四端顯示它作爲「評價之心」（Evaluating heart）與「訓令之心」（Commanding heart）的雙重性格，一方面分辨何者當爲何者不當爲，另一方面要求人

㊷《儒道天論發微》，頁一四七。

類行善避惡。㊸「心之官則思，思則得之，不思則不得也。此天之所與我者。」（《孟子．告子上》）傳教授以「思」為「自覺意識」，是評價之心與訓令之心所從出，乃得之於天者。㊹心的無上道德命令聯繫了天人之際，完善了人性、仁、天三者的相互關係。

筆者認為，尚有幾點值得注意。首先，既然肯定人能夠思或不思，就表示人對心之官能的使用與否有選擇的自由，不思或拒絕使用心之官能的可能性，導致人喪失行善的必要條件，為善的缺乏甚至是惡的根源，提供了落腳處。相反地，接受「評價之心」與「訓令之心」的指導行為，由前文整理傳教授對於「自由」一詞的用法來看，非但不是不自由的，心的指導導向越清晰，面臨各種可能選項的拉扯，人的自由就越被突顯，還使得人的行為免於陷入一團混亂。其次，若將具有「評價」與「訓令」之雙重性的心視為「良心」

㊸《儒道天論發微》，頁一四八。

㊹《儒道天論發微》，頁一四九。

或「良知」，㊺也無法支持人性本善的觀點。前文舉出傅教授對於「良知」的說明，傅教授肯定良知是人性的基本要求或與生俱來的道德導向，是道德意識的必要條件，它雖然是分辨善惡的要求，但本身既非善的，亦非惡的。由傅教授對於「良知」這一概念的理解，不難推想爲何傅教授不採取傳統性善論或本善論，而主張人性向善論的立場。

綜合而論，《儒道天論發微》雖然尚未直言「人性向善」，但是已經提示人心所具有者並不是已然的善，而是分辨善惡的能力，以及對於行善避惡的要求。心之四端具有擴充發展的傾向，必須藉由實際的行動，才能使得人本具的行仁義禮智的潛能，實現爲符合仁義禮智的行動。孟子說：「人皆有不忍人之心」（《孟子．公孫丑上》）卻不輕易以仁或善許人，亦可佐證行仁義禮智潛能或傾向與仁義禮智的實現，不能等量齊觀。傅教授至此

㊺ 孟子已經明確提出「良心」、「良知」、「良能」三個詞彙：

(1)雖存乎人者，豈無仁義之心哉？其所以放其良心者，亦猶斧斤之於木也，旦旦而伐之，可以為美乎？（《孟子．告子上》）

(2)孟子曰：「人之所不學而能者，其良能也；所不慮而知者，其良知也。孩提之童，無不知愛其親者，及其長也，無不知敬其兄也。親親，仁也；敬長，義也。無他，達之天下也。」（《孟子．盡心上》）

的思路，和將善視爲人之本性的本善論者已經出現明顯分歧。

延續《儒道天論發微》中對於人性的探索，傅教授於一九八五年六月發表〈人性向善論——對古典儒家的一種理解〉一文。〈人性向善論——對古典儒家的一種理解〉中用以證成人性向善論的篇章與論述途徑，大致與《儒道天論發微》中相同。〈人性向善論——對古典儒家的一種理解〉總結孔子以仁爲人的內在傾向，以及行仁是人的能力範圍之內的事，因此宣稱孔子主張人性向善，並以人共同具有傾向於善的人性，說明《論語》中有關德治的段落。[46]關於孟子的人性論，傅教授則說明心善之「端」需要護持、存養與擴充，就是孟子證實人性向善所取的途徑。〈人性向善論——對古典儒家的一種理解〉一文中對於人性向善的提出與證成，基本上繼承了《儒道天論發微》的看法，比較明確的發展在於〈人性向善論——對古典儒家的一種理解〉說明了人性向善論的理論效果，傅教授將人性向善論的效果總結如下：

一、任何人都有能力成為君子。

---

[46] 詳見〈人性向善論——對古典儒家的一種理解〉，頁二十五—二十六。關於德治的段落，同註[39]。

二、任何人都有責任成為君子。

三、任何人，在成為君子時，都有責任幫助人走上成全之途。

既然人性傾向於善，不難理解孟子「人皆可以爲堯舜」的主張，心的評價與訓令的雙重性格自然形成成全自我臻於善境的要求。成全自我同時幫助他人，則是古典儒家一向支持的主張，也可視爲古典儒家做人處事的金律，孔子曾說：「夫仁者，己欲立而立人，己欲達而達人。」（《論語‧雍也》）孟子則宣稱：「天之生此民也，使先知覺後知，使先覺覺後覺也。」將這種責任感推源於天。

傅教授的人性向善論以傾向與潛能的角度理解人性，爲人不必然成聖成賢的問題提供解方。其次，既然人性本身並非善的完滿實現，潛能的不得實現與善的缺乏，成爲理解墮落與惡行的可能途徑。然而，人性向善論對於古典儒家「善」概念的定義與理解問題，到一九八五年爲止似乎尚未提出明確的說明。

第四節　餘論：理論的完善

不過，我們毋需擔憂，傅教授隨後於一九八七年發表〈古典儒家的擇善固執論〉[47]強調「善」之人際相互性，亦即：善是人際之間的適當關係，夏商周三代教育以「明人倫」爲主（《孟子・滕文公上》），目的就在於使人知善，以便進而擇善，可見善的具體內容即是「五倫」。[48]一九九一年發表的〈人性向善論的理據與效應〉[49]又將「自由選擇的能力」納入人性向善論中，肯定人具有自由選擇的能力，可以塑造自己，[50]可見人性向

---

[47] 傅佩榮，〈古典儒家的擇善固執論〉，儒家與現代世界國際研討會（臺北市：孔孟學會、中華文化復興委員會、中國哲學會，一九八七年十一月）。收錄於傅佩榮，《儒家哲學新論》（臺北市：聯經出版事業公司，二〇一〇）。

[48] 《儒家哲學新論》，頁九十四—九十九。

[49] 傅佩榮，〈人性向善論的理據與效應〉，中國社會的價值觀國際研討會（臺北市：漢學研究中心，一九九一年五月）。收錄於《儒家哲學新論》。

[50] 《儒家哲學新論》，頁一八六。

善論考量到人在任何時候都有可能不按照向善之性或良知行事，變成惡人。人性向善論肯定人的自由，將人投入一種緊張狀態，就如同拉內所說的「原始張力」，古典儒家肯定人有天所賦與的心和與生俱來的良知，但人卻能夠自由地選擇順從或背離它的要求，因此同時具有爲惡的可能。行善或行惡既出於人的自由選擇，那麼對於責任的追究，以及譴責與審判，便不至於失去憑依。人性向善論充分答覆了惡的來源問題與善概念的理解問題，並且說明了善概念應該如何理解，在主張人之可完美性的同時，包容人的可墮落性和行惡的可能性，化解中國儒家與基督宗教、西方哲學長久的爭論，爲儒家哲學與西方世界建立會通的橋樑。

人性向善論於一九八五年被正式提出，至一九九〇年代已然大備，最後，節錄一段傅教授在一九九三年對於人性向善論的公開談話，總結人性向善論：

人性之「性」當如何理解？人與動物、植物、乃至於萬物的根本差別，在於人有自由選擇的能力，此種自由選擇的能力要預設他能夠認識與分辨，並且能面對他選擇之後所產生的結果，他必須負責任。人的自由選擇能力，使得人的存在成為一種十分特別的現象——他以不斷塑造自己的方式存在，沒有一個人死的時候是他生出來時的狀態，因此，人的本性恰恰表現在他的自由選擇的可能性上。人性向善之「向」當如何理解？「向」就代表人性的可能性，人性是一種趨向，沒有固定下來，唯其並非固定不移，所以才可能反其道而行，因此，以「向」說性，才能夠顧及人性之自由選擇的可能性。[51]

除人以外，天地萬物只能按照自然規律與本能存在，其他動物以本能決定牠的一生，人間與其他天地萬物不同的之處在於人能夠選擇，因此才孕生「應然」的問題。自然界只有一種表現形式，稱爲實然（To be）；而人有應然（Ought to be）問題。人擁有自由，可以進行選擇，使人充滿尊嚴，但選擇的自由也造成風險，若人不能眞誠實現人性的要求，或者觀念偏差，可能不斷選擇錯誤害人害己。人性向善論提醒我們，所有人內在都具有對於行善的要求與行善的力量，在「評價之心」與「訓令之心」的指導之下，行善使人心安，

---

[51] 傅佩榮、林安梧，〈「人性向善論」與「人性善向論」——關於先秦儒家人性論的論辯〉，《哲學雜誌》第五期（一九九三年六月），頁七十八－七十九。

行不善使人不安。「人性向善」的「向」字，使人有不斷向上的動力，了解古典儒家的人性向善論以後，發覺自身修養可以不斷提升。人性向善論關注人的可完美性與成全自我的要求，強調人塑造自我的能力，可以推測，其終極意義在於彰明行善使人性得到圓滿的機會，使生命的要求獲得滿足，生命由此可能獲得轉化，成就理想人格。

參考文獻

一、中文書籍

1. 方以智撰；龐樸注釋，《東西均注釋》，北京市：中華書局，二〇一六。
2. 牟宗三，《中國哲學的特質》，臺北市：臺灣學生書局有限公司，一九六三。
3. 勞思光，《中國哲學史》，香港：香港中文大學崇基學院，一九八〇。
4. 傅佩榮，《儒家哲學新論》，臺北市：聯經出版事業公司，二〇一〇。
5. 傅佩榮，《儒道天論發微》，臺北市：聯經出版事業公司，二〇一〇。
6. 藕益大師，《四書蕅益解》，高雄市：高雄市淨宗學會，二〇一六。

二、期刊論文

1. 傅佩榮，〈中國思想與基督宗教〉，《神學論集》第三十二號（一九七七年七月），頁一七九—二一九。

2. 傅佩榮，〈中國思想與基督宗教之會通〉，《中國文化月刊》第五期（一九八〇年三月），頁一一四—一四七。

3. 傅佩榮，〈孔子的宗教向度〉，《中國文化月刊》第二十一期（一九八一年七月），頁一一二—一二八。

4. 傅佩榮，〈An Understanding of Original Sin — Through the Interpretation of Tennant, Rahner, and Ricoeur〉，《國立臺灣大學哲學論評》第七期（一九八四年一月），頁一四一—一六一。

5. 傅佩榮，〈人性向善論——對古典儒家的一種理解〉，《哲學與文化》第十二卷第六期（一九八五年六月），頁二十五—三十六。

6. 傅佩榮，〈中國基督徒在思想及文化界的角色〉，《神學論集》第六十四號（一九八五年七月），頁二一七—二五四。

7. 傅佩榮，〈爲《儒道天論發微》澄清幾點疑義——敬覆項退結教授的書評〉，《哲學與文化》第十四卷第三期（一九八六年三月），頁五十七—六十四。

8. 傅佩榮，〈對「原罪」概念之理解：評析泰能特．拉內與呂格爾的詮釋〉，《哲學與文化》第十六卷第三期（一九八九年三月），頁三十四—四十二。

9. 傅佩榮、林安梧，〈「人性向善論」與「人性善向論」——關於先秦儒家人性論的論辯〉，《哲學雜誌》第五期（一九九三年六月），頁七十八—一〇七。

10. Ricoeur, P. “Morality without Sin or Sin without Morality”, *Cross Currents*, Vol. 5, No. 4 (1955): 339-352.

三、會議論文

1. 傅佩榮，〈古典儒家的擇善固執論〉，儒家與現代世界國際研討會，臺北市：孔孟學會、中華文化復興委員會、中國哲學會，一九八七年十一月。
2. 傅佩榮，〈人性向善論的理據與效應〉，中國社會的價值觀國際研討會，臺北市：漢學研究中心，一九九一年五月。

四、外文書籍

1. Campbell, Joseph Keim. *Free Will*. Cambridge: Polity Press, 2011.
2. Kane, Robert. *The Significance of Free Will*. New York: Oxford University Press, 1996.
3. Rahner, K. *Foundations of Christian Faith*. Translated by W. V. Dych. New York: The Seabury, 1978.

4. Tennant, F. R. "Original Sin", in *Encyclopedia of Religion and Ethics Vol. IX, X.* Edited by James Hastings. New York: Charles Scribner's Sons, 1928.
5. Tennant, F. R. *Original Sin.* London: F. Griffiths,1905.

後記

本書的主要內容撰寫於二〇一九年下半年至二〇二〇年初，問題意識則可以溯源於學生時期對孔、孟人性論的思索，以及師長的啓發。導師傅佩榮教授於退休前最後一次課堂中，提及方東美教授對於人性的看法，亦即「神性本質灌注於人性中」。根據傅教授的說明，「神性本質灌注於人性中」指的是：人的位格不斷向上提升，所謂「位格」，就人有知、情、意而言，指人可以思考、感受及意願，能自由選擇人生的方向。這種位格的自由並非可以任意妄爲，而是必須符合人性內在的「神性本質」的要求，自由就是依據神性本質而行。神造人是按照神的形象來造（Imago Dei），神的形象是依照人與神最相似的部分來說，可以理解爲「良心」。良心不知不覺發出要求，在沒有人約束、沒有人知道時發用。值得留意的是，傅教授同時說明了自由的另一種可能：人因爲有自由，就出現原始的「張力（Tension）」，使人有一半的可能犯錯。擁有自由就產生緊張，選甲就不能選乙，這種緊張的掙扎就稱爲「張力」。人的自由使人有選擇的壓力，因爲自由意味著有一半的可能去犯錯。

顯然自由在以上的討論中至少包含兩種意義：一是依據神性本質而行，二是擁有其他選擇的可能性。自由的兩種意義將我們的眼光引至截然不同的側面，前者領我們傾聽良心的諄諄教誨；後者讓我們看見人在順從或違背良心要求的抉擇間掙扎。前者固然理想，但後者似乎更貼近人類現實的處境。配合孔子、孟子對於人性的描述，可以發現孔子、孟子強調眞誠、關注安與不安的問題，正是由於他們注意到人總是處於選擇之間，在掙扎中領會人性的要求，從而由自己的決定來塑造命運。如何結合孔、孟人性論與人的自由，是本書的核心關懷。

除了傅教授的指導外，李賢中教授也在哲學方法上拓展我的視野，督促本書盡可能撤除藩籬，面對當代學術轉型的挑戰。本書對於人性與自由的探索多立足於先行者的努力，還有許多機緣需要感謝。開始寫作本書以前，我於二〇一九年夏天短暫造訪日本京都大學，其間受出口康夫（Deguchi Yasuo）教授的邀請，於「Center for Applied Philosophy & Ethics」舉行了一場小型講座，探討孟子的人性論與自由。當時我對自由的了解還相當模糊，出口教授建議將自由理解爲一種「能力」（Ability），給予我相當大的幫助。從能力的角度來說，人性不是某種固定的東西，而是選擇的能力，人生來具有欣賞、追求善的能力，行善就安、行不善就不安。還要感謝本書寫作期間，琪媗協助將稿件轉交傅教授，使我能夠向師長請教諸多疑問。最重要的是，若沒有傅教授提出人性向善論，沒有那日對於「神性本質灌注於人性中」的解析，本書對於人性與自由的思考恐難開始，衷心感謝。人性與自由的大哉問非我一人之力能夠說清，疏漏謬誤之處，尚祈方家賜教。

許詠晴

二〇二二年四月一日

國家圖書館出版品預行編目資料

孔孟人性論與自由之試探／許詠晴著. ——初版. ——臺北市：五南圖書出版股份有限公司, 2022.06
面； 公分
ISBN 978-9626-317-763-5（平裝）

1.CST: 孔孟思想 2.CST: 人性論 3.CST: 意志自由論

121.2 111004769

4BOK

孔孟人性論與自由之試探

作　　者：許詠晴
發 行 人：楊榮川
總 經 理：楊士清
總 編 輯：楊秀麗
主　　編：蔡宗沂
校　　對：龍品涵、瞿正瀛
封面設計：姚孝慈
出 版 者：五南圖書出版股份有限公司
地　　址：106台北市大安區和平東路二段339號4樓
電　　話：(02)2705-5066
傳　　真：(02)2706-6100
網　　址：https://www.wunan.com.tw
電子郵件：wunan@wunan.com.tw
劃撥帳號：01068953
戶　　名：五南圖書出版股份有限公司

法律顧問　林勝安律師事務所　林勝安律師

出版日期　2022年6月初版一刷
定　　價　新臺幣480元